Dr. Ed Wheat

EL AMOR QUE NO SE APAGA

D1049221

Dr. Ed Wheat

EL AMOR QUE NO SE APAGA

GRUPO NELSON
Una división de Thomas Nelson Publishers
Desde 1798

NASHVILLE DALLAS MÉXICO DF. RÍO DE JANEIRO

EL AMOR QUE NO SE APAGA
© 1984 EDITORIAL CARIBE
P.O. Box 141000
Nashville, TN 37214-1000

Publicado originalmente en inglés con el título de
LOVE-LIFE FOR EVERY MARRIED COUPLE
Copyright © 1980 por Ed Wheat, M.D.
Publicado por Zondervan Publishing House,
Grand Rapids, MI 49506 E.U.A.

Versión castellana: M. Francisco Liévano R.

ISBN 978-0-88113-010-2

Printed in U.S.A.

E-mail: caribe@editorialcaribe.com

32ª Impresión, 11/2013
www.caribebetania.com

QG 12-06-16

Dedicatoria

Mi querida esposa Gaye y yo dedicamos este libro a ustedes, los lectores. Rogamos a Dios que no sólo mantengan el matrimonio unido, sino que lleguen a ser unidos como amantes, que experimenten un amor viviente, creciente y romántico, que cada año se haga más maravilloso, y que cada mes llegue a ser una luna de miel (literalmente, un mes de dulzura).

Reconocimiento

Con gratitud reconozco el inapreciable trabajo que realizó Gloria Okes de Perkins en la creación y preparación de este libro. Durante tres años, Gloria trabajó con Gaye y conmigo en el análisis de centenares de horas de experiencias que he tenido como consejero familiar, y que han quedado grabadas en cinta magnetofónica y en la formulación de estos conceptos sobre la vida de amor.

Como escritora profesional de gran talento, editora experimentada y maestra que les enseña la Biblia a mujeres, Gloria ha usado sus talentos para así hacer posible que expresemos en forma sensible y precisa los profundos sentimientos relacionados con el dolor de los matrimonios en que no hay amor y el gran gozo del amor restaurado. Ella y su marido Dan disfrutan de un matrimonio cristiano lleno de amor que por experiencia enseña cuánto puede enriquecer la emoción del amor. El anhelo de ellos, así como el de nosotros, es ayudar a otros para que hallen esta vida de amor.

La consagración de Gloria a la comunicación de estas verdades hizo posible que yo terminara *El amor que no se apaga* mientras mantenía mi programa a tiempo completo como médico y consejero de familia. Gaye y yo estamos profundamente agradecidos a Gloria y a Dan por su parte en este ministerio.

Indice

Maridos, amad a vuestras mujeres, así como Cristo amó a la iglesia, y se entregó a sí mismo por ella, para santificarla, habiéndola purificado en el lavamiento del agua por la palabra, a fin de presentársela a sí mismo, una iglesia gloriosa, que no tuviese mancha ni arruga ni cosa semejante, sino que fuese santa y sin mancha.

Así también los maridos deben amar a sus mujeres como a sus mismos cuerpos. El que ama a su mujer, a sí mismo se ama.

Porque nadie aborreció jamás a su propia carne, sino que la sustenta y la cuida, como también Cristo a la iglesia, porque somos miembros de su cuerpo, de su carne y de sus huesos.

Por esto dejará el hombre a su padre y a su madre, y se unirá a su mujer, y los dos serán una sola carne.

Grande es este misterio; mas yo digo esto respecto de Cristo y de la iglesia.

Por lo demás, cada uno de vosotros ame también a su mujer como a sí mismo; y la mujer respete a su marido.

(Efesios 5:25-33)

Introducción

Cuando comencé mi práctica como médico familiar en la pequeña y bella comunidad de Springdale, Arkansas, EE. UU. de A., hace más de 25 años, no tenía planes de llegar a ser terapista en sexología ni consejero matrimonial. Y como la Biblia no me era familiar, nunca se me ocurrió la posibilidad de llegar a ser consejero bíblico.

Pero, pronto descubrí que un médico de familia tiene que tratar muchos problemas que no se pueden resolver médicamente. El consejo matrimonial que mejoró la vida de hogar de mis pacientes surgió de mi deseo de hacer frente a sus necesidades.

Luego, Dios usó a un paciente que estuvo interesado en mi bienestar eterno, hace unos 20 años, para que me presentara al Hijo de Dios, el Señor Jesucristo. Desde ese día, en que acepté a Cristo como mi Salvador, dediqué mi vida a aprender lo que la Palabra de Dios me dice como esposo y padre, y luego a poner en práctica lo que aprendía lo mejor que podía. Esto ha tenido resultados inesperados y de profundo alcance.

Hoy tengo el privilegio de aconsejar a personas de todo el mundo en las esferas del amor, la sexualidad y el matrimonio, desde los puntos de vista bíblico y médico. Los materiales que hemos publicado, los cassettes de consejos y los seminarios promueven una corriente continua de cartas y de peticiones en que se me pide el consejo personal. Lo que está en las mentes de las personas no es lo sexual, sino el problema medular: el amor, o la falta de él y el anhelo de disfrutarlo.

11

En una semana típica se expresan las siguientes cargas:

Una carta procedente del continente africano pregunta si hay algún modo en que una pareja *aprenda* a amarse mutuamente.

Una perpleja y acongojada pareja telefonea: "Estamos casados, y como cristianos no queremos recurrir al divorcio. Pero en nuestra vida matrimonial *no hay amor*. ¿Qué podemos hacer?"

"Yo sé que debo regresar a mi esposa", admite un nuevo cristiano al recibir consejo, "pero ella no me interesa. Honestamente, nunca me ha interesado".

"Internamente estoy desgarrado, completamente desilusionado de nuestro matrimonio", escribe un misionero.

Una esposa me confía: "Los dos somos cristianos nacidos de nuevo. Pero mi esposo no cree que sea posible reavivar el amor en nuestro matrimonio. ¡Sé que nuestro Dios es lo suficientemente grande como para bregar con eso!"

Las buenas noticias que comparto con todas estas personas, y que quiero compartir con usted, le harán entender que usted y su cónyuge pueden tener una relación amorosa emocionante, más maravillosa que cualquier romance que la literatura secular haya escrito o filmado jamás, *si usted la desarrolla según el método de Dios.*

Muchos de los principios que aquí se establecen se pusieron a prueba en un período de dos años de vida matrimonial, al comienzo de mi vida cristiana cuando mi amada esposa Gaye y nuestras tres hijas no respondían ni al evangelio ni a mí. (Estoy seguro de que ellas se preguntaban qué me había ocurrido, al verme cambiar tan drásticamente ante sus ojos.) Siempre he estado agradecido por esa experiencia angustiosa de prolongado rechazo, pues me condujo a la Palabra de Dios para aprender allí exactamente lo que debía hacer. Aprendí que era mi responsabilidad *amar* a mi esposa en la manera como Cristo me amó a mí. Muchas veces no sentía el deseo de amarla, pues el rechazo, aun el que se manifiesta en forma tranquila y cortés, es difícil de manejar. Pero yo lo hice por obediencia a Dios. Descubrí que al poner en práctica los principios de la Biblia y al aprender a amar a mi esposa, esto se convertía en un placer a la vez que era una responsabilidad. ¡La obediencia se vistió con los brillantes colores del gozo!

Cuando lentamente llegué a ser la clase de esposo que Dios quería que fuera, mi esposa comenzó a responder con amor, tal como Dios lo había planeado y prometido. Cuando ella recibió al Señor Jesucristo como su Salvador personal, ése fue el comienzo real de nuestra aventura de amor tal como Dios la había planificado desde el principio. Honestamente nos enamoramos el uno del otro y descubrimos por experiencia directa que Dios tiene un genuino amor *romántico* arraigado en la realidad del amor *ágape* (desinteresado), para el esposo y la esposa que tomen en serio su consejo.

Nuestra aventura amorosa, nacida del compromiso, ahora abarca mucho más que eso. La emoción del romance, el placer de la amistad, la tranquilidad de la armonía, la dulzura de la intimidad; de hecho, todos los aspectos del amor que se estudian en este libro han llegado a ser parte integral de nuestra vida matrimonial. Esto no se debe a que Gaye y yo seamos en alguna manera únicos. Ciertamente no sería probable que alguien incluyera a un médico de edad mediana y a su esposa entre los grandes amantes del mundo. Lo que quiero decir, más bien, es que los mismos principios que hemos utilizado en nuestra vida matrimonial serán eficaces en la suya. Son eficaces por cuanto se basan en la verdad bíblica.

Rogamos al Señor que este libro sea usado en su vida, no sólo para mantener unido el matrimonio, sino para que los una a usted y a su cónyuge como amantes en una relación que se haga cada día más maravillosa.

1

Una aventura amorosa: ¡Le puede ocurrir a usted!

Este libro trata acerca del amor y del matrimonio: de su vida matrimonial y de la experiencia que *usted* puede tener con su cónyuge.

La mayoría de las personas piensan que una aventura amorosa es un interludio apasionado entre un hombre y una mujer que no están casados; por lo menos no lo están el uno con el otro. Durante siglos, el mundo ha tratado de convencer a la gente de que el amor adúltero en secreto es más excitante que el amor dentro del matrimonio. Pero la noción que tenemos de una *aventura amorosa* es una afinidad entre dos personas, una experiencia particular en que dos personas están enamoradas. La experiencia particular que nos interesa es la maravillosa aventura amorosa de toda la vida que Dios diseñó para el esposo y su esposa. El proveyó todos los placeres que el hombre conoce en su forma normal, saludable y satisfactoria, y como Creador del matrimonio y Autor del amor, su provisión incluye una aventura amorosa llena de emociones y regocijo, y una satisfacción duradera para *toda* pareja casada, y no sólo para unas pocas favorecidas.

Por supuesto, a cada uno de nosotros nos corresponde descubrir el diseño para nuestra propia vida matrimonial a través de una cuidadosa investigación de la Biblia y de una disposición a seguir los principios, instrucciones y ejemplos que hallamos allí. Al escribir este libro, tengo como propósito ayudarlo, tanto en la búsqueda como en la aplicación de las verdades descubiertas, para que pueda comenzar a experimentar todo lo que Dios tiene para su vida matrimonial.

A través de los principios y patrones bíblicos, hallará una verdad fulgurante y básica que transforma la actitud:

La voluntad de Dios en todo matrimonio es que la pareja se ame el uno al otro con una atracción espiritual, emocional y física profunda que continúa creciendo a través de una vida juntos.

De esta gran verdad se deduce lógicamente otro hecho: *Es posible que cualquier pareja cristiana desarrolle esta relación amorosa en su vida matrimonial por cuanto está en armonía con la expresa voluntad de Dios.*

Por el hecho de que él es el que nos hizo, el que concibió la idea del matrimonio y lo estableció para nuestra bendición, el que nos dio la potencialidad para amar, él es el que mejor sabe edificar el amor en el matrimonio. Dios tiene que participar íntimamente en todos nuestros esfuerzos para desarrollar la clase de vida matrimonial que le agrada a él. Cuando seguimos sus principios y ponemos en práctica sus conceptos, podemos comenzar a experimentar la vida matrimonial que él planificó para nosotros desde el comienzo, llena de la llama de la novedad y de la dulce seguridad de la igualdad todos los días de nuestra vida.

Como consejero matrimonial cristiano que acepta la Biblia como la autoridad final, no ofrezco a mis pacientes simple simpatía, ni establezco ideas favoritas que pueden ser eficaces o no. Lo que ofrezco son sólidos principios bíblicos que siempre son eficaces cuando se aplican adecuadamente a los problemas individuales. He hallado que la Biblia, la Palabra de Dios, es eternamente verdadera y totalmente confiable. Las culturas cambian, los estilos de vida fluctúan, los modos de pensar vienen y van con el cambio del tiempo. Pero los principios de Dios no cambian, y la conducta humana, en realidad, tampoco cambia. Bajo la sofisticada manifestación exterior del hombre y de la mujer modernos, operan, con fuerza destructiva, los mismos patrones pecaminosos e impracticables de conducta que operaron en los días de Adán y Eva, y de Abraham y Sara. Los pueblos antiguos tenían las mismas tendencias de hacer el mal y los mismos deseos internos y necesidades que tenemos usted y yo hoy. Por cuanto ni Dios ni el hombre han cambiado esencialmente desde el comienzo del tiempo, los principios de vida expresados en la Biblia son completamente importantes para la vida matrimonial hoy.

¿Comprende lo que esto significa para usted al enfrentar la vida durante estas dos últimas décadas del siglo XX? Usted no ha quedado abandonado para que busque las soluciones por cuenta propia, ni para que se pregunte si sus respuestas son buenas o malas. No tiene que entregarse a pensamientos anhelantes respecto de relaciones insatisfactorias. En la Biblia se le dice qué debe hacer en cuanto a ellas, y se le dan todos los recursos que necesita para hacer aquello que conducirá a la bendición y la felicidad. Usted y yo podemos ser afirmativos, realistas y objetivos con respecto a los problemas que invaden nuestras vidas, pues estamos hablando de una verdad inconmovible.

Tal vez esto le parezca idealista, en vista de la clase de vida que lleva con su cónyuge. Tal vez diga: "Esto suena bien. ¡Pero el doctor Wheat no sabe cómo es *nuestro* matrimonio!"

Por el hecho de que centenares de parejas matrimoniales han discutido conmigo sus situaciones particulares, entiendo las situaciones variadas y difíciles que pueden surgir entre dos personas en el matrimonio. Algunas son angustiantes, otras causan perplejidad y son increíblemente complicadas. Pero no hay ninguna que no tenga solución.

Sería útil que ahora diagnostique su propia situación y determine cómo le gustaría que fuera su relación. El decidir dónde se encuentra y hacia dónde debe ir es el primer paso para lograr un cambio constructivo. Una o más de las siguientes declaraciones probablemente describirán su situación matrimonial, así que coloque un signo mental en la declaración correspondiente, o en varias, si es necesario.

( ) Actualmente tenemos una buena relación matrimonial, pero queremos seguir creciendo en amor el uno para con el otro.
( ) Nunca nos hemos enamorado, ni siquiera cuando nos casamos.
( ) Hemos perdido el amor que una vez sentíamos mutuamente.
( ) Francamente, ya no estoy enamorado (a) de mi cónyuge.
( ) Mi cónyuge es indiferente, o parece que ama a otra persona.
( ) Sentimos interés el uno por el otro, pero nuestra vida matrimonial es aburrida.
( ) Me gustaría saber qué puedo hacer para mejorar nuestra relación.
( ) Quiero restaurar nuestro amor y salvar nuestro matrimonio, pero mi cónyuge no coopera.
( ) Mi cónyuge quiere divorciarse de mí.
( ) Tenemos serios problemas, pero estamos de acuerdo en cuanto a tratar de salvar nuestro matrimonio.

( ) Los dos queremos aprender cómo enamorarnos el uno del otro.

( ) Somos recién casados y queremos que nuestro amor dure y disfrutarlo cada día más.

Permítame animarle ahora con respecto al futuro de su matrimonio. La relación que a usted le gustaría tener *puede* ocurrir, pero no por accidente. Una relación íntima raras veces mejora espontáneamente, y una relación con problemas casi nunca mejora por su propia cuenta. No tengo para ofrecerle curas fáciles que actúen de la noche a la mañana, ni píldoras de felicidad que transformen su relación matrimonial automáticamente. Pero si lee este libro atentamente y sigue constantemente las prescripciones que le doy, va a aprender a amar de tal modo que su cónyuge responderá con amor. Si tiene ahora una buena relación, mejorará tanto que se emocionará y se asombrará.

El amor puede llegarle en *cualquier* edad y en *cualquier* etapa de su vida matrimonial, si está dispuesto a abrir la puerta e invitarlo a entrar en su relación. No importa cuán horrible parezca su situación marital, usted y su cónyuge pueden volver a enamorarse el uno del otro, o tal vez enamorarse por primera vez. Si han estado tambaleándose al borde de un divorcio traumático, pueden reavivar su amor. Pueden aprender a manejar los problemas más difíciles de tal modo que su relación matrimonial llegue a estar arraigada en el amor, suficientemente estabilizada y fuerte para resistir las tensiones de toda una vida. Aun si está tratando de salvar su matrimonio completamente por su cuenta, sin ninguna cooperación de su cónyuge, eso *puede* ocurrir. Cuando estos principios se aplican adecuada y constantemente, no hay excepciones, no hay casos singulares en que fallen los conceptos del Dios eterno.

Espero que considere este libro como un manual de consejo, y no como otro libro para leer a vuelo de pájaro en su tiempo de ocio. Estos capítulos contienen la información vital y detallada que toda pareja casada necesita para construir el amor, restaurarlo y preservar el matrimonio de las fuerzas que lo destruirían. Un manual es una guía práctica o un libro de referencia que le indica *lo que* debe hacer y *cómo* debe hacerlo. Implica acción. Usted sabe que los resultados deseados no vendrán de los sueños, sino de la acción. Así que, ponga en práctica los consejos que halla en este libro, y recuerde que está basado en instrucciones bíblicas específicas en cuanto al pensamiento, la actitud y la conducta. Este es precisamente el mismo consejo que reciben mis pacientes privados. Espero que lo considere como mi mensaje personal para usted, precisamente como si yo le estuviera hablando en mi oficina. Mientras escribo, le ruego a Dios que usted y su cónyuge aprendan a amarse mutuamente de tal modo que el mundo que tiene hambre de la realidad del amor pueda verla manifestada a través del matrimonio de ustedes.

En estas páginas encontrará personas que tienen problemas similares a los suyos. Tales relatos aparecen tal como ellos me los han narrado. En todos los casos he cambiado los nombres y los detalles no importantes a fin de proteger sus vidas privadas.

El de Allison es sólo un ejemplo. Ella había estado casada durante 30 años, y aunque era una cristiana devota, estaba luchando con la tentación de divorciarse de su esposo a causa de problemas que habían durado mucho tiempo. El había pasado por alto sus responsabilidades económicas, y había pasado por alto los sentimientos de ella. Había una cosa que la afligía por encima de todas las demás: ¡durante todo el largo tiempo de su vida matrimonial nunca había vivido en una casa terminada!

Ella me describió el caso: "Siempre hay materiales de construcción en todos los rincones y contra las paredes. Es una frustración tratar de mantener la casa ordenada, y eso es muy humillante para mí. Cuando las personas lleguen a la puerta de la casa, ya no las invitaré a entrar. En ese caso siento el deseo de correr a esconderme. Cuando era más joven, siempre tuve la esperanza de que algún día las cosas terminarían, pero cuando llegué a los 50 años de edad, y aún estaba en la misma condición, perdí la esperanza. Comprendí que por el resto de mi vida, siempre sería lo mismo. A los 54 años de edad, un hombre no cambia su patrón total de vida. Cuando usted mencionó que debíamos hacer que nuestro dormitorio fuera un nido de amor, eso me dolió, pues siempre he imaginado cómo sería tener algo así. ¿Pero cómo pudiera yo hacer eso con los pisos y las paredes sin terminar, y todo provisional?"

Después que Allison se encontró con los conceptos de la vida de amor que yo comunico en toda oportunidad, fue dirigida por el Señor a hacer una promesa de aprender a amar a su esposo. El proceso comenzó con una decisión de su voluntad y prosiguió a través de diversas etapas para que el amor volviera a la relación de ellos. Cada paso implicaba otra decisión de hacer las cosas a la manera de Dios. El resultado ha sido lo que Allison llama "un milagro" en su vida matrimonial. Hoy ella dice: "Ahora realmente *amo* a mi esposo, y se me ha renovado el deseo sexual. En el tiempo pasado, lo sexual era lo último en que me interesaba. Pero ahora que amo a mi esposo, realmente quiero complacerlo también en nuestra unión física".

Se le puede asegurar a Allison que, al continuar amando a su esposo en conformidad con los principios y patrones bíblicos, a él también le ocurrirán cambios significativos. El amor de ella ya está ofreciendo una tremenda motivación para el cambio. Un hombre de 54 años, o de cualquier edad, *puede* cambiar su patrón de vida con los recursos que Dios pone a su disposición. Esta historia no ha terminado aún, pero el "milagro" del amor ya ha aparecido para bendecir la relación matrimonial.

Allison dice: "Conozco a muchas mujeres desdichadas e infelices que aún están luchando con su situación. Sufro por ellas. Por favor, anímelas . . .".

El aliento que les doy es el siguiente: He visto ocurrir estos milagros en matrimonios todo el tiempo. Usted y su cónyuge pueden tener una maravillosa aventura amorosa. Puede ocurrirles a ustedes.

2

Descubrimientos:
Lo falso y lo verdadero

Cuando me especializaba en matemáticas en la universidad, aprendí que si uno no comienza con la premisa correcta al resolver un problema, no hay manera de obtener la respuesta correcta. De modo que, cuando llegué a ser cristiano, estudié la Biblia como si fuera un matemático. Es decir, pasé más tiempo en los primeros tres capítulos del Génesis que en cualquier otra parte de la Biblia, pues comprendí que estos capítulos constituían el fundamento de todo lo demás que hay en la Biblia. Descubrí que allí estaba en forma de cápsula, la esencia de la verdad de Dios en lo concerniente al hombre y a la mujer, y a su relación con Dios y el uno con el otro. Allí comencé a entenderme y a entender a mi esposa, a hallar el perfecto designio de Dios para nuestra vida matrimonial y su propósito para nuestra vida conyugal.

Así que, como matemático, me metí en un concienzudo estudio de esos capítulos fundamentales, sabiendo que tenía que estructurar mi vida y mi relación matrimonial basado en las premisas correctas con el objeto de salir bien al final. El resultado ha sido más maravilloso de lo que yo esperaba: una bella vida matrimonial, un hogar piadoso y una vida de ministerio con la oportunidad de mostrar a muchas otras parejas matrimoniales cómo hallar la felicidad conyugal siguiendo el plan original de Dios.

Por supuesto, para establecer un enfoque al matrimonio basado en la verdad del Génesis, tuve que abandonar algunos conceptos que había aprendido en mi vida anterior. Pero pude hacer eso por cuanto comprendí que contaba con una información exacta. Pude reemplazar las ideas equivocadas por las correctas y luego vivir confiadamente en conformidad con estas últimas. Descubrí que podía depender de esta verdad, que nunca me conduciría a tomar malas decisiones ni a dar malos consejos.

¿Y qué me dice de usted, estimado lector? ¿Qué es lo que ha dado forma a su manera de pensar con respecto al matrimonio? ¿Puede depender de ese pensamiento?

Quiero que considere cuidadosamente las suposiciones fundamentales que gobiernan sus actitudes hacia la vida matrimonial y el amor. Algunas pueden ser falsas, otras pueden ser verdaderas. Es esencial que determine cuáles premisas son verdaderas, cuáles son dignas de que se base en ellas, y cuáles conceptos debe descartar por cuanto son falsos y, por lo tanto, imprácticos, y hasta potencialmente peligrosos.

Una pareja casada, a quienes llamaré Daniel y Carolina, había llegado a este punto, luego de muchos años de ser cristianos activos en una iglesia evangélica grande. Carolina consideraba a su esposo como "un hombre maravilloso y bondadoso" y un buen padre para sus hijos varones adolescentes. La vida conyugal de ellos era "agradable". Si la emoción parecía desaparecer de su relación, Carolina atribuía eso a los 20 años de vida matrimonial y a la edad de los dos, que pasaba un poco de los 40 años.

Luego, el mundo de ella se conmovió hasta sus fundamentos, cuando Daniel admitió que él había tenido relaciones sexuales con una mujer que trabajaba con él en el ministerio musical de la iglesia. Daniel afirmó que la relación amorosa con esa mujer había terminado, pero una amiga íntima le aconsejó a Carolina que se divorciara de él sin demora, y le advirtió: "El adulterio mata al matrimonio. Y no está bien que te dejes usar como el felpudo que se coloca en la puerta".

Mientras Carolina, que se sentía perpleja y traicionada, se retiraba de Daniel, la joven se mantenía activamente en pos de él. Daniel se había reunido con los diáconos para confesar su pecado, pero ahora se volvió renuente en cuanto a asistir a la iglesia con su esposa e hijos. Los líderes de la iglesia consideraron esto como una prueba de la insinceridad de Daniel, y le predijeron a Carolina que el matrimonio no podría salvarse por cuanto "Daniel simplemente no estaba bien con Dios".

Daniel, profundamente deprimido, comenzó a pensar en conseguir un traslado de su trabajo para otra parte del país, durante un período de diez o más meses. Le explicó a Carolina: "La separación nos ayudará a comprender si realmente nos amamos el uno al otro, o no". La confidente de Carolina reaccionó con un consejo airado, y dijo: "Empácale las maletas y déjaselas en las gradas del frente. ¡Cuanto antes, mejor!"

Cuando Carolina me contó su historia, me quedé impresionado por el hecho de que todas las personas que entraron en esa dolorosa situación afirmaban ser creyentes en Jesucristo, que reconocían su Palabra como verdad: la esposa, el esposo, la otra mujer, la amiga que aconsejó a la esposa y los líderes de la iglesia. Sin embargo, cada uno de éstos, a su propia manera, había demostrado una carencia de conocimiento de los principios bíblicos que podían preservar y sanar esa relación matrimonial. Tantísimos principios bíblicos importantes con respecto al matrimonio, al amor, al perdón y a la restauración se violaron o se pasaron por alto, que no es raro que Daniel y Carolina se sintieran ambos "congelados" en el evento trágico, y fueran incapaces de moverse más allá de él.

Infortunadamente, ésta es una historia típica. La he oído muchas veces con pequeñas variaciones del tema básico. La comparto con usted, estimado lector, porque de ella se puede aprender muchísimo.

Mientras yo aconsejaba a Carolina, ella comenzó a echar una mirada a su propia manera de pensar y a sus patrones de conducta. ¿Cuán válidas fueron las acciones y reacciones de ella durante la crisis? ¿Y qué las había impulsado? ¿Las decisiones de ella tomaron forma mediante un defectuoso consejo humano, o mediante los eternos consejos de Dios? ¿Qué suposiciones básicas guiaron el pensamiento de ella? ¿Eran falsas o verdaderas estas premisas?

Luego, a Carolina le ocurrió algo muy interesante. Cuando se volvió a la Palabra de Dios, determinó seguir el consejo del Señor hacia donde la condujera, y dejar los resultados a él. El consejo antibíblico que ella había recibido se le esfumó del pensamiento, y entonces comenzó a ver claramente lo falso y lo verdadero. Descubrió que hay un total desacuerdo entre la Biblia y el sistema de pensar del mundo en relación con el matrimonio y el divorcio, y que ella había sido casi engañada por Satanás, el maestro de la hipocresía, hasta el punto de creer las mentiras de él en relación con el matrimonio. Ella descubrió que Satanás puede trabajar aun a través del cristiano que tenga las mejores intenciones, pero que tome el punto de vista humano en relación con el matrimonio, en vez de seguir la clara enseñanza bíblica de Dios. También aprendió que cuando los hombres y las mujeres reaccionan en conformidad con sus inclinaciones naturales, generalmente toman la decisión equivocada.

Según lo describió, tanto ella como Daniel habían caído en un abismo de pensamientos turbios, sentimientos confusos y reacciones malas. Sólo la verdad podía liberarlos. Los dos comenzaron a aprender de nuevo el proceso, y comenzaron con el libro del Génesis, capítulos 1 al 3.

Toda pareja casada necesita saber la verdad real respecto del matrimonio, pero ésta nunca se hallará en las enseñanzas ni en los ejemplos del sistema del mundo actual. Lo mejor que este mundo puede ofrecer es un divorcio a bajo costo, que no obedece a ninguna causa válida y que se obtiene muy fácilmente, lo cual les resulta muy cómodo a millares de personas que a tropezones entran y salen del matrimonio, como si éste fuera una puerta giratoria. Se necesitaron las palabras de un crítico social para que esta situación quedara en una perspectiva clara y dura: "En la década que comenzó en el 1970, ¡el divorcio llegó a ser el *resultado natural* del matrimonio!"

Si el divorcio se acepta ahora, y aun se espera que sea el resultado natural del matrimonio, ésta es una escalofriante herencia para las siguientes décadas. Pero, ciertamente no tenemos que adoptarla en nuestro pensamiento. Los creyentes de todas las culturas y de todas las edades que creen en la Biblia, han hallado la sabiduría y la fortaleza para nadar contra la corriente de los estilos de vida prevalecientes. Notemos que la sabiduría bíblica viene primero; luego, la fuerza para ir contra la opinión popular, sin importar cuán poderosa sea ésta.

Caminemos juntos por el sendero bíblico que Daniel y Carolina siguieron en la búsqueda de la verdad fundamental sobre la cual estructurar su vida matrimonial. Comenzaremos en el principio, con la creación del hombre y de la mujer. Nuestro propósito es el de entender el matrimonio tal como Dios lo estableció, en contraste con las opiniones del mundo que nos rodea. Necesitamos examinar estos versículos del Génesis como si nunca antes los hubiéramos visto; no los consideraremos como declaraciones gastadas, sino como una verdad para nuestras vidas individuales.

(1) La idea de crear un hombre y una mujer fue de Dios.

"Y creó Dios al hombre a su imagen, a imagen de Dios lo creó; varón y hembra los creó" (Génesis 1:27).

En Génesis 1 se declara el hecho de la creación del hombre, mientras que en Génesis 2 se nos revela el proceso por el cual esto ocurrió. En el primer capítulo hallamos la verdad fundamental que es sumamente esencial para la apreciación del matrimonio: que Dios hizo al varón y a la mujer para cumplir sus propios buenos propósitos. Parece demasiado obvio, pero tal vez se deba señalar, que la creación de dos clases de personas: hombres y mujeres, no fue una oscura conspiración para bloquear las ambiciones del movimiento femenino de liberación. La creación de las dos clases de personas no se hizo para humillar a las mujeres. En realidad, se convirtió en un testimonio, pues la creación estaba incompleta sin la mujer. Mediante un acto amoroso, asombroso y creador, el Dios Todopoderoso concibió los maravillosos misterios que son el varón y la mujer, la masculinidad y la feminidad, para traer el gozo a nuestra vida. ¡Piense en cómo sería el mundo de descolorido y de una sola dimensión si sólo existiera su clase de sexo! ¿Quién querría vivir en un mundo solamente masculino o en uno solamente femenino? ¿O en un mundo en que todas las señales del género masculino o femenino se pasaran por alto o se suprimieran? La persona que se niega a comprender las diferencias fundamentales entre el varón y la mujer, y a regocijarse en ellas, nunca gustará de la bondad divina que Dios planeó para el matrimonio.

(2) El matrimonio fue diseñado por Dios para satisfacer el primer problema de la raza humana: la soledad.

Y dijo Jehová Dios: No es bueno que el hombre esté solo; le haré ayuda idónea para él. Jehová Dios formó, pues, de la tierra toda bestia del campo, y toda ave de los cielos, y las trajo a Adán para que viese cómo las había de llamar; y todo lo que Adán llamó a los animales vivientes, ese es su nombre. Y puso Adán nombre a toda bestia y ave de los cielos y a todo ganado del campo; mas para Adán no se halló ayuda idónea para él Entonces Jehová Dios hizo caer sueño profundo sobre Adán, y mientras éste dormía, tomó una de sus costillas, y cerró la carne en su lugar. Y de la costilla que Jehová Dios tomó del hombre, hizo una mujer, y la trajo al hombre (Génesis 2:18-22).

Imagínese a un hombre en un ambiente perfecto, pero solo. El tenía comunión con Dios y la compañía de aves y ganado. Tenía un trabajo interesante, pues se le encomendó la tarea de observar, clasificar y dar nombre a los animales vivientes. Pero estaba solo. Dios contempló la situación y dijo: "No es bueno". Así que el Creador sabio y amante proveyó una solución perfecta. Hizo otra criatura, similar al hombre y, sin embargo, maravillosamente diferente de él. Fue tomada de él, pero ella lo complementó. Ella resultó totalmente adecuada para él en lo espiritual, lo intelectual, lo emocional y lo físico. Según Dios, ella fue diseñada para ser la "ayuda idónea" de él. Este término "ayuda idónea" se refiere a una relación benéfica en que una persona ayuda a sostener a otra como amiga y aliada. Tal vez usted haya pensado que una ayuda idónea es una persona subordinada, cierta clase de sierva glorificada. Obtendrá nueva luz para considerar la vocación de la mujer cuando se dé cuenta de que la misma palabra hebrea que se traduce *ayuda* se le aplica a Dios en el Salmo 46:1: "Nuestro pronto auxilio [ayudador] en las tribulaciones".

El matrimonio siempre comienza con una necesidad que ha estado ahí desde el principio, una necesidad de compañerismo y complemento que Dios entiende. El matrimonio fue diseñado para aliviar la soledad fundamental que todo ser humano experimenta. En su caso, según el grado en que su cónyuge no satisfaga sus necesidades —espirituales, intelectuales, emocionales y físicas—, y según el grado en que usted no satisfaga las mismas necesidades de su cónyuge, en ese mismo grado los dos están aún solos. Pero esto no está en conformidad con el plan de Dios, y puede remediarse. Su plan es que *se completen* el uno al otro.

(3) El matrimonio fue planeado y decretado para traer felicidad y no desdicha.

"Dijo entonces Adán: Esto es ahora hueso de mis huesos y carne de mi carne; ésta será llamada Varona, porque del varón fue tomada" (Génesis 2:23).

¡Este es el primer canto de amor que existió en el mundo! Los expertos en hebreo nos dicen que Adán expresó de este modo una tremenda emoción, un regocijado asombro. "¡Al fin tengo a alguien que me corresponda!" Su expresión "hueso de mis huesos y carne de mi carne" llegó a ser un dicho favorito en el Antiguo Testamento para describir una relación personal íntima. Pero la plenitud de su significado les pertenece a Adán y a su esposa. El doctor Charles Ryrie hace la interesante sugerencia de que la palabra hebrea para mujer *ishshah,* pudo haber venido de una raíz que significa "ser suave", que tal vez sea una expresión de la deleitosa y original feminidad de la mujer.

Así que, cuando el Señor le trajo la mujer a Adán, el hombre expresó sus sentimientos con palabras como las siguientes: "Al fin he hallado a una que puede complementarme, que me quita la soledad, a quien apreciaré tanto como a mi propia carne. ¡Ella es bellísima! Es perfectamente adecuada para mí. ¡Ella será lo único que necesitaré!"

¿Puede imaginarse la emoción que tuvo que haber ardido dentro del hombre y la mujer cuando ellos comprendieron lo que podrían significar el uno para el otro? ¿Puede comprender el propósito por el cual Dios creó a la mujer para el hombre? Pese a todos los chistes gastados que se digan al contrario, el matrimonio fue diseñado para nuestro gozo y felicidad. Y el propósito de Dios no ha cambiado nunca.

(4) El matrimonio tiene que comenzar con un abandono de todas las demás relaciones a fin de establecer una relación permanente entre un hombre y una mujer.

"Por tanto, dejará el hombre a su padre y a su madre, y se unirá a su mujer, y serán una sola carne" (Génesis 2:24).

Dios dio este mandamiento tripartito en el comienzo cuando estableció la institución del matrimonio. Aún sigue siendo la sesión de consejo más concisa y amplia que jamás se haya presentado sobre el matrimonio. Notará que las palabras de este versículo son sencillas y fáciles de entender, a pesar de la infinita profundidad de su significado. Estas 23 palabras resumen toda la enseñanza de la Biblia sobre el matrimonio. Todo lo demás que se dice destaca o amplía los tres principios fundamentales que se originan en este versículo, pero nunca los cambia ni en la forma más leve. Estos principios merecen que los considere atentamente, pues cualquier problema real a que se enfrente en la vida matrimonial vendrá por pasar por alto alguno de los aspectos del mandamiento que Dios dio en el Génesis.

Tenemos que entender, ante todo, que el matrimonio comienza con un dejar: dejar todas las otras relaciones. En este caso se especifica la relación más estrecha que existe fuera del matrimonio, ya que implica que es necesario dejar al padre y a la madre; entonces ciertamente todos los vínculos menores tienen que quebrantarse, cambiarse o dejarse.

Por supuesto, los vínculos de amor con los padres son duraderos, pero tienen que cambiar de carácter para que el hombre se dedique completamente a su esposa. Y para que la mujer se dedique completamente a su esposo. El Señor le dio al hombre este mandamiento, aunque el principio se aplica tanto al esposo como a su esposa, por cuanto le corresponde al hombre establecer una nueva familia de la cual será responsable. Ya no puede depender de su padre ni de su madre; ya no puede estar bajo la autoridad de ellos, pues ahora asume la dirección de su propia familia.

La Escritura enseña claramente que el adulto tiene que continuar honrando a sus padres y ahora, cuando es independiente, necesita cuidar de ellos cuando sea necesario y asumir responsabilidad *por* ellos, más bien que ser responsable *ante* ellos (Mateo 15:3-9; 1 Timoteo 5:4-8). Pero el que se va a casar tiene que dejar a sus padres, pues ni los padres ni ninguna otra relación debe entremeterse entre el esposo y su esposa.

Esto significa que usted y su cónyuge necesitan volver a enfocar sus vidas el uno en el otro, en vez de tratar de que otro individuo o un grupo de personas satisfaga sus necesidades emocionales. Esto también significa que hay que dar a las otras cosas una prioridad secundaria: los negocios, la carrera, la casa, los pasatiempos, los intereses y aun la obra de la iglesia. Todo tiene que colocarse en su perspectiva correcta. Cualquier cosa que sea importante en la vida debe ser menos importante que su relación matrimonial.

La esposa de un exitoso hombre de negocios que dedicó todas sus energías a su negocio, derramó algunas lágrimas amargas en mi oficina al decir: "El se mantiene dándome recompensas monetarias, y cada vez que lo hace, pienso cuánto mejor sería que me diera su tiempo y su amor. Doctor Wheat, no quiero todas esas *cosas*. Sólo quiero que él me preste atención".

En más de 25 años de aconsejar, he observado que cuando un hombre coloca constantemente su negocio o su carrera antes que su esposa, nada de lo que él pueda comprar con dinero la complacerá realmente a ella.

Hay muchas maneras diferentes de no abandonar algo, y así se falla en la estructuración de una relación matrimonial real. He visto a mujeres que están tan envueltas en sus trabajos o en lograr una educación más avanzada, que más parecen compañeras de cuarto que esposas; y también he visto a otras mujeres cuya preocupación por un meticuloso cuidado de la casa empañó lo que hubiera podido ser un buen matrimonio. He conocido a algunos hombres que no pudieron abandonar sus vínculos con sus compañeros de caza o de juego de golf durante un tiempo suficiente como para establecer la relación amorosa con sus respectivas esposas. Algunos inclusive no pueden despegarse de los deportes televisados por un rato lo suficientemente largo como para hablar con su esposa. He conocido casos en que el esposo o la esposa ha participado excesivamente en la obra de la iglesia hasta el punto de causar detrimento a su vida matrimonial. Y he conocido algunos casos tristes en que la madre, y algunas veces el padre, dio a los hijos el primer lugar. Cuando esos hijos crecieron, no les quedó nada. La vida matrimonial quedó emocionalmente en bancarrota.

El primer principio que podemos aprender en Génesis 2:24 es que el matrimonio significa dejar. A menos que usted esté dispuesto a dejar todo lo demás, nunca desarrollará la unicidad de esta relación emocionante que Dios tuvo en mente para que la disfrute toda pareja casada.

(5) El matrimonio exige una unión inseparable del esposo y su esposa a través del tiempo de su vida.

"Por tanto, dejará el hombre a su padre y a su madre, *y se unirá a su mujer,* y serán una sola carne" (Génesis 2:24, las cursivas son mías).

El siguiente principio que hay que aprender de esta ordenanza es que es inútil abandonar, a menos que se esté dispuesto a pasar el resto de la vida *unido*. Notemos otra vez que el Señor le dice esto especialmente al esposo, aunque el principio se aplica a los dos cónyuges.

¿Qué significa unirse? La palabra hebrea *dabaq*, que la Versión Reina-Valera, revisión de 1960, tradujo "se unirá", tiene sentido de acción. He aquí algunas definiciones del verbo *dabaq:* "pegarse o adherirse a, permanecer juntos, mantenerse firme, sobrecoger, proseguir con firmeza, perseverar en, tomar, atrapar mediante persecución". Los traductores bíblicos modernos generalmente utilizan para traducir dicho verbo hebreo los verbos: "se adherirá a"; "se unirá a", "se une a". Cuando llegamos al griego del Nuevo Testamento, la palabra significa pegar como si fuera con cemento, pegarse como si fuera con cola, o estar soldados los dos de tal modo que no pueden separarse sin daño mutuo.

Según esto, es obvio que Dios tiene un poderoso mensaje para los dos cónyuges, y al esposo en particular se le coloca delante un dinámico curso de acción. El esposo es el esencialmente responsable de hacer todo lo posible y de ser lo que debe ser, a fin de formar vínculos con su esposa que los hagan inseparables. Y la esposa tiene que responder a su esposo de la misma manera. Estos lazos no son como las bellas cintas de seda que se atan a los regalos de boda. Más bien, tienen que forjarse como el acero, en el calor de la vida diaria y en las presiones de las crisis, a fin de que formen una unión indisoluble.

La mejor manera de comprender la fuerza de significado que hay en el verbo *dabaq*, que se tradujo "se unirá", consiste en considerar cómo usó el Espíritu Santo dicha palabra en el libro de Deuteronomio. Los siguientes cuatro ejemplos hablan todos acerca de unirse con el Dios viviente.

"A Jehová tu Dios temerás, a él sólo servirás, *a él seguirás,* y por su nombre jurarás" (Deuteronomio 10:20).

". . . que los cumpláis, y si amareis a Jehová vuestro Dios, andando en todos sus caminos, y *siguiéndole a él*" (Deuteronomio 11:22).

"En pos de Jehová vuestro Dios andaréis; a él temeréis, guardaréis sus mandamientos y escucharéis su voz, a él serviréis, y *a él seguiréis*" (Deuteronomio 13:4).

". . . amando a Jehová tu Dios, atendiendo a su voz, y *siguiéndole a él*" (Deuteronomio 30:20).

Esto indica que ante los ojos de Dios, "unirse a" significa una entrega de todo corazón, en primer lugar de todo lo espiritual, pero que se extiende hacia toda área de nuestro ser, de tal modo que la unión sea también intelectual, emocional y física. Significa que usted tendrá una incesante oportunidad de unirse a su cónyuge aun en los detalles más pequeños de la vida. De hecho, cualquier cosa que los acerque a los dos y una más firmemente su relación será parte de tal unión. Cualquier cosa que los distancie, mental o físicamente, debe evitarse por cuanto rompe el patrón divino para la vida matrimonial.

Gran parte del consejo práctico que ofrezco en este libro le indicará cómo unirse a su cónyuge en diversas circunstancias y de diferentes maneras. Sea cual fuere la manera de expresarla, la unión siempre envuelve dos características: (1) una constante lealtad, y (2) un amor activo que prosigue, que no abandona.

Si quiere poner a prueba una acción, una actitud, una palabra o una decisión contra las normas bíblicas de esta unión, formúlese las siguientes preguntas: ¿Esto nos acercará más o nos separará más? ¿Edificará nuestra relación o la romperá? ¿Producirá una respuesta positiva o negativa? ¿Expresa mi amor y lealtad a mi cónyuge, o revela mi individualismo egocéntrico?

Recuerde que el plan de Dios para usted y su cónyuge es una unión inseparable que ustedes mismos producen al obedecer su mandamiento de unirse mutuamente.

(6) El matrimonio significa unidad en el sentido más pleno posible, e incluye la unión física íntima, sin vergüenza.

"Por tanto, dejará el hombre a su padre y a su madre, y se unirá a su mujer, *y serán una sola carne.* Y estaban ambos desnudos, Adán y su mujer, y no se avergonzaban" (Génesis 2:24, 25).

Vemos ahora que el modelo que Dios estableció para el matrimonio en la creación producirá algo muy notable, si se aplica. Dos individuos realmente llegarán a ser uno. ¡Esto es más que unidad! Ningún escritor, maestro o teólogo ha explicado aún todo lo que significa el hecho de que dos personas lleguen a ser "una carne". ¡Sólo sabemos que ocurre!

Deben notarse varios requisitos elementales. Para que esto ocurra, el matrimonio tiene que ser *monógamo* (para dos personas solamente). Al mismo tiempo, todo adulterio y toda promiscuidad son sacados, porque, como lo destacó el Señor Jesús en el Nuevo Testamento, *los dos* llegan a ser uno. La Biblia describe gráficamente los desdichados efectos del matrimonio polígamo a largo tiempo, y los resultados mortales del adulterio. En Proverbios 6:32, por ejemplo, leemos: "Mas el que comete adulterio es falto de entendimiento; corrompe su alma el que tal hace". ¡Ciertamente nadie puede presentar como excusa la ignorancia! El matrimonio tiene que ser también *heterosexual*. Dios hizo una mujer para un hombre. El "matrimonio" homosexual, que se promueve en algunas partes hoy, es una deformación patética y escuálida del plan del Creador para la unión santa entre un hombre y una mujer.

Llegar a ser una sola carne es algo más profundo que lo físico, involucra la unión física íntima en relación sexual. Y esto sin ninguna vergüenza entre los cónyuges. ¡Dios nunca impartió la vergüenza en la relación sexual matrimonial! En vez de ello, la palabra que usa la Biblia para hacer referencia a la relación sexual entre el esposo y su esposa es el verbo "conocer", que es un verbo de profunda dignidad. "Conoció Adán a su mujer Eva, la cual concibió . . ." (Génesis 4:1). "Y despertando José del sueño, hizo como el ángel del Señor le había mandado, y recibió a su mujer. Pero no la conoció hasta que dio a luz a su hijo primogénito . . ." (Mateo 1:24, 25).

Este verbo "conocer" es el mismo que se usa para hacer referencia al conocimiento personal que el amante Dios tenía de Abraham, en Génesis 18:19: "Porque yo sé que mandará a sus hijos y a su casa después de sí, que guarden el camino de Jehová, haciendo justicia y juicio . . .".

De modo que, en el modelo divino del matrimonio, la relación sexual entre el esposo y su esposa incluye el conocimiento físico íntimo, y el conocimiento tierno, íntimo y personal. Así, el dejar, el unirse y el conocerse el uno al otro dan como resultado una nueva identidad en la cual se funden dos individuos en uno: una mente, un corazón, un cuerpo y un espíritu. Esta es la razón por la cual el divorcio tiene un efecto tan devastador. No quedan dos personas, sino dos fracciones de una.

En el Nuevo Testamento, el Espíritu Santo utiliza el misterio de llegar a ser una carne, que se presenta en el Génesis, con su dimensión de la relación sexual, para describir un misterio aún más profundo: el de la relación entre Cristo y su esposa, la iglesia. "Por esto dejará el hombre a su padre y a su madre, y se unirá a su mujer, y los dos serán una sola carne. Grande es este misterio; mas yo digo esto respecto de Cristo y de la iglesia" (Efesios 5:31, 32).

Este es el diseño del matrimonio tal como Dios lo estableció al principio: una relación amorosa tan profunda, tierna, pura e íntima que está modelada en conformidad con la relación de Cristo y su iglesia. Este es el fundamento del amor que no se apaga que usted puede experimentar en su propio matrimonio, un fundamento sobre el cual puede edificar con seguridad.

3

¿Funciona aún el plan?

Más de un millón de divorcios destrozarán hogares en los Estados Unidos de América este año.

Alrededor de un 75 por ciento de estas unidades familiares necesitarán consejo en algún tiempo.

Por lo menos el 40 por ciento de todas las parejas casadas se divorciarán algún día.

¿Significan estas predicciones, basadas en las estadísticas pasadas, que el diseño del Creador para el matrimonio ya no funciona? Acabamos de considerar la amplia ordenanza matrimonial de Génesis 2:24 con toda su poderosa sabiduría, pero pudiéramos señalar con exactitud que fue dada a un mundo de primitiva perfección, a personas inocentes que aún no habían probado el fruto prohibido del pecado. ¿Puede funcionar realmente fuera del huerto del Edén, el modelo divino para el matrimonio? ¿O tiene Dios en cuenta el cambio de las cosas desde entonces? En efecto, ¿ha revisado él su plan matrimonial para conformarlo a las condiciones prevalecientes?

Este concepto se manifiesta hoy cuando las personas discuten acerca del divorcio. He aquí lo que una persona expresó en una carta enviada al editor de una revista cristiana:

> Por el solo hecho de que me casé con la mujer que no me correspondía, por todas las razones equivocadas, ¿significa eso que debemos permanecer juntos para que se arregle el asunto? Oramos durante cuatro años para que cambiaran nuestros sentimientos, para que cambiara nuestro matrimonio; acudimos a entrevistas con con-

sejeros y a reuniones de parejas casadas. Aún hallábamos que cada vez nos gustábamos menos. En vez de continuar denigrándonos el uno al otro, después de cinco años de vida matrimonial, decidimos divorciarnos. Era el menor de los dos males; cualquiera de las dos decisiones hubiera sido dolorosa. Me siento culpable, gracias especialmente a la actitud de la iglesia, pero también creo que Dios entiende . . . .

Una mujer me hizo el siguiente comentario en un seminario sobre el matrimonio cristiano: "Al fin y al cabo, Dios me dio materia gris. Si veo que me equivoqué al casarme con el individuo que no me correspondía, entonces el divorcio puede ser la solución". Aparentemente ella también sentía que Dios entendería sus esfuerzos para redimir el matrimonio infeliz, eliminándolo por completo. Eso es como corregir un error que se haya hecho en un examen borrándolo cuidadosamente.

Tenemos que hacer frente a este asunto. ¿Espera aún Dios que personas que viven en un mundo lleno de pecado cumplan la ordenanza matrimonial que fue dada para el ambiente perfecto del Edén?

El Señor Jesucristo respondió a esta pregunta. En Marcos 10:2-12, que citamos a continuación, y en el pasaje paralelo de Mateo 19:3-12, Jesús comunica el punto de vista divino sobre el matrimonio. Cuando lea sus palabras, encontrará la verdad en una forma pura, no empañada por la dureza de los corazones de los hombres.

Y se acercaron los fariseos y le preguntaron, para tentarle, si era lícito al marido repudiar a su mujer.

El, respondiendo, les dijo: ¿Qué os mandó Moisés?

Ellos dijeron: Moisés permitió dar carta de divorcio, y repudiarla.

Y respondiendo Jesús, les dijo: Por la dureza de vuestro corazón os escribió este mandamiento; pero al principio de la creación, varón y hembra los hizo Dios.

Por esto dejará el hombre a su padre y a su madre, y se unirá a su mujer, y los dos serán una sola carne; así que no son ya más dos, sino uno.

Por tanto, lo que Dios juntó, no lo separe el hombre.

En casa volvieron los discípulos a preguntarle de lo mismo, y les dijo: Cualquiera que repudia a su mujer y se casa con otra, comete adulterio contra ella; y si la mujer repudia a su marido y se casa con otro, comete adulterio.

(Marcos 10:2-12)

Los fariseos habían acudido a Jesús con la esperanza de arrastrarlo hacia la tormentosa controversia en torno al divorcio. Ese día, los seguidores de tres escuelas diferentes de interpretación de la ley judía chocaron sobre la cuestión de las razones aceptables para el divorcio. El debate de ellos giró en torno a Deuteronomio 24, donde Moisés reguló la práctica existente del divorcio al limitar la causa a la impureza o indecencia de la naturaleza más grave. Un estudio minucioso del Antiguo Testamento indica que un acto de adulterio no se consideraba como base legal para el divorcio. (En Números 5:11-31 se dan instrucciones específicas en relación con el adulterio.) Esta "impureza" o "desnudez" o "cosa indecente" que Moisés designó como la única causa del divorcio legal, generalmente se refería al incesto, a la prostitución o a la habitual promiscuidad sexual. En el Nuevo Testamento, Jesús llamó a esta indecencia "fornicación". Debemos notar que el adulterio y la fornicación son palabras que se usan con distinto significado y separadamente en el Nuevo Testamento, de tal modo que si Jesús hubiera querido establecer el adulterio como la base para el divorcio, hubiera mencionado la palabra "adulterio". En vez de eso, dijo: "Y yo os digo que cualquiera que repudia a su mujer, *salvo por causa de fornicación*, y se casa con otra, adultera; y el que se casa con la repudiada, adultera" (Mateo 19:9).

Los judíos del tiempo de Jesús interpretaban mal la declaración de Moisés de diversas maneras. Los seguidores de Shammai sostenían que cualquier acto de adulterio era la indecencia de la cual Moisés habló. Los seguidores de Hillel definían tal indecencia en el sentido más amplio. A la esposa se le podía quemar la comida. Eso era indecencia. Tal vez había hablado en voz demasiado alta en el hogar. Eso era indecencia. Podía aparecer en público con su cabeza descubierta. También era indecencia, si el esposo decidía considerarla como tal. Esto significaba que cualquier falta simple se consideraba como causal para el divorcio. Los seguidores del rabino más liberal, Akiba, resolvían el asunto hábilmente al afirmar que cualquier esposa que no hallara gracia en los ojos de su esposo era indecente y se podía repudiar. Ese era un endoso en blanco para el divorcio.

Observemos que los fariseos fueron un paso más adelante y desatendieron por completo la cláusula de excepción que les dio Moisés, cuando le preguntaron a Jesús: ". . . ¿Es lícito al hombre repudiar a su mujer por *cualquier causa*?" (Mateo 19:3). ". . . le preguntaron, para tentarle, si era lícito al marido repudiar a su mujer" (Marcos 10:2).

La manera como Jesús respondió a los fariseos nos muestra cuál debe ser nuestra actitud hacia el matrimonio y hacia el divorcio:

(1) El pasó por alto a las porfiadas autoridades "religiosas" de su

día y la preocupación de ellas por hallar excusas para el divorcio.

(2) El se concentró en las Escrituras como única fuente de autoridad.

(3) El volvió al diseño original del matrimonio que se había dado en el Génesis y lo tomó como el único tema que venía al caso para la discusión. Mateo registra que primero Jesús contestó a los fariseos de la siguiente manera: "¿Ni siquiera han leído Génesis 1:27 y 2:24, ustedes que siempre se jactan acerca del conocimiento que tienen de las Escrituras?" Dicho esto en otros términos semejantes: "¿Por qué no acuden a la enseñanza original sobre el matrimonio y hallan allí las respuestas?"

Claramente, reconoció Jesús que estos dos pasajes del Génesis constituyen la ordenanza divina para el matrimonio: la primera y la última palabra, que siguen en perfecta vigencia, aun en este mundo lleno de pecado. Jesús aclaró que la concesión legal del divorcio por parte de Moisés, en Deuteronomio 24:1, simplemente no era el caso para cualquiera que quisiera entender el plan y el propósito de Dios con respecto al matrimonio. "El les dijo: Por la dureza de vuestro corazón Moisés os permitió repudiar a vuestras mujeres; mas al principio no fue así" (Mateo 19:8).

"*. . . al principio no fue así*". Con estas palabras, Jesús se dirige hacia el principio, donde aún hallamos la instrucción para el matrimonio y las normas que debemos seguir. Pongamos atención a la declaración que el Hijo de Dios agrega a la ordenanza del Génesis: ". . . por tanto, lo que Dios juntó, no lo separe el hombre" (Mateo 19:6; Marcos 10:9).

Esto agrega tres hechos importantes a nuestro entendimiento fundamental del matrimonio:

(1) El mismo Dios unió al esposo y a su esposa. Un hombre y una mujer se casan por su propia decisión, pero cuando lo hacen, Dios pone un yugo sobre ambos, y así, los que habían sido dos individuos se convierten en uno.

(2) Según el punto de vista divino, el matrimonio es una unión indisoluble, que ni siquiera todos los tribunales de la tierra pueden disolver. ¿Cómo puede un trozo de papel cambiar lo que el mismo Dios hizo? Sólo la muerte puede disolver la unión matrimonial.

(3) El hecho de que cualquier individuo *trate* de separar lo que el mismo Dios unió es un acto de arrogante desafío a la expresa voluntad de Dios. Cualquiera que decida hacer esto tiene que sufrir en su vida los resultados de tal acción.

En resumen, Jesús les dijo a las personas que estaban preocupadas por hallar causas para el divorcio, que su énfasis estaba completamente equivocado. El asunto que importa ante los ojos de Dios en aquel tiempo y hoy es la permanencia de la unión matrimonial y que nosotros honremos esta permanencia en nuestra experiencia personal.

Si alguien rechaza estas conclusiones por considerarlas desesperadamente fuera de sintonía en el mundo de hoy, sólo puedo citarle las palabras del Señor Jesús: "Porque el que se avergonzare de mí y de mis palabras en esta generación adúltera y pecadora, el Hijo del Hombre se avergonzará también de él, cuando venga en la gloria de su Padre con los santos ángeles" (Marcos 8:38).

Ahora bien, ¿cómo se relaciona este asunto del divorcio con la situación suya? Si usted está tratando de edificar la relación de amor en su vida matrimonial, o si está tratando de resolver los problemas de su vida conyugal, y aun admite la más leve posibilidad de divorcio, eso afectará adversamente sus esfuerzos. El hecho de retener la idea del divorcio en su vocabulario emocional, aun como la última opción, obstaculizará el esfuerzo total que, de otro modo pudiera realizar para salvar su matrimonio. Sabotearía sus intentos de mejorar la relación, y una situación infeliz puede continuar indefinidamente en su hogar. El hecho de mantener el divorcio como una cláusula de escape indica una falla en su dedicación el uno al otro, como si fuera una pequeña grieta que puede ampliarse fatalmente al ser atacada por las numerosas fuerzas que trabajan para destruir los hogares y las familias.

Las tenebrosas estadísticas que citamos al comienzo de este capítulo se deben en parte al incesante esfuerzo de Satanás para socavar el hogar, la institución más valiosa de la tierra. Se pueden atribuir a la idea ampliamente difundida de que si el matrimonio no funciona, se debe buscar el divorcio y hacer otro intento con un nuevo cónyuge. Como ya vimos, éste es un concepto totalmente antibíblico promovido por el sistema de este mundo que está bajo la influencia de Satanás.

Hay otra causa fundamental de la desarmonía conyugal, y debemos reconocerla cuando nos esforzamos por desarrollar una relación de amor verdadero. Sugiero que lea completamente el capítulo 3 del Génesis, que describe el fracaso del hombre y de la mujer en obedecer a Dios en un ambiente ideal; la caída de ellos de un estado de inocencia a uno de pecado y de muerte, la promesa que Dios les hizo de redención, y la expulsión de la pareja del huerto del Edén para que llevara una vida de responsabilidad moral con condiciones nuevas y difíciles.

En el capítulo 3 usted hallará el origen del pecado y de la vergüenza, del egoísmo, del egocentrismo y de la separación, todo lo cual corrompió el magnífico amor y la unidad que una vez disfrutaron Adán y Eva. ¡Ahora, en cierto sentido, toda pareja se cubre con hojas de higuera y se esconde detrás de sus propios árboles! Todos tenemos la tendencia de retirarnos el uno del otro, de estar separados, de concentrarnos en nuestras propias necesidades y deseos, de vivir para nosotros mismos, de echar la culpa a los que están más cerca de nosotros con el fin de protegernos o excusarnos, y de hacer lo que desagrada a Dios.

El pecado crea un anhelo falso, no de comunión y compañerismo, sino de un individualismo de naturaleza destructiva. Por supuesto, Satanás se deleita en estimular esa tendencia. Recordemos que el pecado vino primero a la escena terrenal en la primera relación matrimonial, y en la primerísima familia brotó la división y el odio. Fue allí donde el diablo comenzó su obra más mortífera, y ésa es la razón por la cual usted nunca tendrá, como algo común y corriente, una relación matrimonial feliz ni una vida armoniosa como cosa corriente.

El egoísmo individual que conduce a la separación entre el esposo y su esposa, se puede ver en todo lo que nos rodea y constantemente se dramatiza por la televisión. Por ejemplo, el siguiente diálogo entre un esposo y su esposa apareció en una serie de televisión familiar:

> El joven esposo llega a la casa exuberantemente feliz con la noticia de que tiene una gran oportunidad de promover su carrera de beisbolista profesional jugando en Puerto Rico durante algunos meses. Siente una gran emoción con respecto a llevar a su esposa.
> —¿Por qué he de querer yo ir a Puerto Rico? —le dice la esposa fríamente.
> —Pero . . . —responde él, casi sin creerlo—, pero . . . Susana, ¡tú eres mi esposa!
> —Sí —responde Susana airada—, pero también soy una persona, y ¡*quiero tener mi propia vida!*

El choque posterior del capítulo 3 del Génesis se ve claramente en ese intercambio. La separación que se arrastra cautelosamente algunas veces afecta a aquellos matrimonios que han llegado a ser objeto del aprecio del público. Muchos se entristecieron al leer un artículo periodístico relacionado con una estrella olímpica cuyo nombre había llegado a ser una palabra familiar después de su notable victoria. El y su esposa habían sido admirados por sus aunados esfuerzos, por su trabajo conjunto durante años para alcanzar esa meta. La agencia noticiosa Prensa Unida informó que este joven y su esposa se estaban separando legalmente, después de siete años de vida matrimonial porque, en palabras textuales del vocero de relaciones públicas de ellos: "La pareja piensa que sus vidas han cambiado durante el último año, y cada uno desea concentrarse en su propia vida". Esperamos que este matrimonio aún se salve, pero notemos la razón de su separación: ¡poder concentrarse cada uno en su propia vida! Volvemos a ver los resultados del capítulo 3 del Génesis.

En el capítulo 2 de este libro, hablé acerca de Daniel y Carolina, una pareja cristiana que soportó toda clase de asaltos contra su relación matrimonial, tanto desde adentro como de afuera. Las presiones que cayeron sobre ellos para que se separaran fueron enormes. Analicemos algunas de éstas, y observemos cómo un error conduce a otro. En cada caso hubo una ausencia de entendimiento o una falta de aplicación de los principios bíblicos que ayudan a sanar tales situaciones.

(1) Ante todo, ellos habían fallado en unirse el uno al otro a través de los años al descuidar su relación amorosa. Una aventura amorosa entre el esposo y su esposa tiene que mantenerse en constante reparación y siempre en forma creciente.

(2) Esto dejó un vacío emocional que alegremente llenó otra mujer, con la esperanza de que Daniel se separara de su esposa para casarse con ella.

(3) El subsiguiente pecado de adulterio cometido por Daniel atacó la relación en que los dos habían llegado a ser "una sola carne".

(4) Carolina, equivocadamente, presentó su relación matrimonial para discusión abierta con una amiga que constantemente criticaba a Daniel, lo cual hizo que Carolina se sintiera separada de su esposo.

(5) Esta amiga también le dio consejos antibíblicos, y la instó al divorcio como una necesidad por causa del adulterio.

(6) El retiro físico y emocional en que Carolina se mantuvo de su esposo durante este tiempo crítico contribuyó a profundizar la división entre ellos, y contribuyó a colocarlo a él en manos de la otra mujer que continuaba buscándolo.

(7) Los líderes de la iglesia no aconsejaron a Daniel adecuadamente en lo referente al perdón y a la restauración, después que él hiciera abierta confesión de pecado a la directiva de la iglesia.

(8) Como resultado, Daniel fue atrapado por sentimientos de culpa que le impidieron dar los pasos necesarios para restaurar el amor y la confianza en su relación matrimonial.

(9) Esto también afectó su capacidad para continuar creciendo en la vida cristiana. Los sentimientos de culpa, *después de la confesión del pecado y del arrepentimiento*, son de origen satánico y están diseñados para impedir el crecimiento espiritual.

(10) Comprensiblemente, Daniel se sintió en evidencia e incómodo entre la gente de la iglesia que estaba chismeando acerca de él y criticándolo. Así que comenzó a permanecer alejado de las reuniones de la iglesia.

(11) Algunos de los dirigentes de la iglesia cometieron el error de predecir el divorcio como algo inevitable para esa pareja. Eso añadió confusión a Carolina en el momento en que necesitaba oír consejos de la Palabra de Dios en cuanto a cómo hacer frente bíblicamente a la situación.

(12) Por el hecho de que Carolina no perdonó a su esposo, ni olvidó lo pasado en conformidad con los principios bíblicos, los dos llegaron a estar casi desesperadamente enmarañados en problemas que pudieran haberse resuelto rápidamente con el consejo apropiado.

(13) Todos estos factores, con el dolor emocional y la confusión que envolvían, urgieron a Daniel a buscar escape marchándose a otro lugar, colocando distancia física entre ambos con el objeto de determinar si aún se amaban el uno al otro. La separación raras veces fortalece a un matrimonio atribulado, y no prueba nada acerca del amor. La unidad en la relación matrimonial es bíblica. La separación es satánica. Esto puede parecer como una simplificación exagerada, pero está en completa armonía con lo que enseñan las Escrituras sobre el matrimonio. Espero que usted recuerde esto como una regla que debe seguir cuando se le presenten situaciones críticas.

Tanto Daniel como Carolina descubrieron que sus sentimientos los estaban descarriando, y que no podían depender de ellos para que los guiaran. Casi en cualquier parte a que acudieran, oían la palabra *divorcio*. Todas las presiones sobre ellos instaban a la separación, y no a la unidad. Pero cuando descubrieron el principio fundamental del matrimonio —que ante los ojos de Dios, el esposo y su esposa son uno y tienen que permanecer siendo uno—, pudieron restaurar sus relaciones amorosas y reconstruir su vida matrimonial. Hoy ellos tienen grandes oportunidades para ayudar a otras parejas que están pasando por dificultades similares.

Como ve, es posible recuperar la situación del Edén en la relación matrimonial, según el Nuevo Testamento. Podemos, hasta un punto muy avanzado, volver a lo ideal en nuestras relaciones, y tenemos que hacerlo, si queremos relaciones matrimoniales llenas de amor. Aunque la tendencia al egoísmo siempre existe a causa de la caída, podemos volver a obtener el amor de la abnegación, la unidad, la gozosa libertad de la comunicación que Adán y Eva experimentaron una vez. Por medio de los recursos que ofrece el Señor Jesucristo, los cristianos no sólo tenemos el modelo para el matrimonio ideal, sino también el propósito de satisfacer ese modelo, y el poder para lograrlo.

Ya nos hicimos una pregunta: ¿Ha revisado Dios su plan matrimonial para que se adapte a las condiciones prevalecientes del mundo enfermo por el pecado? Como vemos, la respuesta es un rotundo no. Por el contrario, él espera que nosotros revisemos nuestra conducta y la adaptemos a sus normas matrimoniales, *para bien y bendición nuestros,* y él sabe, a causa de la vida nueva que nos ofreció en Cristo, que podemos hacerlo.

Por supuesto, le escribo dirigiéndome a la situación en que usted se encuentra ahora. Cualesquiera que sean sus errores en el aspecto del matrimonio y del divorcio, pídale perdón a Dios y acéptelo, sabiendo que ha sido liberado de la culpa. El Señor siempre nos trata en el ahora, y usted tiene toda oportunidad de seguir adelante por un nuevo camino, ". . . olvidando ciertamente lo que queda atrás, y extendiéndome a lo que está delante" (Filipenses 3:13). Con los ojos puestos en Jesús, y su mente formada por la Palabra de Dios, usted puede crear una vida nueva para sí y para su cónyuge a partir de este momento.

Confío que enfocará su relación matrimonial con una nueva resolución de vencer las influencias externas que hacen que se considere separadamente de su cónyuge, con una nueva determinación de hacer todo lo que pueda para edificar su relación amorosa en conformidad con el plan de Dios, y con una nueva confianza de que será posible mejorar su relación matrimonial y remodelarla según la forma del diseño original.

Un hombre dijo una vez: "Los ideales son como las estrellas, no tendremos el éxito de tocarlos con nuestras manos, pero si los seguimos como el navegante en las aguas desiertas, llegaremos a nuestro destino".

No lograremos la perfección en nuestra relación matrimonial, pero al seguir el modelo dado por Dios en Génesis 2:24, descubriremos las emociones y maravillas que Dios planeó para nosotros, y cumpliremos el propósito que él nos puso delante: el de mostrar su amor al mundo necesitado a través del ejemplo de nuestro propio amor.

4

El amor: La solución del misterio

La pareja que se hallaba sentada al otro lado de mi escritorio había venido de otra parte del país en busca de consejo. Hal, un joven bien parecido, quien ya había tenido éxito en la profesión que había escogido, habló por los dos:

"Doctor Wheat, ayúdenos, por favor, *si puede*. Estamos desesperados".

Mientras hablamos durante varias horas, noté que raras veces miraba Hal a su esposa, Eugenia. Y ella, una bella rubia de voz suave y sonrisa dulce, en presencia de él parecía estar subyugada. Algunas veces detecté un destello de ternura en sus ojos azules, pero nunca lo dirigía hacia su esposo. Eran como corteses extraños, ni siquiera lo suficientemente cercanos para ser hostiles, atados por el más íntimo de todos los lazos, y sin embargo, más apartados de lo que las paredes de mi oficina hubieran permitido. ¡En espíritu se hallaban en lados opuestos del mundo!

Sin embargo, parecían más que afortunados. Eran personas atractivas, que tenían comodidades económicas, bien educadas; los dos eran profesionales y, lo más importante, los dos conocían y amaban al Señor. De hecho, se habían conocido por medio de un ministerio en la universidad; se dieron cuenta de que los dos tenían las mismas metas espirituales, y después de un tiempo de reflexiva oración, decidieron casarse. Para un extraño, ese matrimonio hubiera parecido ideal. Pero yo veía delante de mí a dos personas tremendamente infelices, que luchaban sólo para poder pasar juntos la semana siguiente.

—Pensamos que era la voluntad de Dios que nosotros nos casáramos —explicó tristemente Hal—. Hemos estudiado lo que la Biblia enseña con respecto del matrimonio, y *sabemos* que el divorcio no es una opción para nosotros como cristianos. ¿Pero qué vamos a hacer? Simplemente no nos amamos.

En la conversación posterior se aclaró esa afirmación. La pareja se respetaba, aun se admiraban el uno al otro como individuos; ciertamente se deseaban lo mejor el uno al otro. Pero hasta ahí llegaba la extensión de su compromiso. ¿Qué les faltaba?

—Los sentimientos, doctor Wheat —estuvieron los dos de acuerdo—. No tenemos ninguna de las emociones que tiene que haber en el amor. No nos causa ningún regocijo el estar juntos. No nos sentimos atraídos a tocarnos mutuamente. Parece que no podemos hablar el uno al otro acerca de nuestro pasado, ni hacer planes para el futuro.

—Nosotros no nos fastidiamos el uno al otro, no peleamos —dijo Hal—, pero tampoco nos gusta estar juntos.

Cualquier noche que pasaban solos les resultaba aburrida. Hal descubrió que las respuestas sexuales de Eugenia no eran inspiradoras, aunque los dos experimentaban regularmente alivio sexual. El admitió que no sentía el deseo de sentarse junto a ella, ni de abrazarla.

—Me gustaría sentirlo —dijo.

Eugenia halló que Hal se preocupaba por sí mismo y era taciturno.

—Pero él es bueno en muchos sentidos —dijo ella—. Puesto que los dos trabajamos, él me ayuda en la casa. Me lleva a cualquier parte adonde yo quiera ir. Me ha dicho que soy una esposa excelente que tengo la cabeza bien puesta sobre los hombros. Y, sin embargo, sé que no lo complazco. Por ejemplo, él piensa que cuando me levanto por la mañana, antes de maquillarme, tengo una apariencia horrible. Si me amara, ¿establecería eso alguna diferencia? Siempre he creído que el amor real escondería nuestras imperfecciones.

—Realmente, ella es una persona demasiado perfecta, demasiado buena —dijo Hal—. Tal vez ésa sea la razón por la cual yo pienso que no hay manera en que pudiera entenderme alguna vez, ni entender la clase de vida que yo llevaba antes de ser cristiano.

—No estamos en la misma longitud de onda —concluyó Eugenia tristemente—. El matrimonio no es nada como lo que soñé que sería. Me siento desilusionada y decepcionada la mayor parte del tiempo.

—Tal vez nos hemos engañado a nosotros mismos —dijo Hal encogiéndose de hombros—. A nuestros mejores amigos les encanta estar el uno con el otro. Ellos iluminan el cuarto cuando están juntos. Pero nuestro caso es diferente. No sé qué podemos hacer ahora al respecto. Estamos casados y somos desdichados. ¡Simplemente no nos amamos el uno al otro!

Oigo esta queja frecuentemente. A menudo, lo que dicen es lo siguiente: "Ya no nos amamos más el uno al otro". O admiten de un modo devastador lo siguiente: "Mi esposo (o mi esposa) ya no me ama". Pero en un sorprendente número de casos, las personas desoladas me dicen que nunca se han amado el uno al otro, ni siquiera cuando se casaron.

Como consejero, he tratado los trágicos resultados de los matrimonios en que no hay amor. La falta de amor ha hecho que hombres que son conocidos como líderes cristianos cometan adulterio, o que sus respectivas esposas busquen en otra parte el amor que piensan que les hace falta. En casos aun más perturbadores, las cosas que se han hecho tienen consecuencias tanto legales como morales, de tal modo que virtualmente han destruido toda la familia. Sin meternos en detalles, puedo asegurarle, por mi experiencia como consejero, que los hombres y las mujeres tienen un desesperado anhelo de que se manifieste la emoción del amor en su vida matrimonial, y que algunas veces los mismos cristianos se asombran de lo que ellos harían para hallar un sustituto. Por supuesto, un cristiano no necesita nunca dejarse dominar por sus sentimientos, ni en el matrimonio ni en ningún otro aspecto de su vida. Pero un matrimonio sin buenos sentimientos está terriblemente incompleto, y las numerosas parejas a las cuales aconsejo casi siempre están preocupadas por la emoción del amor y por la falta de ella en alguna fase de su relación.

Esta es la razón por la cual, desde mi punto de vista, no es suficiente escribir un libro sólo sobre el matrimonio. Veo la necesidad de enfocar el amor dentro del matrimonio: el pleno espectro del amor, que incluye los anhelos emocionales que Dios colocó dentro de nosotros para que sean satisfechos. Sabemos que el amor envuelve una increíble gama de sentimientos que van desde los estremecimientos hasta la dulce tranquilidad. Estos pueden ser profundamente agradables y tiernamente confortadores. Son los que dan color y textura a la vida matrimonial. Nos ofrecen felicidad y un sentido de bienestar aun en presencia de los problemas externos. Pero, la ausencia de estos sentimientos forma un doloroso vacío que clama por ser llenado. No tenemos que pasar por alto las emociones del amor y los anhelos que ellas evocan. Sólo cuando las reconocemos y las manejamos de un modo constructivo, tales emociones toman el lugar que les corresponde en nuestra vida para enriquecernos sin dominarnos.

Así que, en el mundo real de la vida matrimonial, tenemos que reconocer la importancia del amor y de las emociones que lo acompañan. Pero también necesitamos clasificar la verdad con respecto al amor, así como lo hicimos cuando estudiamos los fundamentos del matrimonio. Tenemos que descartar los sueños y los mitos. Me gustaría que usted distinga esmeradamente entre lo falso y lo verdadero en la esfera del matrimonio. Pregúntese, por favor: En mi vida de amor, ¿estoy operando actualmente basado en la verdad o en la falacia?

Un observador puede ver que no hay nada que se comience con tan elevadas esperanzas y brillantes expectativas, y que sin embargo, fracase tan regularmente como el amor romántico en el matrimonio. De eso da testimonio el número de divorcios, que es lo que ocurre en uno de cada dos matrimonios que admiten su fracaso. ¿Pero por qué fracasa el amor tan frecuentemente? Ciertamente, por cuanto los que se aman no tienen una clara comprensión de lo que es el amor y de lo que no es; no saben amar, y en muchos casos nunca han hecho la promesa de amar. La conducta y las respuestas de la mayoría de las parejas casadas no están influidas por la verdad, sino por su propia provisión de conceptos errados acerca del amor.

¿De dónde vino esta información errónea? Fundamentalmente, Dios es amor, y comunica la verdad acerca del amor por medio de su Palabra, la Biblia. Satanás es antiamor, así como es anticristo, y disemina ideas que deforman y destruyen el amor, a través del sistema del mundo que él controla.

Hay tres fuentes principales de ideas erradas con respecto al amor. Mientras las estudiamos, le resultará instructivo analizar sus propias ideas sobre el amor y determinar, cuando sea posible, su fuente.

Impresiones confusas. Cada individuo ha hecho una colección de impresiones confusas acerca del amor, que incluyen ideas raras recogidas aquí y allá, que se remontan a la primera infancia. Algunas de éstas se han tomado de prácticas y filosofías de la familia. Por ejemplo, la artista de cine Zsa Zsa Gabor, miembro del clan Gabor, cuyos miembros se casan muchas veces, quien personalmente se ha casado siete veces hasta el momento de escribir esto, expresó la filosofía de su familia cuando le dijo a un reportero: "Algunas mujeres importunas siempre me preguntan por qué mis hermanas y yo, y las mujeres de mi familia hemos tenido tantos esposos. No les es posible comprender que nos enamoramos, pero que también caemos en el desamor. Cuando se cae en el desamor es mejor cambiar de esposo y seguir siendo amigos, que permanecer juntos y odiarse el uno al otro".

La confusión de la mala información y las impresiones vagamente definidas que la mayoría de las personas han coleccionado explican, en parte, por qué muchísimos prefieren considerar el amor como un misterio inexplicable. Aparentemente eso se debe a que su propio concepto del amor es confuso y enredado. ¡El amor *tiene que ser* un misterio! Además, si el amor es algo irracional con toda su excitación misteriosa, entonces debemos ser disculpados por comportarnos irracionalmente en la búsqueda de él.

Conclusiones defectuosas basadas en la experiencia personal. He descubierto que muchas personas operan basadas en conclusiones defectuosas sacadas de su propia experiencia personal con el amor romántico. Las encuestas indican que un buen número de personas se consideran experimentadas. Un sociólogo que entrevistó a más de mil individuos descubrió que la gran mayoría de ellos habían comenzado con infatuaciones a la edad de 13 años, y al llegar a los 24 años de edad, ya habían tenido una o más "reales aventuras amorosas". Pero estas aventuras amorosas, a menudo, producen una colisión entre dos juegos de malos conceptos acerca del amor, lo cual da como resultado una separación emocional. A los individuos que participaron en estas aventuras se les pueden desarrollar una dolorosa precaución hacia el amor o algún cinismo, y no una real sabiduría para lo futuro. La experiencia personal provee algunas veces datos cuestionables, siempre limitados, y conduce a defectuosas conclusiones que no sirven para construir una relación de amor duradera.

Razonamientos imperfectos debidos a las influencias culturales. No hay manera de saber cuántas actitudes imperfectas hacia el amor emergen de las influencias culturales: las películas, la televisión, la propaganda de toda clase, las revistas, las novelas, las actitudes prevalecientes de los amigos, las palabras y el ejemplo de las celebridades populares, etc. Difícilmente pudieran clasificarse éstas como fuentes confiables de verdad y sabiduría, pero no se puede negar su efecto sutil y poderoso sobre nosotros.

Mientras el pueblo absorbe estas creencias erróneas acerca del amor, la comunidad científica e intelectual, en su mayor parte, permanece fuera del campo. Algunos que han averiguado esto han dicho que, con raras excepciones, la mayoría de los libros sicoanalíticos, siquiátricos y sicológicos, incluso los libros de texto de esas materias, no tienen en sus índices la palabra *amor*. Ni siquiera la *Enciclopedia Británica* tiene artículos sobre este tema. Pero un siquiatra, al reconocer que la necesidad de correcta información acerca del amor es grande, escribió: "Cada uno busca el amor en todas partes. Es una preocupación constante; está en constante demanda. ¿Se puede hallar? Creemos que sí, si se lo entiende suficientemente y se lo busca adecuadamente . . . ".[1]

Ciertamente, todos necesitamos información exacta y pensamiento claro acerca de lo que se ha llamado *la emoción más deseada y más elusiva* —tan deseada que los matrimonios que no la tienen van desde lo aburrido a lo desdichado; tan elusiva que algunas personas gastan toda la vida buscándola, y dejan como secuela un sendero de relaciones quebrantadas.

Mi propósito al escribir este libro es el de proporcionarle los principios fundamentales y la información que necesita para experimentar la plenitud del amor en su propia relación matrimonial. La Biblia es la fuente primaria de nuestro material; de hecho, es el único libro autorizado, completamente exacto en lo que se refiere al amor.

Ahora bien, al considerar cuatro verdades básicas que pueden dar nueva forma a sus actitudes y reestructurar su manera de enfocar el amor, tiene que comprender lo siguiente: Lo que cree sobre el amor ahora mismo, sea verdadero o falso, está haciendo actualmente tres cosas en su vida. (1) Está afectando su matrimonio; (2) está dando forma a su conducta y a las respuestas de su cónyuge; (3) está ayudando a determinar su futura felicidad y bienestar emocional. Lo que cree es importante. ¡Cuánto mejor es creer la verdad!

Cada uno de los siguientes principios puede ayudarle a restaurar el amor en su vida matrimonial, o a enriquecer la aventura amorosa que ahora tiene con su cónyuge. Cada uno descarta un concepto errado común sobre el amor que puede haber influido en usted en el pasado. Consideremos estos principios cuidadosamente; después le diré cómo ayudaron a la pareja que presenté al comienzo de este capítulo.

1) En la Palabra de Dios puedo aprender lo que es el amor. Es racional, no irracional. Puedo entender el amor y crecer en su comprensión durante toda mi vida.

Tal vez no haya pensado de esta manera, pero toda la Biblia es una historia de amor de la cual podemos aprender: la historia del infalible amor de Dios a favor de la raza humana, la que frecuentemente no merece ser amada. Es un amor que busca con afán. A través de las páginas de la Biblia hallamos que Dios está buscando, alimentando, cuidando, haciendo lo mejor a favor de los que ama, siempre procurando atraer hacia él a hombres, mujeres, niños y niñas. Hay un versículo que parece resumir esto: "Jehová se manifestó a mí hace ya mucho tiempo, diciendo: Con amor eterno te he amado; por tanto, te prolongué mi misericordia" (Jeremías 31:3).

El Antiguo Testamento habla acerca de la relación amorosa entre Jehová Dios y los israelitas; un amor que, a menudo, se compara con el de un esposo hacia su esposa errante, que está determinado a ganarla para que ella vuelva, a pesar de su pasado.

En el Nuevo Testamento, el alcance de la revelación se amplía para presentar el cuadro notable del amor de Dios para todo el pueblo: un amor que no tiene límites. Y el Señor hace hasta el último sacrificio para atraernos hacia el círculo de su eterno cuidado. Lo vemos en la forma de Jesús, el Hombre que estuvo dispuesto a someterse a la muerte a fin de hacer lo mejor a favor de los que ama. En Juan 3:16 se nos dice quiénes son éstos: "Porque de tal manera amó Dios al mundo, que ha dado a su Hijo unigénito, para que todo aquel que en él cree, no se pierda, mas tenga vida eterna".

Si tuviéramos que resumir todo lo que podemos aprender acerca del amor a través de un estudio bíblico de los tratos de Dios con la humanidad, pudiera decirles algo tan sencillo como lo siguiente: Amar es hacer siempre lo mejor a favor del que es objeto de nuestro amor. Esto es lo que el amor es y lo que hace, y no hay nada misterioso en ello.

Pero tal vez la motivación para este amor es el misterio. ¿Qué es lo que hace que queramos hacer lo mejor a favor de la persona amada? La respuesta, otra vez basada en el principio bíblico, es que el amor reconoce un valor único en el ser amado, y decide afirmar siempre el valor de ese ser amado. El amor es, pues, una elección.

Por supuesto, se puede aprender mucho más acerca del amor en las Escrituras. Al observar la vida diaria del Señor Jesucristo, podemos verlo desplegando el amor perfecto en toda situación. Podemos aprender por su ejemplo. En Efesios 5, hallamos una descripción de las maneras cómo Jesucristo muestra su amor hacia la iglesia, y tales maneras se nos presentan como un perfecto modelo para el amor matrimonial. Y en 1 Corintios 13 se nos muestra la naturaleza del amor con descripciones específicas sobre cómo se comporta el amor, especialmente cuando es sometido a prueba. Aprendemos que el amor real es siempre una elección respaldada por la acción.

Así que no necesitamos estar mal informados con respecto al amor. Podemos aprender acerca de él por medio de la Palabra de Dios, la única fuente exacta de información sobre el tema. Allí podemos aprender lo que es y lo que hace. Usted y yo tenemos que entender el amor a fin de construirlo en nuestra relación matrimonial, y esto es completamente posible por cuanto tenemos las Escrituras.

2) El amor no es fácil ni sencillo: es un arte que tengo que querer aprender y al cual tengo que dedicar mi vida. Puedo aprender a amar.

Este principio corrige un concepto equivocado común sobre el amor, que prevalece particularmente entre los adolescentes que piensan que el amor es lo más simple del mundo para entender, que es fácil amar, y que no requiere pensamiento ni esfuerzo. Dicho esto en otras palabras, nadie tiene que aprender acerca del amor, ni siquiera pensar en eso. ¡Es simplemente asunto de hacer lo que viene naturalmente!

El hecho es que el amor es costoso. Exige mucho de parte del que ama, aun cuando el dar puede ser puro gozo. Si hace lo que viene naturalmente, estará equivocado casi todo el tiempo. El amor es un arte que debe aprenderse y una disciplina que debe mantenerse. Pudiéramos comparar el arte de amar con el arte de la música o con cualquiera otra disciplina. En mi caso, pasé años aprendiendo el arte de la medicina, luego, aprendiendo a poner en práctica las teorías. Aún más importante, yo tenía tanto deseo de aprender a practicar la medicina que estuve dispuesto a darme a eso totalmente. ¡Muchos años después me acerqué al arte de amar a mi esposa de la misma manera!

Si usted quiere dominar el arte de amar y desea obtener las recompensas de una vida matrimonial felicísima, tendrá que aprender los principios para construir el amor en su relación matrimonial, y deberá practicarlos diariamente. Por encima de todo, tiene que querer aprender y estar dispuesto a dedicar su misma vida a ello. Por experiencia le puedo decir que vale la pena el esfuerzo.

¿Cómo aprende usted? Repito que la Biblia tiene la información que necesita. Las lecciones más concentradas sobre el arte de amar a su cónyuge se pueden hallar en el Cantar de los Cantares de Salomón, al cual le daremos una mirada en el capítulo 12 de este libro. Pero, esparcidas por toda la Biblia se hallan porciones que ofrecen instrucción directa sobre el arte de amar. Consideraremos muchas de tales porciones. Los problemas reales de la vida no están desconectados de la Palabra de Dios. Usted descubrirá, al repasar este manual de consejos, que la Biblia le dice lo que necesita saber para llegar a ser un amante experto, como esposo o como esposa.

3) El amor es un poder activo que controlo con mi propia voluntad. No soy un esclavo impotente del amor. Puedo decidir amar.

Es importante comprender este principio a la luz de la andanada de propaganda que sugiere que el amor en sí es un sentimiento incontrolable que viene y va como un gorrión perdido, que aterriza donde nadie lo quiere, y despega cuando su estado de ánimo se lo indica. La mayoría de las situaciones de las telenovelas en que una chica y un chico se conocen, en que una joven pierde a su enamorado, o en que el esposo y la esposa se separan, se basan en la premisa de que el amor es un sentimiento que simplemente sucede. O de otro modo, que no sucede. O que sucede y luego deja de suceder, de tal modo que no puede hacerse nada para recapturar el sentimiento, cuando éste desaparece.

La verdad es que el amor es un poder activo que se hizo para que lo controle con su propia voluntad. Usted no es simplemente un prisionero del amor, como lo dicen algunas canciones. Si es cristiano, es decir, si el amor de Dios ha sido derramado ampliamente en su corazón, puede inteligentemente decidir amar, puede hacer lo necesario para restaurar el amor en su matrimonio, y puede negarse a ser esclavo de emociones pasajeras.

4) El amor es el poder que producirá amor cuando yo aprenda a darlo, en vez de esforzarme por atraerlo hacia mí.

Hoy, a través de la propaganda insistente, se les está enseñando a las personas que tienen que aprender a dejarse amar a fin de que sean amadas. Se les dice que estarán en mejores condiciones de ser amadas si escogen la crema dental tal, o el perfume que se promueve, o la crema de afeitar de tal marca, o el champú que dicen ser el mejor, o el desodorante tal. De hecho, la lista de productos que casi garantizan traer a los futuros amores a tocar afanosamente la puerta, o que los detengan en la calle con fines amorosos, es interminable. Nuestra sociedad, orientada por los medios de comunicación, mide las posibilidades que tiene una persona de ser amada utilizando tres patrones: la popularidad, el atractivo sexual y el hecho de que use los mejores productos.

Pero, la Palabra de Dios nos muestra cuál es el secreto de que una persona pueda ser amada y le resulte atractiva a su cónyuge. Esto envuelve aprender a dar amor, en vez de esforzarse por atraerlo hacia sí. Este es un secreto poderoso que relativamente pocas personas conocen. Precaución: Se cometen muchos errores en nombre del amor. Usted tiene que aprender a dar amor en el sentido bíblico que realmente satisfará las necesidades y deseos de su cónyuge. La Biblia enseña cómo amar sabia y realmente.

El periodista Frank Wright, de Palm Beach, ha escrito centenares de esquelas espontáneas a su esposa, algunas de las cuales se han publicado en un librito titulado *¡Hola, dulzura!* Este ejemplo muestra que el amor produce amor cuando se da libre y sabiamente. El esposo escribe: "Cuanto más tiempo pasa en nuestra vida matrimonial, tanto más comprendo que en el matrimonio la felicidad no llega por casualidad. Tomémonos siempre de las manos y digámonos que nos amamos. No nos demos el uno al otro por sentado. Demos, o entreguemos, con un espíritu de alegría. Eso es lo que hemos estado haciendo, y es eficaz. ¿No es verdad?"

El resto de la nota ilustra el hecho de que dar amor también produce las emociones románticas del amor en medida plena. El agrega: "Esta mañana simplemente me siento muy optimista. ¿Qué te parece si nos escapamos después del almuerzo, con las maletas empacadas, y nos vamos a algún sitio romántico para pasar el fin de semana, sin decirle a nadie adónde vamos?"

Resumamos:

( ) El amor real no es misterioso ni irracional.
( ) El amor real no consiste en hacer simple y fácilmente lo que viene naturalmente.
( ) El amor real no es un sentimiento incontrolable.
( ) El amor real no se produce al tratar de atraerlo.
( ) Puedo entender lo que es el amor a través de la Palabra de Dios.
( ) Puedo aprender el arte de amar.
( ) Puedo decidir amar.
( ) Puedo producir amor al darlo primero, y darlo sabiamente.
( ) El amor reconoce un valor único en el ser amado.
( ) El amor decide afirmar siempre el valor del ser amado.
( ) El amor hace constantemente lo mejor a favor del ser amado.
( ) El amor es un poder activo que debe ser controlado por la voluntad.
( ) El amor es siempre una elección respaldada por la acción.
( ) El amor es costoso, aunque lo demos con puro gozo.

En esencia, hemos venido estudiando la manera en como *la razón* y *el sentimiento* trabajan conjuntamente para edificar la relación amorosa entre el esposo y su esposa. Aunque la mayoría de las personas consideran que *el sentimiento* es de suprema importancia, confío que usted haya descubierto que lo que *piense* acerca del amor controlará su conducta, y que los sentimientos deseados vendrán como consecuencia del pensamiento correcto y de las acciones correctas.

Esto puede parecer mecánico y lejos de lo romántico, pero no lo es. En realidad, señala el camino hacia un amor genuino para usted y para su cónyuge que debe proveer emociones reales y suficiente satisfacción que se adecúen al individuo más romántico. Cuando la razón se excluye de las emociones del amor, lo que resulta no es amor en absoluto, sino lujuria, infatuación o sentimentalismo vacío. ¿Quién quiere eso en su vida matrimonial? Si el cristiano es sabio, debe edificar toda su vida sobre la verdad. En ninguna parte es esto más importante que en el amor y en la relación matrimonial.

Hal y Eugenia, a quienes mencioné al comienzo de este capítulo, tenían el sincero deseo de edificar su fe en la verdad. Sin embargo, como habrá notado, el principal problema de ellos giraba en torno a ideas falsas con respecto al amor. En nuestras subsiguientes conversaciones, Hal admitió que él era el que tenía la culpa, y no Eugenia, aunque no podía indicar la causa. "Supongo que es el pecado o la rebelión o la estupidez de parte mía", dijo, "porque sé que hubiera podido hacer que Eugenia se enamorara de mí si le hubiera ofrecido algo para que respondiera. Siento como si Eugenia no fuera la mujer que me corresponde, la mujer que Dios tenía para mí, y aunque no creo en el divorcio, todas mis fantasías envuelven otro lugar, otro tiempo, otra mujer".

Le pedí a Hal que hiciera una lista resumida de los principios que usted acaba de leer relacionados con el amor, y que midiera sus actitudes y acciones según los conceptos que yo le había explicado. Los resultados le abrieron los ojos al joven.

Descubrió que él tenía algunas ideas profundamente arraigadas pero defectuosas acerca del amor, que se remontaban al tiempo cuando no conocía a Cristo como su Salvador, y a las muchas aventuras románticas de que había disfrutado. Aún pensaba que el amor era una experiencia misteriosa repleta de sentimientos deliciosos que simplemente le venían. Cuando se casó con Eugenia, por cuanto ella era una señorita cristiana, destacada y recatada, esperaba que los sentimientos emocionantes simplemente le vinieran otra vez sin ningún esfuerzo de su parte. Cuando se dio cuenta de que estos sentimientos no aparecían pronto, se resintió y, en vez de aprender a ser un buen esposo, fue de consejero en consejero tratando de hallar a alguien que (mágicamente) le hiciera comenzar el proceso. Estuvo de acuerdo en que, aunque era un esposo ejemplar en los detalles externos, no le había dado a su esposa lo que realmente ella necesitaba y deseaba. El quería una esposa que lo hiciera estremecer de emoción, pero no quería someterse al proceso que con el tiempo produciría lo que quería. Nunca había tomado la decisión de amar a Eugenia por cuanto ella era su esposa; ni nunca había reconocido ni afirmado el valor único de ella. No había hecho el intento de aprender el arte de amar. En cambio, estaba esperando que ella inspirara el sentimiento de amor en él.

"Aunque antes no comprendí algunas de estas cosas", dijo él, "sabía que era responsable de Eugenia, así como Cristo lo es de la iglesia, y que era responsable de amarla así como Cristo amó a la iglesia. Pero yo estaba empleando ese asunto de la 'mujer de mis sueños' como una válvula de escape, realmente como una excusa, de mi propio egoísmo. Me estaba engañando a mí mismo, pues yo sabía que el mandamiento de Dios que se halla en el Génesis, según el cual se debe dejar todo, unirse y ser una carne, se aplica a la mujer con la cual me casé, ¡no a una mujer imaginaria que yo me haya formado en la mente!"

Hal estuvo dispuesto a hacer lo que yo le sugerí. Aprender el arte de amar envuelve muchos detalles que se hallan en el resto de este manual de consejos. Pero él pudo comenzar tomando la decisión de amar a su esposa dándole intencionalmente de sí, con la confianza de que los buenos sentimientos vendrían al cambiar él su conducta.

"Dios tiene una acción lista que promoverá en usted el romance cuando haga aquellas cosas que produzcan una respuesta de amor en ella", le explicaba yo. "Si usted aprende a amarla bíblicamente, y lo hace, en el término de seis meses, los dos estarán profundamente enamorados el uno del otro. Pruébelo y verá".

A Hal y a Eugenia los espera un tiempo emocionante cuando comiencen a poner en práctica aquello que produce una aventura amorosa duradera. En el caso de usted, estimado lector, le sugiero que repase la lista resumida de principios, tal como lo hizo Hal. Coloque una señal mental donde esté de acuerdo con la declaración. ¿Qué piensa acerca de los demás conceptos? Recuerde que si los cree, debe apropiárselos y actuar basado en ellos. Así se está preparando para hacer uso efectivo de la instrucción práctica que se halla en el resto de este libro.

5

Las cinco maneras de amar

La palabra amor ha sido motivo de confusión en nuestros días debido a la gran diversidad de significados que se le han atribuido. La confusión aumenta cuando leemos libros cuyo tema es el amor. Un autor habla de amor, y descubrimos que en realidad se refiere a la atracción sexual. Otro que habla de amor, aparentemente se refiere a un ideal abstracto. Aún otro autor escribe acerca del romance. Y otro que escribe sobre el mismo tema habla de intensas lealtades familiares. El quinto describe una amistad indestructible en términos dramáticos. Evidentemente, cada escritor tiene en mente cierta relación. Sin embargo, usan la misma palabra —amor—, para definir la relación.

Afortunadamente, al escribir un libro acerca del amor en el matrimonio, podemos acudir al lenguaje preciso del griego del Nuevo Testamento en busca de ayuda. Un experto señaló: "El griego es una lengua muy sutil, llena de palabras que modifican delicadamente, capaces de ofrecer las más finas distinciones de significado". Los griegos de la era del Nuevo Testamento tenían por lo menos cinco palabras que podemos usar para distinguir y describir los varios aspectos del amor dentro del matrimonio.

Cuando le doy estas cinco palabras griegas y su significado en el matrimonio, recuerde que éste no es un ejercicio de lenguaje, sino una explicación práctica de lo que debe ser la vida de amor en el matrimonio, cuando el amor halla su plena expresión en la relación.

A propósito, usted no puede escoger alguna de estas clases de amor. No puede escoger la que prefiera y descartar las demás. Cada una de ellas se basa en la otra. Cada una tiene su propio lugar especial y significativo, como lo descubrirá cuando comience a poner en práctica todas estas clases de amor en su vida matrimonial. Pero, aunque se distinguen muy bien, también están interrelacionadas de tal modo que lo físico, lo emocional y lo espiritual son procesos que se sobreponen el uno al otro y se refuerzan mutuamente en el acto de amar.

La primera faceta del amor que consideraremos nos la sugiere una palabra griega que en la Biblia nunca se utiliza con el sentido de amor. Sin embargo, describe un aspecto muy importante de la aventura amorosa entre el esposo y su esposa. Esta palabra es *epithumia*, un deseo fuerte de alguna clase, algunas veces bueno, otras veces malo. Significa poner el corazón en; anhelar, legítimamente o de cualquiera otra manera; o puede significar codiciar. Cuando se usa en la Biblia con sentido negativo se traduce "codicia". En un sentido positivo, se traduce "deseo". A este último significado es que nos referimos. En el matrimonio, el esposo y su esposa deben tener un fuerte deseo físico el uno por el otro, que se exprese en el deleite de hacerse el amor.

El aspecto sexual no es el más importante de la relación matrimonial, pero es un indicador definido de la riqueza de su matrimonio. Si existe tensión en otros aspectos de la vida, generalmente se manifestará en la vida sexual. Por otra parte, si usted no tiene cercanía sexual, como resultado pudiera afectarse su relación total. Algunas veces, sus respuestas sexuales son apagadas por cuanto hay diversas presiones o problemas. Esto no es raro, y casi en todos los casos puede remediarse. Aun mientras usted está tratando de resolver problemas en otros aspectos de su relación, los dos pueden aprender la comunicación física y experimentar el placer mutuo en su vida sexual, de tal modo que la restauración y la edificación del deseo sexual llegue a ser una parte importante de toda la experiencia de enamorarse de su cónyuge. En los matrimonios más felices, las parejas descubren que siempre pueden mejorar su relación sexual a través de un mejor conocimiento, una comprensión más grande y una elevada sensibilidad del uno para con el otro. En un matrimonio nunca debe pasarse por alto aquella faceta del amor que se conoce con el nombre de deseo físico.

El siguiente aspecto del amor que hemos de estudiar viene de una palabra griega muy conocida que no aparece en el Nuevo Testamento, aunque su significado sí se usa en el hebreo del Antiguo Testamento. Se trata de *eros*, el amor que, más que cualquier otra idea, comunica la del romance. Pudiéramos pensar que *eros* se refiere totalmente a lo carnal, por causa de nuestra palabra "erótico", pero eso no es cierto. *Eros* no se refiere siempre a lo sensual, sino que incluye la idea de anhelar unirse con el ser amado y el deseo de poseerlo. El *amor erótico* es romántico, apasionado y sentimental. A menudo, es el punto de comienzo del matrimonio, y es la clase de amor de los enamorados, del cual se escriben canciones y al cual se dedican poemas. Se ha llamado arrobamiento . . . placer exquisito . . . fuerte, dulce y aterrador, por el hecho de que es absolutamente absorbente.

Sin embargo, el amor erótico tiene un problema. Necesita ayuda por cuanto es un amor que cambia y no puede durar por sí solo toda una vida. El *amor erótico* quiere prometer que la relación durará para siempre, pero no puede mantener tal promesa por sí solo.

En este punto, necesitamos dibujar una línea entre el arrobamiento temporal y necio, y el verdadero amor romántico que se halla en el matrimonio diseñado por Dios. El arrobamiento o enamoramiento loco se ha definido como una respuesta emocional y carnal a falsas impresiones o a simples elementos externos de otro ser que ha sido evaluado exageradamente o codiciado. En contraste, el genuino enamoramiento es una respuesta espiritual, mental, emocional y física al carácter real y al ser total de otra persona que encarna atributos largamente buscados y admirados.

El *amor erótico*, cuando se disfruta en el contexto duradero del matrimonio cristiano, ofrece maravillosas emociones y recompensas personales que son un don y una creación del mismo Dios. Esta clase de amor es completamente emocional, y no puede convocarse a voluntad, sino que aparece como segura respuesta cuando todas las otras clases de amor se activan dentro del matrimonio. Usted disfrutará del amor erótico en una forma rica, madura y particularmente regocijante cuando haya dominado el arte de amar. Más que cualquier otra clase de amor, el *erótico* transforma una existencia mundanal en blanco y negro en una vida en glorioso tecnicolor. Es una parte deleitosa de la vida de amor diseñada para el matrimonio.

La tercera clase de amor en el matrimonio está caracterizada por la palabra griega *storge*, y pudiera describirse como una relación compuesta de afecto natural tan cómoda como un par de zapatos viejos, y un sentido de pertenecerse el uno al otro. Este amor, al cual se hace referencia varias veces en el Nuevo Testamento, es el que comparten los padres con los hijos y los hermanos con las hermanas. Es la clase de amor que Robert Frost describió cuando llamó al *hogar* "el lugar que, cuando va allí, tienen que recibirlo . . . algo que no tiene que merecer". Este tipo de amor en el matrimonio satisface la necesidad que todos tenemos de pertenecer, de ser parte de un círculo estrecho donde las personas se cuidan y son leales unas a otras. Cuando el mundo se manifiesta como un lugar frío y duro, este tipo de amor (*storge*) ofrece refugio emocional. El matrimonio que carece de esta cualidad del amor es como una casa sin techo, donde penetran las lluvias. Pero cuando está presente este tipo de amor, ofrece una atmósfera de seguridad en la cual las otras clases de amor matrimonial pueden morar con seguridad y florecer.

La cuarta clase de amor se expresa mediante el verbo griego *phileo*, que a menudo aparece en el Nuevo Testamento. En este estudio usaremos el adjetivo que se deriva de dicho verbo —*filial*—, por cuanto es un término conocido para los lectores. El amor filial aprecia y tiene tierno afecto por el ser amado, pero siempre espera una respuesta. Es un amor de relación, camaradería, participación, comunicación, amistad. Mientras que el *amor erótico* hace amantes, el *amor filial* hace amigos íntimos que disfrutan de la cercanía y del compañerismo. Comparten mutuamente los pensamientos, los sentimientos, las actitudes, los planes y los sueños; las cosas más íntimas que no compartirían con ninguna otra persona. También comparten el tiempo y los intereses. Obviamente, se necesitan dos personas para el pleno disfrute del amor *filial*; pero si usted está buscando restaurar el amor en su vida matrimonial sin mucha cooperación de su cónyuge, puede echar mano al amor filial por su cuenta, mirando hacia adelante hasta que algún día haya respuesta, cuando los conceptos bíblicos se hayan puesto en práctica. Una vida matrimonial sin el *amor filial* sería insatisfactoria, aunque en el dormitorio de los cónyuges haya abundante pasión. Un matrimonio en que haya amor filial está seguro de ser interesante y de recibir recompensa.

Al considerar las cinco clases de amor, nos vamos moviendo de lo físico a lo espiritual. He guardado lo mejor para el final: el *amor desinteresado*, que en griego se expresa con la palabra *ágape*. Es el amor totalmente abnegado que tiene la capacidad de dar y mantenerse dando sin esperar que se le devuelva nada. El amor desinteresado (*ágape*) valora y sirve en contraste con el amor filial, que aprecia y disfruta. El Nuevo Testamento habla, a menudo, del amor desinteresado, porque fue este amor el que impulsó a Cristo a venir a la tierra a hacerse hombre por nosotros. Dios ama a toda la humanidad con ese amor (*ágape*) desinteresado. Además, él tiene amor filial para los que se relacionan con él a través de Jesucristo.

El amor desinteresado es de particular significación para los que ahora mismo están tratando de salvar su matrimonio y restaurar el amor que se perdió. De todas las clases de amor, el amor desinteresado es el que usted puede introducir en su relación matrimonial inmediatamente, pues se ejerce por una decisión de la voluntad y no depende de los sentimientos. Es un amor de acción, no de emoción. Se concentra en lo que dice y hace, y no en lo que siente.

C. S. Lewis demostró la diferencia entre el amor abnegado (*ágape*) y las demás clases de amor, mediante el cuadro de un jardín. Describió las clases naturales de amor como un jardín en que, al dejarlo abandonado, pronto crecen las malezas. Esto es inevitable a causa del egoísmo, la obstinación y los otros pecados que resultaron de la caída del hombre. El amor desinteresado actúa como los rastrillos, las azadas, las podadoras, los abonos y los compuestos químicos que sirven para matar malezas, todo lo cual es empleado por el hábil jardinero para mantener el jardín arreglado, ordenado y bello. Cuando Dios plantó el jardín de nuestra naturaleza e hizo que estas clases de amor crecieran y florecieran allí, nos dio la voluntad para atenderlas, vigilarlas y cuidarlas como debe hacerlo un jardinero sabio. Esta operación de la voluntad es el amor desinteresado (*ágape*), un amor inteligente y hábil que siempre se preocupa por hacer lo mejor a favor del ser amado.

¡Una unión matrimonial en la cual haya este tipo de amor puede sobrevivir a cualquier cosa! Es la clase de amor que mantiene en marcha el matrimonio cuando las clases naturales de amor fallan y mueren. En una obra titulada "Lo que el viento se llevó", tenemos un cuadro clásico del amor natural, intenso, de larga duración, que finalmente termina. Es memorable la escena en que los personajes Rhett Butler y Scarlett O'Hara se separan . . . Allí está Rhett Butler a la puerta diciendo para siempre con indiferencia completa y final: "Francamente, querida, ¡me importa un comino!" Tal vez no le pongamos atención a este lenguaje, pero todos entendemos lo que dice: que aun el amor natural más fuerte, cuando no hay respuesta, con el tiempo tiene que terminar.

Pero el amor abnegado, desinteresado (*ágape*) es diferente. Esta es una de las más conmovedoras verdades de toda la Biblia. Este amor está conectado con una fuente eterna de poder, y puede continuar cuando toda otra clase de amor haya fracasado. ¡Y no sólo eso! Ama sin importarle nada. No importa cuán indigna de amor sea la otra persona, el amor abnegado (*ágape*) puede continuar fluyendo. Este amor es incondicional, tal como es el amor de Dios para nosotros. Es una actitud mental basada en la decisión intencional de la voluntad. Así que, usted puede decidir ahora mismo comenzar a amar a su cónyuge con este tipo de amor, sin importar a cuanta indiferencia y a cuanto rechazo tenga que enfrentarse.

Esta fue la experiencia de un hombre que vino a verme en busca de ayuda, luego de haber oído mis cassettes de consejos. Él escribió:

> Realmente había apreciado su enseñanza acerca del amor desinteresado (*ágape*) en la vida de amor, porque es lo único que mantiene en marcha nuestra relación. Nosotros hablamos acerca de los muchachos, de otras personas, de los negocios, etc., pero nunca con

respecto a algo personal. Kathy no me permitiría abrazarla, ni besarla, ni tocarla de ningún modo, a ninguna hora del día. Si le compro regalitos, ella no los recibe, y si le expreso cumplidos, ella dice: "Eso no es cierto", o "Tú no hablas en serio", o cualquier otra cosa que anula lo que yo estaba tratando de decirle. No tenemos relaciones sexuales. Yo quiero tener una relación íntegra y amorosa con Kathy, pero eso es como golpearme la cabeza contra un muro de ladrillos. Yo continúo pidiéndole a Dios que me ayude a amarla y a satisfacer sus necesidades, aunque no haya respuesta.

¡Qué cuadro tan gráfico del amor abnegado (*ágape*) en acción! ¡Eso es lo que preserva un matrimonio que de otro modo se hubiera desintegrado! Este no es el fin de la historia de Zacarías y Kathy, gracias a este tipo de amor.

En los capítulos siguientes daré sugerencias específicas que deben seguirse para desarrollar cada una de estas clases de amor en su propia relación matrimonial.

Pero primero, usted necesita confiar en esta verdad fundamental: ¡La Biblia le ordena tener una aventura amorosa con su cónyuge! Consideremos esto desde el punto de vista bíblico.

El libro del Génesis nos enseña que la mujer fue creada para que el hombre no estuviera solo, como su compañera de toda la vida y como su ser amado. Se le dieron instrucciones al hombre para que dejara todo lo demás, se uniera inseparablemente a su esposa, y la conociera íntimamente a través de toda su vida. Este proceso estaba diseñado para establecer un amor poderoso entre el esposo y su esposa. Otros pasajes del Antiguo Testamento nos ofrecen vislumbres del amor romántico y sexual en las vidas de los patriarcas. Luego, cuando llegamos a la literatura bíblica de la sabiduría, se nos presenta a plena vista la relación intensamente personal y privada entre el esposo y su esposa, con su deleite romántico y sexual.

En el Salmo 45, llamado en la Versión Reina-Valera, *Cántico de las bodas del rey,* el escritor nos habla de una boda en que se exhorta a la reina a considerar la belleza de la apariencia de su esposo, su honor, su integridad y su majestad, y a olvidar su propio pueblo y la casa de su padre. A su vez dice: "Deseará el rey tu hermosura". Los detalles de una aventura amorosa entre un rey y su amada se describen exquisitamente en el libro Cantar de los Cantares de Salomón, como un modelo para que lo sigan los amantes piadosos.

Pero el mandamiento a comprometernos en una aventura amorosa que dure toda la vida con nuestro cónyuge aparece en el libro de Proverbios, libro que se especializa en una discusión práctica y directa de los problemas de la vida diaria, y que ofrece consejos procedentes de la propia sabiduría del Creador. Los proverbios de este libro siempre muestran una relación de causa a efecto: Si usted hace esto, en conformidad con la sabiduría divina, le ocurrirá lo bueno. Pero si obra en contrariedad con la voluntad de Dios y contra toda clase de conducta razonable, le ocurrirá inevitablemente lo desagradable. El tema de Proverbios 5 pudiera resumirse de la siguiente manera: Permanece alejado de la mujer adúltera, y siempre enamorado locamente de tu esposa. El siguiente es el corazón del mensaje con su claro mandamiento: "Sea bendito tu manantial, y alégrate con la mujer de tu juventud, como cierva amada y graciosa gacela. Sus caricias te satisfagan en todo tiempo, y en su amor recréate siempre" (Proverbios 5:18, 19). En los versículos anteriores ya se le ha advertido al esposo que se evada de la mujer adúltera, pues ella lo destruirá *sexualmente* (versículos 9-11), *espiritualmente* (versículos 12, 13) y *socialmente* (versículo 14). El mismo principio se aplica a la esposa, pues ella experimentará el mismo daño como resultado natural del adulterio.

Pero luego aparece la recompensa de la fidelidad conyugal, ¡y es rica! A la esposa se la describe, tanto en Proverbios como en el Cantar de los Cantares como una cisterna, como un pozo, como un manantial que brota, como una fuente sellada para su esposo, cuyas aguas satisfacen a plenitud. Aun ésta puede ser una descripción inadecuada. El verbo hebreo que se tradujo "recréate", en el original significa dar vueltas y tambalearse como si estuviera intoxicado, estar arrobado y alborozado. También se usa la expresión: "Sus caricias te satisfagan". Estar satisfecho es calmar completamente la sed, hartarse, saciarse y saturarse abundantemente con aquello que complace.

Parece claro que esto se refiere al amor físico, a la luz de los términos que usaron los eruditos hebreos en el lenguaje del original, pues éstas son algunas de las declaraciones más gráficas que se hallan en la Biblia. Notemos que se refiere a "la mujer de tu juventud", lo cual indica la calidad durable de la aventura amorosa, y que aquello de alegrarse juntos era algo que estaba planeado como parte integral del matrimonio desde el principio hasta el fin.

Pero esto también se refiere a algo más que una aventura de amor físico. En el consejo: "Y en su amor recréate siempre", la palabra "amor" es traducción del término hebreo *ahavah*, que incluye el elemento del amor emocional en respuesta a la atracción, aunque éste no está limitado a la emoción. *Ahavah* es realmente la palabra hebrea que corresponde al término griego *ágape* del Nuevo Testamento, el amor del espíritu y de la voluntad, que se dedica a hacer lo mejor para el ser amado en todo tiempo. Así vemos, según este pasaje bíblico, que en el matrimonio tenemos que expresar el amor desinteresado (*ágape*) con sus atributos espirituales por medio de los canales emocionales y físicos de nuestro ser para satisfacer plenamente al cónyuge. Esto no representa ningún sacrificio, pues al hacerlo, nosotros también quedaremos satisfechos.

Aquí tenemos la aventura amorosa establecida por Dios para todo matrimonio: un intercambio absorbente de mente, cuerpo, espíritu y emociones. Ciertamente, ¡hay razones que impulsan a obedecer la Biblia en este aspecto del matrimonio! Seguimos siendo libres para resistir el amor y rechazar el gozo, y nada puede impedirnos ese curso de acción, si así lo decidimos. Pero también tenemos la libertad de amar, y si lo hacemos en conformidad con los métodos bíblicos, experimentaremos las bendiciones de estar esencial y habitualmente *enamorados*.

Fuera de la bendición personal, debemos comprender que Dios diseñó el matrimonio para que sirviera de descripción de la relación maravillosa y eterna que existe entre Jesucristo y su esposa, la iglesia. Y ese verdadero amor romántico es un componente necesario de la relación matrimonial a fin de que el cuadro del amor de Cristo a favor de su pueblo esté completo.

Es un hecho emocionante que cuando usted entra en el matrimonio diseñado por Dios —y el amor del uno para con el otro refleja el amor de Cristo como un espejo para que todos se miren—, también está entrando en un ministerio personal que servirá de testimonio para otros, y que fortalecerá todo lo que haga en el nombre de Cristo, y lo capacitará para servir al Señor de una manera especial. Casi no hay suficientes consejeros bíblicos disponibles para auxiliar a las personas que necesitan ayuda en su relación matrimonial hoy; sin embargo, una pareja que haya aprendido a amarse de acuerdo con las maneras que hemos descrito puede ayudar con gran efectividad a otra pareja que tenga dificultades.

Recuerdo cuando yo había recibido a Cristo como mi Salvador personal, pero mi esposa no lo había hecho. ¡Realmente busqué alguna pareja que pudiera, mediante el ejemplo, mostrarle a ella lo maravilloso que sería estar los dos *enamorados* y los dos *en Cristo*! Necesitábamos tal pareja como amigos. Cuando usted trate de desarrollar la clase de vida de amor que la Biblia enseña, recuerde que eso no es sólo para placer personal, sino que también llegará a ser un ministerio en el momento en que usted y su cónyuge se hagan sensibles a las necesidades de otras parejas que necesiten amigos en ese aspecto.

El ministerio más recompensador de todos puede ser el ejemplo que usted ofrece a sus hijos. Tenga presente que los está enseñando constantemente mediante el ejemplo. Ellos aprenderán lo relativo al amor y al matrimonio (bueno y malo) observando la relación del padre con la madre en el hogar a través del tiempo.

Una mujer, que escribió una carta a su hijo y a su nuera, quienes estaban pensando divorciarse, les dijo lo siguiente para que pensaran:

> Sus hijos sentirán una inseguridad imposible de describir si no pueden contar con el amor que la madre tiene para el padre y con el amor que el padre tiene para la madre. Los niños tienen el derecho de que sus padres se amen el uno al otro. Los padres son la única seguridad de los hijos. Son la roca o la arena movediza que tienen los hijos debajo de los pies mientras dan los primeros pasos hacia la vida adulta.

Al mostrarse usted y su cónyuge amor real el uno al otro y hacia sus hijos, y al demostrarles a ellos que el modelo bíblico del matrimonio funciona en la forma como Dios lo diseñó, les estarán pasando el don del amor para que enriquezca el matrimonio y ministerio de sus hijos en los años venideros.

Por ahora, a la luz de los conceptos bíblicos que hemos estudiado, confío en que tenga la confianza de que es la voluntad indiscutible de Dios que usted y su cónyuge se amen el uno al otro con una atracción absorbente espiritual, emocional y física que continúe creciendo a través de toda la vida. Esto significa que puede confiar en que Dios obrará con usted y en usted, cuando comience a seguir el consejo específico sobre enamorarse y permanecer enamorado de su cónyuge.

Ahora quiero indicarle cómo puede hacer que cada una de estas cinco maneras de amar llegue a ser una parte significativa de su relación matrimonial.

6
Cómo amar sexualmente al cónyuge

Cuando uso el término "vida de amor", algunos generalmente suponen que voy a hablar acerca de lo sexual. En nuestra cultura, a menudo, se confunde lo sexual con el amor, aunque éstos no son términos intercambiables. Una niñita a la cual se le estaban enseñando los hechos de la vida, colocó esto en su perspectiva correcta: "¡Ah!", dijo desilusionada, "¡pensé que me iban a explicar acerca del amor! Lo del sexo ya lo sé".

Obviamente, el amor es el ingrediente que trae significado y rico placer a la actividad sexual. Las investigaciones indican que de las 168 horas que tiene una semana, el matrimonio promedio raras veces pasa más de una o dos horas haciéndose el amor desde el punto de vista físico. Lo que usted haga durante toda la semana es lo que determina la calidad de su vida de amor.

Sin embargo, a fin de desarrollar una aventura amorosa que dure toda la vida, usted y su cónyuge tienen que mantener *una relación sexual positiva*. Me viene a la mente la antigua canción de Johnny Mercer: *"Tienes que acentuar lo positivo, eliminar lo negativo, aferrarte a lo afirmativo . . . ".* Eso es lo que espero ayudarle a lograr a través del consejo de este capítulo. Aunque ya tenga una buena relación, puede mejorarla. Una vida de mutua satisfacción sexual enriquecerá todos los aspectos de su vida matrimonial, ¡y está a su alcance!

Así que comencemos con lo afirmativo. Es posible esperar que el placer sexual aumente año tras año. Algunas personas tienen el temor de perder el vigor juvenil, o de que su vida sexual llegará a ser aburrida y vacía por causa de la mucha repetición. Pero esto no tiene que ser así. La gente que sigue enamorada de manera creciente descubre que su relación sexual le ofrece más significado y gozo todo el tiempo. En la edad mediana y en los años posteriores, la sobreabundante energía sexual puede cambiarse por una manera madura, sensible e inteligente de hacerse el amor con el cónyuge amado cuyas respuestas se entiende íntimamente. Lo insto a leer este capítulo con un sentido de expectación en relación con la positiva relación sexual que usted y su cónyuge pueden disfrutar a través de su vida matrimonial.

Pero tal vez esté preocupado con respecto de lo negativo de su relación. Para eliminar lo negativo, primero tiene que entenderlo. El deseo físico, con su expresión sexual es, sin duda alguna, el aspecto más complicado del amor en el matrimonio. Existen muchísimas causas potenciales de dificultad, y el silencio, la suspicacia, la ira, las heridas, las incomprensiones, el temor y el sentimiento de culpa, complican la solución del problema. Estos elementos negativos frecuentemente se esconden entre las sombras. Los mecanismos fisiológicos de la expresión sexual son intrincadamente complejos y pueden cerrarse en cualquier etapa; sin embargo, cuando se quitan los inconvenientes, funcionan suavemente, sin esfuerzo consciente, para transmitir una experiencia de tremenda emoción que conduce a la satisfacción y al completo relajamiento.

¡Es maravilloso el diseño físico de Dios para la relación que se expresa con las palabras "una sola carne"! Le recomiendo, estimado lector, que lea mi libro *El placer sexual ordenado por Dios*, publicado por la Editorial Betania, 1980. Allí hallará una completa explicación sobre este tema. Sin embargo, necesita entender esto con respecto a los elementos negativos: el episodio total de la relación sexual envuelve tres fases de la respuesta física que están entrelazadas, pero separadas, y son fácilmente distinguibles. Son el deseo, la excitación y el orgasmo. Según la metáfora de la doctora Helen Kaplan, estas tres fases tienen un generador común, pero cada una tiene su propio circuito por separado. El deseo sexual viene de un sistema nervioso especial que se halla en el cerebro; la excitación está indicada físicamente por la vasodilatación refleja de los vasos sanguíneos genitales; y el orgasmo depende de las contracciones reflejas de ciertos músculos genitales. Estos dos reflejos genitales son servidos por centros separados de reflejos situados en la parte inferior de la médula espinal.

Los problemas surgen cuando un interruptor que inhibe apaga cualquiera de estas respuestas físicas del sistema. Los principales terapistas están buscando la manera de determinar y tratar las causas específicas de la inhibición en cada fase. La doctora Kaplan explica: "Un conjunto de causas es probable que 'queme los fusibles' de los circuitos del orgasmo. Otro tipo de conflicto puede desconectar los cables de la erección, en tanto que un grupo diferente de variables es probable que cause interferencia en los circuitos cerebrales de la libido o instinto sexual"[1].

Por ejemplo, el temor y la hostilidad son dos inhibidores principales en la fase del deseo. La ansiedad sexual, por cualesquiera razones diversas, perjudica la fase de la excitación. La excesiva timidez producirá corto circuito en la fase del orgasmo. Este no es un rápido diagnóstico de los problemas sexuales, sino algo que sirve para recordarle que su relación sexual siempre reflejará el contexto más amplio de la vida, que revela los temores y las tensiones personales, y casi siempre sirve como un barómetro de la relación entre usted y su cónyuge —la cual puede fluctuar, dependiendo de lo bien que se lleven en otros aspectos de su vida matrimonial. Los sentimientos negativos en la relación matrimonial, a menudo, se manifestarán primero en la vida sexual de la pareja.

Recientemente celebré una entrevista con un matrimonio que solicitó una cita para hablar conmigo, por cuanto la esposa era incapaz de disfrutar de la relación sexual. Se hizo aparente que el problema real era una enorme hostilidad por parte de la esposa, que no tenía ninguna relación con la técnica sexual. En un breve lapso, cuando se reconoció el problema real por parte de ambos cónyuges, y le hicieron frente, la pareja informó que su vida sexual estaba mejor que nunca.

Otro hombre me dijo: "Mi esposa y yo tenemos una buena, si no excelente vida sexual. Pero cuando surgen otros problemas, utilizamos lo sexual en el sentido negativo el uno contra el otro". Y agregó con una sonrisa desconsolada: "¡Usted tiene que ofrecer un seminario sobre cómo *no* usar el sexo!"

Irónicamente, los sentimientos negativos se promueven fácilmente a través del mismo acto que Dios diseñó para unir a dos personas en una sola carne. La relación sexual puede usarse para frustrar, desilusionar, rechazar al cónyuge o para "vengarse" de él, cuando el individuo ni siquiera comprende lo que está haciendo, o lo que ha causado el apagamiento. A menudo, por supuesto, se hace intencionalmente.

Los problemas sexuales algunas veces reflejan los sentimientos negativos que usted tiene acerca de sí mismo, o las actitudes negativas hacia lo sexual que tendrá que olvidar. Muchos problemas sexuales surgen de la ignorancia de hechos médicos básicos, y pueden remediarse fácilmente mediante el consejo apropiado. Cualquiera de estos elementos negativos que hemos mencionado puede formar un corto circuito en alguna fase de la respuesta sexual de tal modo que el deseo quede inhibido, o se produzca una disfunción física, o que el orgasmo parezca estar desesperadamente fuera de alcance. Eso, a su vez, puede hacer que surja un juego nuevo completo de elementos negativos que afligirán aún más la aventura amorosa de la pareja.

Esta es la razón por la cual hago hincapié en que usted tenga una relación sexual *positiva* con su cónyuge. Para esto, necesitará tres cosas: (1) información médica correcta, (2) una comprensión bíblica que disipe los falsos temores y las inhibiciones, (3) el correcto enfoque personal a la manera de llevar a cabo la relación sexual dentro de su propio matrimonio.

1) Información médica completa y digna de confianza.

¡Nadie debe esperar haber nacido como experto! Afortunadamente, hay más personas hoy que están reconociendo la importancia de entender todo lo que Dios ha creado en sus cuerpos para el deleite sexual. Mi receta es que lea mi libro *El placer sexual ordenado por Dios,* o que los dos oigan en privado en su propio dormitorio nuestra serie de cassettes de consejos titulados *Técnica sexual y problemas sexuales en el matrimonio.** Estos materiales contienen una enorme cantidad de instrucción médica, explicación y consejos que no pueden incluirse en este libro. Por ejemplo, usted aprenderá a resolver los problemas sexuales más comunes y a satisfacer la necesidad sexual de su cónyuge. Hay una ventaja única cuando los dos oyen los cassettes y se detienen frecuentemente para dar lugar a la discusión. Eso abrirá las líneas de comunicación sobre este delicado tema, y para muchos, sería mejor que una sesión en la oficina del consejero.

Usted y su cónyuge deben estar plenamente informados. No hay razón por la cual usted no pueda ser un gran amante. (Esto lo digo tanto al esposo como a la esposa.) Asegúrese de saber precisamente todo lo que necesite saber. Cuando el aura del misterio se quite del proceso físico, estará en condiciones de entender y resolver los elementos negativos que se presenten dentro de su relación sexual.

2) Un concepto bíblico sobre lo sexual.

La mayoría de las actitudes equivocadas hacia lo sexual están condicionadas por la previa enseñanza que se haya recibido, pero un entendimiento del concepto de Dios sobre lo sexual, que venga directamente de la Biblia, puede traer libertad a los individuos temerosos e inhibidos. En Hebreos 13:4 se proclama el hecho de que la

---

*Bible Believers Cassettes, Inc., 130 Spring St., Springdale, Arkansas 72764.

unión matrimonial es honrosa, y también lo es el lecho sin mancilla. La palabra que se tradujo "lecho" en este caso, en el Nuevo Testamento griego es realmente *coitus*, palabra que significa relación sexual.

Los victorianos que afirmaban que lo sexual era algo espantosamente desagradable que hacían los esposos y soportaban las esposas, estaban trágicamente lejos de la verdad, pero ellos dejaron un legado de error que aún permanece. La reina Victoria escribió a su hija: "El lado animal de nuestra naturaleza es para mí demasiado terrible". Hoy hay victorianos de la misma mentalidad que han enseñado a sus hijos (tanto varones como mujeres) a retroceder ante lo sexual con repugnancia y sentimiento de culpa. El resultado ha sido un agudo sufrimiento en el matrimonio para ambos cónyuges.

Una esposa frustada me preguntó: "¿Cómo puedo ayudar a mi esposo a comprender que lo sexual es algo bueno . . . que mi cuerpo es tocable, que fue hecho para que él lo viera y lo disfrutara? Sé que él fue criado con la idea de que lo sexual es sucio y malo, algo de lo cual hay que avergonzarse y que debe hacerse en secreto. El es amable y considerado. *Pero yo deseo que él me ame sexualmente*".

Otra señora me habló acerca de la "enseñanza" que los había llevado a ella y a su esposo hasta el borde del divorcio:

Yo no sabía de las relaciones sexuales, excepto que mi madre las desaprobaba. Así que, precisamente antes de casarme le pedí a un médico que me prestara un libro. ¡Yo no podía creer lo que leía! La idea de que las parejas casadas hacían tal cosa me fue tan difícil de aceptar que casi rompo mi compromiso. Pero yo amaba mucho a mi prometido, así que continué con los planes de la boda. Pasé mi luna de miel tratando de evitar el contacto sexual. Cuando regresamos, traté de hablarle a mi madre al respecto. Ella no pudo esconder su disgusto por el hecho de que su niñita estuviera envuelta en algo tan terrible como las relaciones sexuales. Luego me aseguró que la mayoría de los hombres en realidad esperaban eso, pero que nunca sería algo agradable para mí. Durante los primeros años yo toleré las relaciones sexuales y pretendía responder rápidamente de tal modo que pudiéramos salir de eso tan pronto como fuera posible. Después del nacimiento de nuestro bebé, le dije a mi esposo que yo no quería volver a tener nunca más relaciones sexuales. Aún lo amaba, pero no de esa manera. Yo odiaba el pensamiento de las relaciones sexuales. El trató de ser bondadoso y comprensivo conmigo, pero la tensión y el resentimiento crecieron entre nosotros. Llegó el momento cuando me dijo que todo había terminado, a menos que yo estuviera dispuesta a cambiar. Acudimos a un consejero una vez, y ésa fue una experiencia perturbadora. Esta vez acudimos a un consejero cristiano quien comenzó mostrándome lo que la Biblia enseña acerca de la relación sexual en el matrimonio. En la primera sesión entendí lo suficiente para ver cuán lejos de la verdad estaban mis actitudes y comprender que yo podía confiar en que Dios me ayudaría a cambiar. Mi esposo y yo simplemente caímos el uno en los brazos del otro esa noche, y lloramos y le pedimos a Dios que nos ayudara a amarnos sexualmente el uno al otro. Ese fue el comienzo de algo bueno. Estoy aprendiendo lo que significa la satisfacción sexual, y estamos mucho más cerca el uno del otro.

Las Escrituras nos dicen claramente que el plan de Dios para el esposo y su esposa es que haya una gozosa expresión de amor entre ambos. Tal relación es, como dice el escritor de Hebreos, "sin mancilla", es decir, no es pecaminosa, no es sucia. El lecho matrimonial es algo de gran honor en el matrimonio, el lugar santísimo en que el esposo y su esposa se encuentran privadamente a celebrar su amor el uno con el otro. Es un tiempo que debe ser a la vez santo e intensamente disfrutable. Las personas no informadas realmente han considerado que el concepto victoriano es bíblico por cuanto piensan que la Biblia prohíbe los placeres terrenales. ¡Ciertamente no es así! De hecho, la Biblia está mucho más "liberada" con respecto a la sexualidad de lo que las personas no instruidas entienden. Según el concepto de Dios, hay una mutualidad de experiencia entre el esposo y su esposa. Cada uno tiene igual derecho en el cuerpo del otro. Cada uno, no sólo tiene la libertad, sino también la responsabilidad de complacer al otro y a la vez de ser complacido.

Estos principios básicos relacionados con el disfrute de las relaciones sexuales en el matrimonio se hallan en 1 Corintios 7:3-5. Los maestros bíblicos los han llamado: el principio de la necesidad, el principio de la autoridad y el principio del hábito.

El principio de la necesidad. La Biblia nos dice, no como una sugerencia, sino como un mandamiento, que debemos satisfacer las necesidades sexuales del cónyuge, pues ambos cónyuges tienen estas necesidades. Cuando el esposo y su esposa se apropian de este concepto y comienzan a hacer todo lo que pueden para satisfacer las necesidades del otro, con toda seguridad desarrollan una relación emocionante.

El principio de la autoridad. La Biblia nos dice que cuando nos casamos, realmente renunciamos al derecho sobre el cuerpo, y pasamos esa autoridad al cónyuge. Este sorprendente principio es ciertamente una indicación del alcance del matrimonio para toda la vida tal como Dios lo diseñó. Se aplica igualmente al esposo y a su esposa. Obviamente, requiere la más absoluta confianza. Los individuos deben entender este principio antes de casarse, pues el día de la boda, ante los ojos de Dios, ellos renuncian al derecho de controlar su propio cuerpo. Inmediatamente, aprendemos que una de las maneras más fáciles de herir al cónyuge consiste en retenerle el afecto físico. ¡Pero no tenemos ese derecho! Para decirlo sin rodeos:

el cuerpo de la esposa ahora pertenece a su esposo. El cuerpo del esposo ahora pertenece a su esposa. Eso significa que cada uno debe amar el cuerpo de su cónyuge y cuidarlo como si fuera el suyo propio. Así quedan completamente excluidas las demandas irracionales.

El principio del hábito. La Biblia nos dice que el cristiano no debe privar a su cónyuge de las relaciones sexuales habituales, excepto por mutuo consentimiento y durante un corto tiempo. ¿Por qué? Porque si quebrantamos este mandamiento y defraudamos al cónyuge absteniéndonos de hacer el amor sexual habitualmente, con toda seguridad abriremos nuestra relación matrimonial a las tentaciones satánicas. Nuestro Creador lo sabe, y por esa razón nos dice que el cristiano debe participar activamente en relaciones sexuales regulares con su propio cónyuge. Bíblicamente, éste no es un asunto discutible. Es parte inherente de la vida de amor en el matrimonio.

Para aplicar estos principios sobre la vida sexual en términos más prácticos, sugiero que haga todo el esfuerzo posible para ofrecer a su cónyuge un buen alivio sexual como parte habitual de su vida conyugal. Existen libros en los cuales puede hallar instrucciones específicas orientadas bíblicamente sobre el particular. Por ejemplo, mi libro *El placer sexual ordenado por Dios*, publicado por la Editorial Betania, 1980; y *El acto matrimonial*, por Tim LaHaye, publicado por CLIE, 1976.

3) El enfoque correcto.

Sugiero que comience considerando la relación sexual en su vida matrimonial como una oportunidad para edificar genuinamente el amor a través de actos de dar y recibir en maneras que sean física y emocionalmente satisfactorias para los dos cónyuges. No se preocupe en cuanto a los fuegos artificiales y las estrellas fugaces; las emociones vendrán después, cuando haya aprendido el arte altamente personalizado de hacer el amor. Por ahora, simplemente concéntrese en lo esencial: la cercanía física y emocional, y una respuesta positiva que puede incluir el alivio sexual.

Para desarrollar una real cercanía, usted necesitará considerar su vida sexual en el contexto de su relación total. Una mujer que acudió a nuestro seminario sobre la *Vida de amor* me hizo la siguiente pregunta: "¿Qué puede hacer una esposa cristiana con su esposo cristiano cuando parece que el esposo sólo se interesa en las relaciones sexuales, y no se preocupa por ella durante el resto del día? A él se le olvida el día del cumpleaños de ella, no le importa cuando ella tiene necesidades emocionales, y no asume el liderato espiritual de la familia". La lección es obvia. Las relaciones sexuales sin señales de amor, con toda seguridad crean resentimiento, y no respuesta positiva, por parte de su cónyuge.

Una cosa que siempre impedirá la cercanía emocional es la crítica. Usted descubrirá que es imposible establecer una serie de experiencias físicas agradables en las cuales basarse, a menos que decida dejar de criticar y, en vez de ello, comience a expresar en los términos más positivos posibles su amor, su interés y su deseo de complacer a su cónyuge y satisfacer sus necesidades. Usted no tiene la responsabilidad de dar sermones a su cónyuge sobre los mandamientos bíblicos que acabamos de estudiar, ni insistir en que los obedezca. Si su cónyuge lo desanima, usted tiene que tener el cuidado de no decir, ni en palabra ni en acción, nada que haga que su cónyuge sienta que ha fracasado. Aun un desliz de la lengua puede deshacer semanas de progreso. De modo que, exprese enfáticamente en forma verbal el aprecio que siente por su cónyuge. En esta situación, las palabras son particularmente importantes. Esposo, una crítica dirigida a su esposa en cualquier sentido puede quitarle a ella el deseo que de otro modo tendría ese día. Por otro lado, una expresión de alabanza y aprobación (cuanto más específica, tanto mejor) hará maravillas a favor de ella y a favor del sentido de cercanía en la relación sexual.

Esposo, comience demostrándole a su esposa en otras formas que la ama. Ofrézcale caricias románticas algunas veces cuando no esté preparándose para la relación sexual . . . miradas de admiración . . . palmaditas de afecto . . . una sonrisa y una guiñada cuando estén en la misma habitación . . . pequeñas atenciones que le digan que ella es una persona muy especial. ¡Usted, esposa, puede hacer lo mismo con su esposo!

Todo esto establece el escenario para la experiencia sexual. Pudiéramos llamarlo "lo que precede a la estimulación erótica". Los investigadores nos dicen que sin una efectiva preestimulación erótica conyugal, el interés sexual tiende a desvanecerse. Así que, planifique con anticipación esta preestimulación como su aliado en el desarrollo de la cercanía sexual satisfactoria. Ese debe ser un tiempo agradable y de relajamiento. Considerando la complejidad de la vida actual, usted puede hallar necesario planificar con anticipación y separar ratos especiales el uno para el otro. Piensen en eso como si fueran a tener una cita en privado en su propio dormitorio.

Tan pronto como los dos están juntos, el mundo debe ser echado fuera. Tengan una cerradura en su dormitorio y utilícenla. Asegúrense de que los niños estén bien acomodados para dormir durante la noche y hagan todo lo posible por evitar interrupciones. Los dos deben poder concentrarse el uno en el otro de manera completa en una atmósfera relajada, agradable y *romántica*. De muchas esposas, recibo numerosos comentarios como el siguiente: "¿Cómo puedo comunicarle a mi esposo la necesidad que tengo de lo romántico y de la ternura antes de hacernos el amor? ¡Raras veces existen estos elementos, y sin ellos, simplemente no disfruto de la relación sexual!"

Esposo, su esposa necesita un preludio romántico antes de la relación sexual. Tal vez usted no comprenda cuánto desea esto su esposa, o qué significa para ella. Las mujeres necesitan que se las estimule emocional y también físicamente. Ellas disfrutan de la cercanía y de la intimidad sexual, disfrutan del toque suave y les gusta que se les acaricie todo el cuerpo, de una manera significativa, y no mecánica. A ella le gusta que su esposo aprecie todo su cuerpo, y no sólo que le haga una caricia en el pecho o en los órganos genitales como medio para despertar la excitación.

El lado físico del amor se basa en la necesidad humana del íntimo contacto personal, especialmente en la necesidad que tiene el ser humano de ser tocado de un modo que exprese ternura, delicadeza, suavidad y solicitud. Los hombres tienen esta necesidad de ternura y afecto, además de la satisfacción sexual, pero son mucho menos capaces que las mujeres de admitirlo o aun de estar conscientes de ello. Los terapistas han descubierto que los hombres, a menudo, entienden mal esta necesidad y buscan la relación sexual cuando lo que realmente anhelan es la reafirmación física de una cercanía amorosa.

Los esposos que se preocupan por la gratificación física deben saber que, aun con el máximo disfrute del alivio sexual, necesitan tener por lo menos 20 minutos de excitación sexual de antemano. Algunas veces llamamos "orgasmo" al clímax, y debe ser precisamente esto: el punto más elevado de interés y excitación en una serie de acontecimientos. ¿Cómo llega usted a este punto elevado? Ascendiendo hacia él. Nuestra palabra *clímax* es traducción de un término griego que significa "escalera". Uno se mueve hacia un clímax mediante una acumulación progresiva que da como resultado, en el punto más alto, un repentino y emocionante alivio; algo así como una montaña rusa en un parque de diversiones, que tiene una larga y lenta subida y, luego, una excitante bajada desde la cumbre.

Así que, cuando los dos tengan su encuentro, tomen tiempo para apartarse de las presiones externas del día. Tomen tiempo para despertar el deseo. Tomen tiempo para disfrutar de la cercanía y de la sensibilidad física. Tomen tiempo para expresarse uno al otro el amor con palabras. No tienen que preocuparse por decir algo inteligente y original. Su cónyuge no se aburrirá con la repetición de las mismas expresiones de amor vez tras vez, cuando es obvio que usted habla en serio. ¡Traten de complacerse!

Cuando la pareja se esfuerza por obtener el orgasmo, sin pensar en disfrutar del tiempo que pasa junta, la relación sexual se convierte en un trabajo, en vez de ser un placer. Recuerde que el orgasmo sólo dura unos pocos segundos. La satisfacción y la gratificación emocionales ocurren durante todo el episodio. Las mujeres me dicen que ellas no *siempre* necesitan o desean un orgasmo durante el encuentro sexual, pero que los hombres no pueden entender esto, y piensan que han fallado, a menos que siempre se produzca un orgasmo.

Recientemente, se hizo un estudio sobre las técnicas que las esposas informan como obstáculos para el disfrute de la relación sexual. Los esposos pueden usar esta lista para ver si hay aspectos en que puedan mejorar su técnica.

- El estímulo del esposo para la esposa, como actividad erótica previa a la relación sexual, es más mecánico que espontáneo.
- El esposo está más interesado en perfeccionar la técnica física que en lograr la intimidad emocional.
- El esposo parece tener una ansiedad exagerada de que su esposa obtenga el orgasmo, por cuanto eso se refleja en el éxito de él como amante, en vez de simplemente querer complacerla y darle el disfrute que ella quiere, haya orgasmo o no.
- El esposo no le provee estímulo manual a su esposa para que ella tenga otro orgasmo después de la relación sexual, aunque ella lo desee.
- El esposo es monótono y aburrido en su acercamiento a ella.
- El esposo no es sensible a las preferencias de su esposa.
- El esposo parece extremadamente serio con respecto a lo sexual.

Así que, esposo, si usted quiere edificar el amor en su relación matrimonial, tendrá que tratar de evitar estos errores comunes en el acercamiento a su esposa y en la técnica que emplea. Concéntrese en complacer a su esposa, y no en empujarla ansiosamente hacia el alivio sexual. Si ella piensa que usted la está presionando, comenzará a temer la posibilidad de fracasar, en vez de relajarse y rendirse a su propia respuesta sexual. No hay necesidad de que le pregunte a su esposa si ella ha sido satisfecha sexualmente. A la mayoría de las mujeres les parecería inhibidora tal pregunta. Simplemente, proporciónele estímulo manual a fin de que sienta alivio adicional después de la relación sexual. Si ella siente que no lo necesita, puede decírselo amorosamente. Muchas mujeres que disfrutan del estímulo manual tienen el temor de que precisamente en el momento en que comiencen a sentir que tal estímulo les produce placer, el esposo se canse de proporcionárselo. O también tienen miedo de que eso resulte fatigoso para el esposo. Permita que su esposa sepa que a usted le encanta producirle placer y completa satisfacción. Si ella cree esto, sentirá la libertad de indicarle qué es lo que le agrada en algún momento en particular.

De todos modos, sea sensible a las preferencias sexuales de su esposa. Para ella puede ser difícil declarar directamente lo que le gusta y lo que le desagrada sexualmente. Si ella se atreve a comunicarle estas cosas, y luego usted las pasa por alto, ciertamente va a sentirse resentida y frustrada.

Finalmente, no tome la relación sexual demasiado en serio. Lo mejor sería que usted establezca una camaradería agradable y cómoda en el dormitorio en que haya risas mientras se hacen el amor. Algunas veces la relación sexual debe ser despreocupadamente divertida; una recreación para el esposo y su esposa planeada por el Creador.

Formúlese las siguientes preguntas con respecto a su manera de hacer el amor. Cualesquiera respuestas *negativas* indican que esos aspectos necesitan mejoramiento.

- ¿Es positiva?
- ¿Es relajada?
- ¿Es placentera?
- ¿Es romántica?
- ¿Es físicamente satisfactoria?
- ¿Es emocionalmente satisfactoria?

Hemos estudiado lo que la esposa desea de la relación. El esposo desea grandemente *respuesta* de su esposa. Ella puede darle este bello don y deleitar así su corazón. Sin embargo, a juzgar por la correspondencia que recibo y las citas que establezco para aconsejar en ese sentido, muchas mujeres no entienden cuán importante es para su esposo la relación sexual, tanto en lo físico como en lo sicológico. Parece que no comprenden que el hecho de evitar la relación sexual o de no responder sexualmente al esposo afectará negativamente toda su relación matrimonial. A la esposa indiferente tengo que darle la siguiente advertencia: Cuando no hay intimidad física entre usted y su esposo, cualquier cercanía emocional y espiritual que hayan tenido tenderá también a desvanecerse.

A continuación, transcribo el sentimiento doloroso que expresó un esposo a causa de la falta de respuesta de su esposa:

Mi esposa y yo necesitamos ayuda. Siento que todos nuestros problemas brotan de una causa. Mi esposa no quiere tener relaciones sexuales conmigo, y yo no puedo aceptar esto. Esta situación ha existido durante los 18 años que llevamos de casados. Al presente, tenemos relaciones una vez al mes. Esto ocurre normalmente después de muchos días de frustrados intentos de mi parte por lograr que ella responda. Luego, nuestra relación sexual no es una aventura amorosa, sino un cumplimiento del deber por parte de ella. Yo amo a mi esposa. Ella es una notable esposa, madre y amiga. Lo único malo es que no me ama físicamente. Temo enfrentarme al hecho de que tal vez ya mi esposa no me ama y no puede responderme sexualmente. Muchas veces me he preguntado: "¿Por qué sigo casado con ella?" No tengo respuesta. No sé qué hacer.

No estamos hablando ahora de una respuesta violentamente apasionada por parte de la esposa, sólo de una respuesta positiva. Cuando la esposa responde, da una respuesta con palabras y hechos a la relación sexual. Puede ser tierna, simple y amorosa. Puede ser entusiasta. No tiene que ser dramática. Pero la esposa debiera satisfacer a su esposo con los brazos abiertos y con una cálida aceptación. La falta de respuesta significa que usted está pasando por alto al que en algún sentido se está extendiendo hacia usted, y no hay peor trato que pueda darle a alguien que se interesa por usted. La indiferencia es enemiga del amor. Así que yo le aconsejo que le responda a su esposo, por lo menos en las maneras sencillas que le indico (recordando que sus respuestas variadas y espontáneas lo deleitarán), y que considere las relaciones sexuales con él como una oportunidad para aumentar el amor en su vida matrimonial.

Se han hecho algunos estudios interesantes para determinar los factores emocionales fundamentales que impiden la respuesta del cónyuge. Un primer hallazgo indica que la falta del orgasmo en las mujeres está vinculada con el sentimiento de que el "objeto del amor" no es digno de confianza. Todos los datos reunidos parecen sugerir que la capacidad de las mujeres para el orgasmo, a menudo, está vinculada con el sentimiento que ella tenga respecto de la confiabilidad de su relación con su esposo. Dicho esto en otras palabras, la esposa que alcanza un alto grado en el orgasmo es la que piensa que puede confiar en su esposo; la que tiene un bajo grado de respuesta es la que teme que su esposo la desilusionará. Puesto que ella piensa que no puede depender de él, y que tal vez tendrá que sostenerse por su propia cuenta, le parece casi imposible confiar en él en el acto sexual, relajarse y entregarse en sus brazos. El presentimiento que tiene profundamente arraigado le roba la capacidad para responder plenamente a su esposo. Además, los estudios indican que cuando las ansiedades de ella disminuyen con el paso del tiempo, aumenta su potencialidad para la respuesta sexual.

¿Qué significa esto para el esposo que anhela que su esposa le responda sexualmente? Si él quiere que ella le responda apasionadamente con un bello relajamiento y con abandono cuando él le hace el amor, necesita darle a ella la absoluta seguridad de su amor en el contexto de un compromiso permanente. Cuando él la convence de que no la desilusionará, descubrirá que ella llegará a responder cada vez más.

Uno de estos estudios también demostró que las mujeres que alcanzan un alto grado de orgasmo habían tenido padres que no eran pasivos hacia ellas, sino que activamente se interesaban en ellas y en su bienestar. Estos padres no habían sido permisivos; más bien habían establecido normas y reglas bien definidas para la protección de sus hijas durante los años de crecimiento.

Obviamente, usted no puede cambiar la manera como el padre de su esposa la trató a ella, pero puede darle lo que pudo haber necesitado de su padre: una preocupación fuerte y amorosa de un hombre que sea líder, protector y ejemplo para ella. Si ella cree que usted se interesa activamente por todo detalle del bienestar de ella, y si puede respetarlo como líder espiritual de su hogar, en realidad las posibilidades son muy buenas en el sentido de que usted verá un mejoramiento en la respuesta sexual de ella a lo largo del tiempo. (Eso es, si usted también la trata como debe hacerlo un amante en su relación sexual.)

Los que conocen bien el capítulo 5 de Efesios, comprenderán que estos hallazgos científicos confirman el consejo que Dios da al esposo de que le provea a su esposa un amor permanente de sacrificio que la proteja, la sustente y la cuide. No es simplemente algo que usted hace para obtener la aprobación de Dios. ¡Es algo eficaz! Produce la clase de relación matrimonial que Dios quiere que disfrute toda pareja: una relación matrimonial que incluye un profundo deseo sexual tanto de parte de la mujer como del hombre.

¿Y qué diremos del esposo cuya respuesta a su esposa es obstaculizada por alguna razón? La esposa cuyo esposo es indiferente también debe responder a lo siguiente: ¿Respeta usted el liderato de su esposo, como hombre, como cabeza de su hogar, como padre de sus hijos y como amante? Si usted le indica a él, mediante palabra, acción o actitud que no lo respeta en algún aspecto de su vida, disminuirá el deseo de él por usted. Aunque éste es un principio bíblico, también lo destacan los expertos seculares en el campo de la terapia sexual. Cuando la estima propia del esposo se reduce a causa de que piensa que su esposa no lo respeta, con toda seguridad, su vida sexual ha de sufrir.

Considere también lo siguiente: ¿Ha hecho usted mal uso alguna vez de sus relaciones sexuales? ¿Las ha usado como un instrumento de manipulación o como un arma contra su esposo? ¿Lo ha rechazado por capricho? ¿Se ha negado a él para vengarse? ¿Ha sido usted deshonesta con él, haciéndole malas jugadas? ¿Ha abatido usted la sexualidad de él por medio de la hostilidad, la crítica o ridiculizándolo?

Usted debe comprender que su esposo es sicológicamente vulnerable a la ofensa en el aspecto sexual, así como es físicamente vulnerable a las heridas. Si ha lastimado el sentido que él tiene de su hombría y ha ayudado a producir en él una actitud de fracaso, tendrá que volver a comenzar, y edificarlo mediante la ternura, la sensibilidad, el respeto y la respuesta sexual.

Aunque hemos estado estudiando la manera como su relación total puede afectar el ajuste sexual, lo opuesto también puede producirse. Un problema sexual puede algunas veces afectar toda su relación matrimonial, de tal modo que no debe pasarse por alto. Esto es de lo más frecuente en los matrimonios en que la esposa nunca, o casi nunca, ha disfrutado del orgasmo. Esto amenaza la relación amorosa de la pareja cuando se convierte en tema de discusión, y se produce una reacción en cadena de emociones negativas.

Lo que generalmente ocurre es lo siguiente: la esposa comienza a sentirse como si hubiera fracasado, por cuanto, sin importar cuánto se esfuerce por lograrlo, no puede producir la respuesta física correcta. Por supuesto, cuanto más se esfuerce, tanto más se eludirá de ella la acción del reflejo natural. Esto baja la estima que ella tiene de sí misma y la confianza en sí misma como mujer. También siente la desaprobación o desilusión de su esposo, y las relaciones sexuales se van volviendo crecientemente dolorosas para ella en el sentido emocional. Así que comienza a evitar las relaciones sexuales. Si su esposo persiste, ella piensa que está siendo usada, y entonces entra en escena el resentimiento. Si él trata de cortejarla con cumplidos y caricias, ella no puede creer que él lo hace con sinceridad, a causa de la baja imagen que ella tiene de sí misma. Ella piensa que él tiene un motivo ulterior al mostrarse tan complaciente con ella.

La confianza del esposo en sí mismo como hombre se pone a prueba, primero, porque siente que ha fracasado, al no poder llevar a su esposa a lograr el alivio sexual. Luego, se pone a prueba más profundamente cuando a ella comienza a disgustarle el acto sexual y a evitarlo por completo; es entonces cuando él piensa que ella ya no está interesada en él. El se pregunta si ella en realidad lo ama. El resentimiento aparece cuando él comienza a darse cuenta de que ella no trata de hallar ninguna solución. El hecho de que la esposa lo rechace despierta tremendas emociones de depresión, por el hecho de que el esposo hace todo lo que puede para ajustarse a su esposa, por cuanto cree que eso va a ser eficaz, pero aún continúa siendo rechazado. Viene una profunda ráfaga de ira y desánimo que dice: ¿Para qué tratar más?

Realmente, los dos desean que se manifieste el amor, y reafirmarse el uno al otro el amor, ya que ambos están internamente convencidos de que no son amados.

Los que se hallen en esta situación deben comprender que éste es siempre un problema de la pareja casada que se ha desarrollado a través del tiempo; así que no deben contar con una solución inmediata. La creencia de que la situación no tiene esperanza se interpone entre ustedes y la solución. Tan pronto como desaparecen las barreras del persistente desánimo, del rechazo y del sentido de fracaso, el hábil estímulo sexual *proveerá* alivio sexual como resultado natural. Así que los dos necesitan apartarse de la concentración en los pocos segundos del clímax sexual, y aprender a disfrutar toda la experiencia de hacerse el amor con toda su ternura y cercanía. El orgasmo puede ser el fin de la experiencia, pero su meta debe ser complacerse el uno al otro, satisfacer la necesidad emocional que los dos tienen de saber que son amados y aceptados exactamente como cada uno es.

Ahora mismo, ustedes deben comenzar a moverse el uno hacia el otro a través de la avenida no complicada del toque físico. Cuando se desarrolló su problema, los dos se movieron en direcciones opuestas. Así ahora, acérquense mediante el contacto físico cálido, acariciándose y arrimándose el uno al otro, y tomándose de las manos como lo hacían cuando eran adolescentes. Siéntense cerca el uno del otro cada vez que tengan la oportunidad. Duerman cerca el uno del otro. Una pareja que yo aconsejé mantuvo su matrimonio unido al decidir dormir desnudos el uno en los brazos del otro mientras aún trataban de resolver los demás problemas. Alejen los pensamientos del acto sexual por completo durante algún tiempo y eviten discutir demasiado su problema. Al mismo tiempo, comiencen a aprender la comunicación física, tal como la describí en mi libro *El placer sexual ordenado por Dios.*

Esposo, dé pasos positivos para satisfacer las necesidades emocionales de su cónyuge. Su esposa anhela ser animada, edificada y alabada. Quiere sentirse emocionalmente cerca suyo. Esto vendrá cuando usted la ame de la manera que enseña la Biblia. El esposo puede siempre satisfacer las más profundas necesidades de su esposa amándola como Cristo nos amó, y cuando la esposa comienza a responder a ese amor, está dispuesta a responder sexualmente.

El amor del esposo se ha comparado con un abrigo en el cual él envuelve a su esposa. Mientras ella se sienta envuelta y amparada en su amor, puede entregarse completamente a él. En esta seguridad, ella puede aceptarse a sí misma como mujer y valorar su feminidad. Luego podrá entregarse a su esposo en la relación sexual, así como el ave se entrega al aire, y el pez al agua.

Tal vez los esposos no podamos apreciar plenamente los profundos anhelos que influyen en nuestra esposa, pero si la amamos con el amor protector que se describe en Efesios 5:28, 29, ¡veremos resultados! Nuestra esposa refleja el amor o la falta de amor que nosotros le proporcionamos.

Cuando los dos se muevan el uno hacia el otro en el sentido físico y emocional, también deben acercarse en la dimensión espiritual de la vida matrimonial. La participación de los dos en un cálido estudio bíblico personal y en la oración preparará el camino para la satisfacción sexual, como resultado natural de la unión espiritual que ocurre diariamente. Luego descubrirán que su unión sexual puede acercarlos aun más a Dios, de tal modo que, a menudo, querrán orar juntos después de hacerse el amor. ¡El amor produce amor en todas las direcciones!

Los principios que he descrito en este capítulo, cuando están reforzados por un conocimiento práctico de la técnica física, los capacitarán para edificar el amor en su relación matrimonial a través de la avenida de la relación sexual, al establecer una cercanía física, emocional, buena y satisfactoria. Recuerden que este sentido de cercanía se desarrolla mejor en la atmósfera de la seguridad y de la estabilidad. Dentro de este ambiente, ustedes pueden darse el uno al otro la oportunidad de ser bellos, variados, impredecibles, vulnerables y receptivos. Hagan la prueba. Si no quiere hacer la prueba porque teme que saldrá ofendido, considere lo siguiente: El riesgo del dolor es siempre el precio de la vida.

Cuando consideremos la manera de edificar las otras clases de amor en la relación matrimonial, descubriremos que todas ellas fortalecen la relación sexual. Como dice la doctora Kaplan: "¡El amor es el mejor afrodisiaco que hasta ahora se haya descubierto!"

7
Amor romántico:
El factor emocionante

A primera vista, el amor romántico parece ser un tema controversial. Por ejemplo . . .

Algunos cínicos se burlan del amor romántico por considerarlo como un mito inventado por Hollywood.

Algunos cristianos sinceros consideran que el amor romántico es la crema batida que se coloca sobre la copa de helado del matrimonio: es decorativo, pero innecesario. Consideran que ésta es una forma de amor menos elevada que el esposo y su esposa deben descartar en su búsqueda de un nivel más elevado.

Algunos individuos se sienten inciertos con respecto al valor del amor romántico porque confunden lo genuino con aquel sustituto insustancial que se conoce con el nombre de enamoramiento loco o temporal.

Algunos tratan de suprimir todo pensamiento de amor romántico por cuanto ellos no lo experimentan. Razonan así: "Yo no lo experimento; así es que no debe existir". Otros piensan: "En mi relación matrimonial no es posible".

Pese a todo esto, casi todos anhelan internamente una relación de amor emocionante que envuelva unidad, una profunda intimidad con otra persona, gozo, optimismo, sabor, excitación, y aquella maravillosa sensación eufórica, casi indescriptible, que se conoce como "estar enamorados". Algunos individuos dicen que están completamente satisfechos y que son sumamente felices. Lo que

quieren dar a entender es que se sienten llenos de energía, motiva-
dos, confiados en conquistar, porque saben que son amados por el
ser que aman. Hay un sentido de reverencia cuando nos sentimos
escogidos para ese bendito estado. Con él va la emoción de la esperanza de estar juntos. Más importante aún, un fresco sentido de
propósito endulza la vida porque los dos se han hallado el uno al
otro, y como dice la expresión "se han enamorado".

Con esto no estoy exagerando el asunto. Como médico, he visto
que la emoción del amor romántico da a las personas una nueva
perspectiva de la vida y un sentido de bienestar. El amor romántico
es una buena medicina para los temores y las ansiedades y para la
imagen pobre que uno tenga de sí mismo. Los sicólogos indican que
el amor romántico real tiene un efecto organizador y constructivo
sobre las personalidades. Saca lo mejor de nosotros, y nos da la voluntad para mejorarnos y extendernos hacia una mayor madurez y
responsabilidad. Este amor nos capacita para funcionar al más alto
nivel.

Muy honestamente, si usted no está enamorado de su cónyuge
de este modo, está perdiendo algo maravilloso, no importa cuán sincero sea su compromiso con esa persona. Aun el contentamiento
puede ser insípido y monótono en comparación con el gozo que Dios
ha diseñado para usted y su cónyuge.

En este capítulo sugeriremos maneras en que puede revitalizar
su relación, agregando *amor erótico* a su matrimonio y aprendiendo
a fortalecer su amor actual de tal modo que llegue a ser más emocionante, en vez de ser menos, a medida que pasan los años.

¿Qué diremos si está pasando por serios problemas en su relación matrimonial? Entonces este capítulo es también para usted. El
anuncio de una película atrajo mi atención recientemente. Yo no
estoy interesado en lo que produce Hollywood, pero dicho titular
hacía una pregunta importante: **¿Qué hacen ustedes cuando todo
entre los dos parece marchar mal?** Y se daba la respuesta: **¡Enamorarse!**

Esto pudiera parecer rebuscado, pero, en realidad, es un buen
consejo para la pareja que tiene problemas en su relación matrimonial. He visto parejas que han resuelto sus problemas enamorándose. Otros consejeros bíblicos han informado de similares resultados.
El libro de Anne Kristin Carroll, *From the Brink of Divorce* incluye
un buen número de historias de casos en que los matrimonios
estaban pendiendo de un hilo. En cada uno de estos casos, la pareja
preservó su relación matrimonial enamorándose. El consejero Jay
Adams habla de muchas parejas que acuden a su oficina y afirman
que la situación de ellos ya no tiene esperanza, pues ya no se aman.
El les responde: "Lamento oír eso. Creo que tendrán que aprender a

amarse". El dice que seis u ocho semanas después, si en realidad ponen empeño, es probable que salgan de su oficina tomados de la mano, experimentando amor.[1]

En todos estos casos, las parejas han aplicado el consejo bíblico específico que he dado en este libro. Pero usted se estará preguntando cómo es posible, aun en las mejores circunstancias, evocar el acontecimiento dramático que llamamos *enamorarse*. Parece estar misteriosamente compuesto por rayos de luna y ciertos elementos irreales. Envuelve reacciones fisiológicas como la de la aceleración de la respiración y el aumento de los latidos del corazón. Es una de las experiencias personales más vívidas que jamás haya tenido el ser humano. Así que, ¿cómo puede desarrollarse, particularmente dentro del matrimonio, en que dos personas están atrapadas en el remolino realista de la vida diaria?

Respuesta: el amor romántico *puede* aprenderse emocionalmente. Esto lo lleva a la esfera de la posibilidad para todos los que quieran experimentarlo en su vida matrimonial.

Hay dos maneras de establecer las condiciones en que puede aprenderse este amor. En primer lugar, utilizando la propia facultad imaginativa que Dios le dio; en segundo lugar, proveyendo el correcto clima emocional para su cónyuge.

Aunque usted estará usando procesos mentales imaginativos, esto no significa que tiene que forzar sus emociones. No se les puede ordenar a las emociones que aparezcan, sino que ellas vendrán libremente cuando las condiciones sean apropiadas. Comience tomando la decisión de estar dispuesto a enamorarse de la persona con la cual se casó. El enamoramiento comienza en su mente con la decisión de rendirse a los atractivos sentimientos del amor. (Esto está en contraste con el amor abnegado —*ágape*—, en que hay que tomar la decisión de dar amor constantemente.) El rendimiento significa vulnerabilidad, y la posibilidad de ser herido, pero en el matrimonio también ofrece la posibilidad de una gran felicidad.

A los hombres puede parecerles más difícil tomar esta decisión intencional de enamorarse que a las mujeres. Los investigadores afirman que, aunque los hombres tienen la fama de ser desapasionados y prácticos, es improbable que ellos permitan que sus consideraciones prácticas guíen su vida de amor. Tan pronto como sus sentimientos románticos se despiertan vigorosamente, es más probable que se dejen controlar por las emociones del amor que las mujeres, y menos probable que tomen decisiones basadas en la ventaja personal. Por ejemplo, un rey de Inglaterra abdicó a su trono por la mujer que amaba. Pero si la situación hubiera sido al contrario, ¿hubiera renunciado la dama a su corona? Un cuarto de siglo después, la princesa Margarita de Inglaterra, se enfrentó a una decisión similar: escogió su posición y abandonó al hombre que amaba.

Los investigadores han descubierto que las mujeres son menos compulsivas y más sensibles cuando se trata del amor. Ellas saben enamorarse por instinto y están más dispuestas a hacer la prueba cuando ven que eso es ventajoso para ellas. Una chica dijo: "Si yo no estuviera enamorada de un hombre, pero él tuviera todas las cualidades que yo quiero, bueno, ¡yo podría convencerme a mí misma y enamorarme!"

En el matrimonio cristiano, las ventajas de estar enamorados el uno del otro son tan obvias que espero que tanto el esposo como su esposa tomen la decisión de enamorarse. Comiencen con la disposición de rendirse y de permitir que las emociones se apoderen de ambos. Por supuesto, en el camino de esta entrega se presentarán obstáculos como la ira y la falta de perdón, los cuales hay que quitar. (Vea las instrucciones que se dan en el capítulo 14.) Es entonces cuando ustedes están listos para establecer las condiciones del amor romántico.

El amor romántico es una respuesta aprendida y complaciente para lo que su cónyuge piensa y siente, para lo que dice y hace, y para las experiencias emocionales que ambos comparten. Cuando piensa constantemente en estas cosas favorables, sus respuestas a ellas llegan a estar cada vez más vigorosamente impresas en su mente. Está aprendiendo la emoción de amar a través de los procesos de su pensamiento, y entonces es más fácil conmoverse ante la mirada, las palabras y el toque de su cónyuge. Shirley Rice, quien da estudios bíblicos a mujeres, les dice a sus estudiantes que a ella le gustaría inspirar en ellas el mismo anhelo de crecimiento en su vida de amor con sus respectivos esposos que experimentan en su crecimiento en Cristo. Luego les indica cómo usar su pensamiento: las facultades del recuerdo y la imaginación, para edificar el amor romántico en sus relaciones matrimoniales. Ella dice:

¿Está usted enamorada de su esposo? No le estoy preguntando si lo ama. Sé que lo ama. El ha estado a su lado mucho tiempo, y usted se acostumbró a él. El es el padre de sus hijos. ¿Pero está enamorada de él? ¿Cuándo fue la última vez que su corazón le latió más a prisa al verlo? Mírelo a través de los ojos de otra mujer. Aún parece un buen partido, ¿no es verdad? ¿Por qué ha olvidado las cosas que la atrajeron hacia él al principio? Esta es una actitud hacia la cual somos arrastradas. Damos por sentado el hecho de que tenemos a nuestro esposo. Nos quejamos amargamente acerca de esto, porque odiamos el hecho de que a nosotras se nos tome por sentado. Pero les hacemos esto a ellos. Los hombres son sentimentales, más que las mujeres. Nosotras lloramos y nos expresamos audiblemente. El hecho de que ellos no lo hagan abiertamente, no significa que no son emotivos. Su esposo necesita que le diga que lo ama, que para usted es atractivo. Por la gracia de Dios, quiero que comience a cambiar su patrón de pensamiento. Mañana por la mañana, quite la mirada del tostador o de los biberones del bebé durante el tiempo suficiente para *mirarlo*. ¿No ve la manera como la chaqueta le cuadra en los hombros? Mírele las manos. ¿No recuerda cuando con sólo mirarle sus fuertes manos su corazón se conmovía? Bueno, *mírelo* y recuerde. Luego suelte su lengua, y dígale que lo ama. ¿Le pedirá usted al Señor que le dé una clase de amor sentimental, romántico y físico para su esposo? El le contestará esa oración. El amor del Señor en nosotras puede cambiar la real calidad física de nuestro amor hacia nuestro esposo.[2]

Los maridos necesitan detenerse y recordar cómo se sintieron cuando se enamoraron. Un hombre lo describió de la siguiente manera: "Tenerla a ella entre mis brazos a la luz del crepúsculo, y ser su camarada para siempre: eso era lo único que yo quería mientras me durara la vida".[3]

"Cuando un hombre ama con todo su corazón, experimenta una sensación intensamente conmovedora", explica un escritor. "Se ha descrito como un sentimiento que es casi como un dolor . . . Se siente exuberante y liviano, como si anduviera sobre las nubes. Algunas veces se siente fascinado y encantado con la chica. Junto con estas sensaciones conmovedoras que consumen, hay cierta ternura, un deseo de protegerla y ampararla de daño, de peligro y de dificultades . . .".[4]

¿Qué le ocurrió a usted cuando se enamoró por primera vez de la señorita con la cual se casó? O (si piensa que nunca se enamoraron) mírela ahora a través de los ojos de otro hombre. Piense en aquello que en ella es atractivo. Amarla con un sensible aprecio y cuidarla es algo que llega a ser bello, por cuanto ella refleja e irradia el amor que usted le ha dedicado.

Estoy sugiriendo que tanto el esposo como su esposa tienen que usar la imaginación para enamorarse, para renovar el amor romántico, o para mantener vivo el *amor erótico* de que ahora disfrutan. Recuerden que el amor tiene que crecer, de lo contrario muere. La imaginación es tal vez la facultad natural más fuerte que poseemos. Impulsa las emociones en la misma forma en que las ilustraciones amplían el impacto de un libro. Es como si tuviéramos pantallas de cine en nuestra mente, y nuestra propia capacidad para proyectar películas en la pantalla, cualquier clase de películas que escojamos. Podemos representarnos mentalmente situaciones conmovedoras y bellas con nuestro cónyuge en el momento en que lo queramos.

Haga la prueba. Seleccione un momento de sentimiento romántico con su cónyuge, perteneciente al pasado, al presente, o a lo que espera para el futuro. Cuando comience a pensar en ese sentimiento, su imaginación comienza a funcionar con cuadros visuales. La imaginación alimenta sus pensamientos, y los fortalece inmensurablemente; luego, los pensamientos intensifican sus sentimientos. Así es como se realiza el proceso. La imaginación es un don del Creador que debe usar para bien, para que le ayude a cumplir la voluntad de él en un centenar de modos diferentes. Así que, edifique el amor romántico por su lado de la unión matrimonial, pensando en su cónyuge, concentrándose en las experiencias y los placeres positivos del pasado, y luego soñando despierto, en espera del futuro placer que ha de tener con él. La frecuencia y la intensidad de estos pensamientos positivos, cálidos, eróticos y tiernos acerca de su cónyuge, fortalecidos por el factor de la imaginación, gobernarán su éxito en el enamoramiento.

Por supuesto, esto significa que usted puede tener que abandonar las ataduras externas y las fantasías con respecto a alguna otra persona, en caso de que haya sustituido a su cónyuge por otra persona como objeto de sus afectos. Muchos individuos que no están enamorados de su cónyuge comienzan a soñar con alguna otra persona con el objeto de llenar el vacío emocional. Aunque esto sólo se halle en la etapa de la fantasía, usted necesita desecharlo y concentrar sus pensamientos en la persona con la cual se casó.

En un libro que trata sobre cómo *desenamorarse,* una sicóloga aconseja a sus pacientes a que ridiculicen en silencio, a que se concentren microscópicamente en las fallas del cónyuge, hasta el punto de representar a esa persona en formas absurdas y ridículas, hasta que desaparezca todo el respeto que se le tenía. Esto debiera indicar cuán importante es, si usted quiere enamorarse, dejar de criticar mentalmente a su cónyuge, y en vez de ello practicar el aprecio.

Para mantener el respeto hacia su cónyuge, nunca permita que otra persona lo denigre a él o a ella en presencia suya. Uno de los diez mandamientos de Abigail Van Buren —escritora de una columna que aparece en muchísimos periódicos—, para las esposas dice: "No permitas que nadie te diga que estás pasando por un tiempo de angustia; ni tu madre, ni tu hermana, ni tu vecina; porque el Juez no tendrá por inocente a la que permite que otra persona denigre a su esposo". Ponga en práctica el decir a otras personas cosas buenas acerca de su cónyuge. Piense en lo mucho que su cónyuge significa para usted, e insista siempre en el lado positivo del carácter y de la personalidad de él.

Mientras hace todo lo que acabamos de describir, necesita ofrecer a su cónyuge el clima emocional correcto para que el amor crezca. ¿Qué queremos decir con esto? A continuación le describo cómo un hombre se ganó a su novia, tal como ella me lo dijo posteriormente. Mientras lee este relato, recuerde que las mismas prácticas que producen el amor serán aún más eficaces en el matrimonio.

Desde la noche en que nos conocimos, de algún modo comprendimos que Dios tenía un propósito especial para nosotros. Nos costaba mantenernos separados durante los diez meses que transcurrieron antes de casarnos. Buscamos la manera de pasar la mayor parte del tiempo juntos. El me escribía cartas de amor y me enviaba tarjetas, me telefoneaba durante el día, y me traía regalitos especiales. Cuando nos encontrábamos, siempre me abrazaba. Me besaba apasionadamente, y por el hecho de que pasaba tantísimo tiempo simplemente hablándome y escuchándome, me enamoré locamente de él. El estaba tan orgulloso de mí que me presentaba a todo el mundo. Yo me sentía como si hubiera resucitado de entre los muertos.

Observe todas las maneras en que este hombre estableció un clima romántico, y luego pregúntese cuándo fue la última vez que usted ofreció a su cónyuge esta clase de atención romántica.

En su obra *The Fascinating Girl*, Helen Andelin dice cómo crear situaciones románticas. Las siguientes sugerencias le pueden ser de ayuda a la esposa que busque ofrecer un clima romántico a su esposo. Entre las mejores atmósferas se incluyen las siguientes: luces tenues; un acogedor anochecer de invierno ante una fogata; sentarse en el balcón o en el patio en tiempo de primavera o de verano a la luz de la luna; pasar ratos cerca del mar o de un lago especialmente por las noches; caminatas a través de un bello jardín; paseos por senderos montañosos o en los bosques; conducir el automóvil por las montañas; un ambiente pacífico y hogareño; restaurantes románticos e íntimos; paseos campestres en parques tranquilos. Cualquier cosa que hagan, resérvenla sólo para los dos. Los hombres raras veces se vuelven románticos cuando están presentes otras personas.

El esposo o la esposa pueden sugerir viajes cortos (aun para estar fuera sólo durante una noche) que lleguen a ser muy especiales. Los momentos así compartidos pueden tomar significación. Los investigadores han descubierto que la excitación emocional compartida es un catalizador en el desarrollo del amor romántico y apasionado. Las emociones no tienen que ser positivas, pero tienen que sentirse en común. Por ejemplo, los dos pueden experimentar un momento emocionante, o compartir el brillo del éxito; pero también pueden reaccionar conjuntamente ante la amenaza externa de peligro. Esto puede explicar el notable incremento del romance durante los años de guerra. Los factores fundamentales son los siguientes: tiene que haber una experiencia emocional compartida que envuelva un intenso sentimiento, que dé como resultado una respuesta fisiológica;

y la recepción de una indicación de que se aproxima el amor en las mentes de ambos.

Un esposo me describió tal experiencia. El y su esposa habían estado pensando en separarse. Esto fue lo que dijo:

> La otra noche tuvimos una conversación profunda con respecto a nuestro futuro. Los dos nos sentíamos desesperanzados y no sabíamos qué hacer. Ella comenzó a llorar, y yo lloré un poco. Eso fue extraño, pues terminamos abrazándonos mutuamente. Yo sentí el deseo de abrazarla, y ella sintió el deseo de ser abrazada. De repente, hubo un intercambio de algo importante. Sentí que ella me necesitaba, y comprendí que yo la necesitaba a ella. Fue una rara experiencia que nos dio algo sobre lo cual edificar.

Al proveer el clima emocional correcto, haga todo lo que pueda para evitar el aburrimiento, aunque su vida, por necesidad, tenga que consistir de algo rutinario. Piense en su relación matrimonial como una continua aventura amorosa, y considere toda palabra tierna, generosa y romántica, o todo acto que haga por su cónyuge como una inversión de recuerdos agradables y de experiencias emocionales que puede crecer y multiplicarse hasta llegar al amor romántico.

Hay otras dos cosas que usted puede hacer para proveer el estímulo correcto a fin de lograr una respuesta de amor romántico. La primera es el toque físico, mucho toque físico. No me refiero a la preparación para el acto sexual, sino a aquella clase de cercanía física que atrae a todos los jóvenes a enamorarse locamente. Así es como los adolescentes se enamoran tan rápida e intensamente. Las parejas casadas cuya relación es monótona ciertamente pueden aprender algo de esto en cuanto a edificar la emoción del amor. Todos tenemos necesidad de ser abrazados, mimados, acariciados y de que se nos toque tiernamente. Cuando experimentamos esto de parte de nuestro cónyuge, y lo devolvemos, se intercambia amor y las chispas que vienen como resultado encienden la llama romántica.

Igualmente importante es el contacto a través de la mirada. Los sicólogos han descubierto mediante experimentos controlados que las personas que están profundamente enamoradas la una de la otra tienen mucho más contacto por medio de la mirada que otras parejas. Hay una antigua canción que dice: "Sólo tengo ojos para ti . . .". Esto es cierto en el caso de los que se aman.

El contacto visual demuestra su significación muy pronto después de comenzar la vida, cuando los ojos del infante comienzan a enfocarse, más o menos entre las dos a cuatro semanas de edad. De ahí en adelante, el bebé siempre está buscando otro par de ojos para contemplarlos, y esto llega a ser una necesidad. Las emociones del niño son alimentadas mediante el contacto visual. Nunca abandonamos esta necesidad, y cuando un ser amado evita el contacto visual con nosotros por falta de interés o por la ira, eso nos puede resultar devastador.

Si usted practica el contacto visual, cálido, afectuoso y significativo con su cónyuge, comprenderá cuán deleitoso es esto. Cuando sus ojos den la señal de interés romántico y de excitación emocional, es probable que se produzca en su cónyuge una respuesta en espiral.

Como sabemos, el *amor erótico* se orienta visualmente. Esto indica que tanto el esposo como su esposa deben mantenerse atractivos y bien arreglados.

No puede exigir que otra persona se enamore de usted, o esperar eso como cosa rutinaria, ni siquiera de parte de su cónyuge. Pero sí *puede* establecer las condiciones en que a su cónyuge le será fácil amarlo a usted. Piense siempre en la clase de respuesta emocional que está produciendo en los patrones de pensamiento de su cónyuge por la manera como actúa, por lo que hace y dice, y por su modo de considerar el amor. Recuerde que debe enviar señales que sean agradables y placenteras, y no dolorosas y desagradables, pues en un sentido, usted está enseñando a su cónyuge a responderle, bien positiva o negativamente. Esta es otra razón por la cual usted nunca debe ni siquiera dar la impresión de que está criticando a su cónyuge, si quiere encender el amor romántico y mantenerlo encendido.

Uno de los grandes obstáculos para el amor romántico es el hábito de regañar, en que se cae fácilmente. En un seminario para la familia cristiana, J. Allan Petersen analizó el síndrome del regaño del siguiente modo:

> El regaño es básicamente un arma de la mujer contra el hombre en su relación matrimonial. La irritación recurrente del regaño está diseñada para que ella consiga lo que quiere. Cuando su esposo se rinde por desesperación, secretamente él se odia a sí mismo por hacerlo, y luego se apoltrona un poco más, de tal modo que la próxima vez ella tiene que regañarlo más que la vez anterior para conseguir el mismo propósito. Este estado de cosas continúa hasta que finalmente la mujer se forma el hábito de regañar para obtener lo que quiere. Realmente, ella logra su propósito egoísta a expensas de su relación matrimonial. Mientras obtiene satisfacción personal e inmediata de su "necesidad", sacrifica algo muy valioso de la relación. La esposa que tiene que usar el regaño para obtener algo se confiesa a sí misma que es un fracaso como esposa. Así ella admite: "Yo no sé cómo hacer que mi esposo esté tan complacido conmigo, tan agradecido y tan orgulloso de mí que se sienta feliz al hacer algo

que me complace". La esposa que regaña a su esposo debe preguntarse: "¿Cuánto amo yo realmente? ¿Qué sé yo realmente acerca del amor?" El regaño es básicamente una expresión de independencia egoísta.

Debe observarse que en algunos matrimonios donde la esposa domina, el esposo pudiera recurrir al regaño habitual. No importa quién lo haga, el regaño aleja de manera efectiva cualquier chispa de amor romántico, ¡y debe evitarse!

Al comienzo de este capítulo mencionamos algunas controversias en torno al amor romántico. Tal vez podamos aclarar los hechos en estos casos. Si cualquier lector aún piensa que el amor romántico es un mito inventado por la industria cinematográfica, se puede señalar que, según lo indican la Biblia, la literatura y las evidencias históricas, el amor romántico siempre ha existido. Los investigadores llegan a la siguiente conclusión: "A pesar de las afirmaciones de algunos antropólogos, este fenómeno no es de origen reciente ni está restringido a nuestra cultura. Aunque no siempre se piensa que es un preludio necesario para el matrimonio, el amor romántico y apasionado ha aparecido en todos los tiempos y lugares".[5] En un estudio que se realizó en 1967 a través de la cultura de 75 sociedades, se descubrió que el amor romántico predomina sorprendentemente en otras sociedades.[6]

Como cristianos, podemos estar seguros de que el amor romántico es tan antiguo como el mismo tiempo, pues llegó a existir en el jardín del Edén cuando el primer hombre y la primera mujer se miraron. Tenemos que reconocer que fue nuestro Creador el que nos dotó con la capacidad para las emociones intensas y apasionadas que requiere el enamoramiento. Claramente, Dios tenía el propósito de que nuestra potencialidad emocional se desarrollara plenamente en el matrimonio y hallara su satisfacción en la unión con el ser amado.

Ya hablamos de algunos que piensan que el amor romántico en la relación matrimonial debe ser desacreditado, por cuanto es de origen egoísta. Lo califican de egoísta porque desea respuesta. Estas personas han pasado por alto el hecho de que el amor romántico es bíblico. Un libro entero de la Biblia, el Cantar de los Cantares de Salomón, se dedicó al tema del amor romántico en el matrimonio, y nos ofrece un modelo ideal para seguir en nuestra relación matrimonial. Cuando consideramos las cinco maneras de amar dentro del matrimonio, confío que usted recordará que todas estas clases de amor fueron dadas por Dios, y que representan diferentes aspectos, no grados, del amor. Ninguna debe ser despreciada ni pasada por alto. Toda faceta del amor humano entre el esposo y su esposa reclama respuesta, y no hay nada malo en esto. El amor abnegado (*ága-pe*) puede ser el más desinteresado de todos, pero no tiene derechos exclusivos en la vida de dar. Las clases de amor natural también envuelven el dar, aun hasta el sacrificio por el ser amado. Los investigadores han observado que un significativo componente del amor romántico es el agudo deseo de trabajar a favor de la felicidad del ser amado, sin importar cuánto esfuerzo sea necesario.

Esto nos trae a la mente a Jacob, el del Antiguo Testamento, el joven egoísta quien, sin embargo, se enamoró profundamente de Raquel, tanto que por ella trabajó siete años para obtener un desagradable suegro; y luego trabajó otros siete para casarse con ella. El libro del Génesis dice que estos años de trabajo "le parecieron como pocos días, porque la amaba".

"Estar enamorado", escribió el autor de la obra *A Severe Mercy*, "es cierta clase de adoración que aparta al amante de sí mismo".[7] Aquí él describe su propia experiencia en el matrimonio. Los amantes estarían de acuerdo con él. En otro sentido, estas palabras se pueden aplicar al apremiante amor emocional que el que cree en Cristo siente hacia su Señor: un amor que se compara en muchos respectos con los sentimientos y respuestas de un esposo y su esposa que están enamorados. El teólogo Charles Williams escribió que "se asombraba al descubrir que el amor romántico es una exacta correlación y un paralelo del cristianismo".[8] Esto nos recuerda que el verdadero amor romántico, apuntalado por el amor abnegado (*ága-pe*), y disfrutado permanentemente dentro del contexto del matrimonio cristiano, describe bellamente la relación amorosa que existe entre Cristo y su iglesia. Así que, la meta de edificar el amor romántico en el matrimonio puede convertirse en un motivo de oración confidente, pues esto agrada al Señor.

Algunas personas pueden estar confundidas en lo que respecta a la relación del enamoramiento loco con el verdadero amor romántico. El primero se basa en la fantasía; el segundo tiene su fundamento en un realismo fuerte pero tierno. El enamoramiento loco se ocupa de lo externo; el amor real es una respuesta a toda la persona. El primero se desvanece con el tiempo; el segundo se mantiene en crecimiento como un ser vivo. El enamoramiento loco exige y toma; el amor se deleita en dar.

Un importante principio que deben seguir los cristianos es el que pone en confrontación a las emociones con las normas de la Palabra de Dios. Si usted está enamorado locamente, sus emociones reclamarán que se las deje encargarse por completo, y probablemente así lo harán. En el amor real, su razón, instruida por los conceptos bíblicos, guía sus emociones y da forma a su relación en conformidad con la sabiduría de Dios. Para la expresión de este amor se abren canales más profundos que los que pudieran existir alguna vez en el enamoramiento loco. Dentro de las profundidades de esta relación, las conmociones y las emociones fuertes pueden añadir diariamente un dulce sabor a la vida matrimonial.

Si usted se siente sin esperanza con respecto a la posibilidad del amor romántico en su matrimonio, puede cobrar ánimo. El amor romántico existe, y no existe sólo para los demás. Yo lo desafío a que someta a prueba estas sugerencias.

Aunque el enamoramiento loco prospera en la novedad, la inseguridad y el riesgo, el verdadero amor romántico florece en una atmósfera de seguridad emocional. En el siguiente capítulo explicaremos cómo proveer esto a través del don de pertenecer.

8

El don de pertenecer

¿Se casan la mayoría de las personas por amor? ¿O se casan la gran mayoría de parejas por otras razones? Parece remoto que alguien pudiera llegar a una respuesta autorizada para estas preguntas. Pero yo hallé dos libros seculares que afirman que tienen la respuesta. Sus autores dicen que la mayoría de las personas sólo *piensan* que están enamoradas; que realmente se casan a causa de otras emociones: la inclinación sexual, el temor, la soledad, el deseo de complacer a los padres, etc.

La idea de casarse por amor, según estos autores, es un mito peligroso. De todos modos, ellos insisten que un matrimonio feliz no requiere amor, ni siquiera que se practique la regla de oro. En vez del romance y el amor, se les aconseja a las parejas que se traten el uno al otro con tanta cortesía como la que manifestarían a un extraño distinguido, y que traten de hacer viable el matrimonio.

Es interesante que aun estos libros reconocen una de las cinco clases de amor en el matrimonio. Aunque no le dan un nombre especial, parece ser la clase de amor que los griegos llamaron *storge*. Los autores de uno de estos libros dicen que la verdadera unión amorosa es más probable hallarla en parejas ancianas que han estado casadas durante muchos años, han criado a sus hijos, están jubilados, y ahora los dos esperan la muerte. Estos tienen una actitud realista el uno para con el otro; cada uno de ellos necesita de la compañía del otro, y se preocupan mutuamente por su bienestar. La escritora del segundo libro sugiere que la pareja que se casa sin amor, puede hallarlo 10, 20 ó 30 años después. La descripción que ella hace de la relación también parece indicar la clase de amor que los griegos llamaron *storge*, el afecto natural del matrimonio.

¿Pero necesita uno esperar 30 años, o tener un pie en la puerta del asilo de ancianos para calificar para esta clase de amor (*storge*)? Muchos de los que leen este libro son parejas de jóvenes casados, incluso algunos recién casados. Me gustaría indicarles la importancia de edificar este amor ahora mismo en su vida matrimonial.

Miguel Lawrence y su esposa Nancy ya celebraron sus bodas de plata. Pero ellos desarrollaron el afecto natural en el matrimonio (*storge*) al comienzo de su vida matrimonial. He aquí lo que dicho amor significó para la relación de ellos durante el tiempo que llamaron "los años rocosos".

Cuando nos acercábamos a nuestra boda que se celebraría en junio, pensamos que todo nos estaba saliendo bien. Nuestra amistad era ardorosa, nuestros sentimientos románticos aún más ardientes, y, en cuanto a los fuegos de la pasión, ¡sólo esperaban que se les acercara el fósforo! Después que nos asentamos en nuestra vida matrimonial, el compañerismo, el deseo sexual y las emociones románticas aún estaban allí. Pero todo era algo menos perfecto que lo que habíamos esperado, por cuanto nosotros éramos personas muy imperfectas. ¡El resplandor rosado del romance no nos había preparado para eso! En ese tiempo no éramos cristianos, así que no sabíamos que el amor desinteresado (*ágape*) podía unirnos indisolublemente. Afortunadamente, hubo algo que nos permitió pasar por esos años rocosos cuando la felicidad matrimonial casi quedó enterrada debajo de la falta de felicidad. Lo que se desarrolló entre nosotros pudiera llamarse un sentido de pertenecer. Desde el mismo principio, habíamos decidido que en nuestro matrimonio íbamos a estar nosotros contra el mundo: dos personas que formaban una mayoría de uno. Así que sucediera lo que sucediera, o por más que chocáramos en privado, perseverábamos el uno junto al otro. Eramos como un hermano y una hermana en el campo de juego. Podíamos reñir el uno con el otro, pero si un extraño trataba de entrometerse, ¡tenía que enfrentarse a los dos! Si uno de los dos se lesionaba, el otro le secaba las lágrimas. Nos formamos el hábito de creer el uno en el otro mientras la carrera arrancaba. Nos mostrábamos toda la bondad que se pudiera esperar de dos jóvenes impacientes —y también un poco más. Realmente no pasó mucho tiempo para que descubriéramos que algo estupendo estaba ocurriendo en nuesta relación: descubrimos que nos pertenecíamos. Ella era lo más importante para mí, y yo era lo más importante para ella, y siempre sería así. Porque nos pertenecíamos, nadie desde afuera podía despojarnos de nuestro amor y cercanía. Sólo nosotros podíamos hacer eso, ¡y no estábamos a punto de hacerlo! Era tan bueno que no podíamos perderlo. Parece que muchas personas pasan toda la vida buscando algún sentido de pertenecer. Tal vez no saben que en la vida matrimonial es donde mejor pueden hallarlo.

El Nuevo Testamento nos manda que practiquemos el amor natural (*storge*) en Romanos 12:10: "Amaos los unos a los otros con amor fraternal . . .". En otras traducciones se lee: "Sed dedicados los unos a los otros . . .", o "Amaos cariñosamente". Una condición ominosa de los últimos días, que se describe en 2 Timoteo 3, es la falta de "afecto natural" (*storge*).

Al aplicar estos discernimientos bíblicos específicamente a su relación matrimonial, usted puede comprender que tratar a su propio cónyuge sin este afecto caluroso, amable y dedicado es antinatural. ¿Por qué? Porque ustedes son el uno del otro. Se pertenecen. El afecto natural (*storge*) es el amor que hay dentro de la familia, bien sea entre los padres y los hijos, entre los hermanos y hermanas en Cristo, o, más personalmente, entre el esposo y su esposa, quienes están vinculados en una unidad práctica que tiene sus raíces en Génesis 2:24.

Por cuanto esta forma de amor en el matrimonio es realista y no espectacular, puede subestimarse su importancia. Alguien observó: "La familiaridad produce el solaz, y el solaz es como el pan: es necesario y nutritivo, pero se da por sentado y no es emocionante".

Sugiero que esta faceta del amor que llamamos *pertenecer*, es escencial para su felicidad matrimonial. Todos necesitamos un lugar que llamamos hogar: no sólo el que está compuesto de ladrillos, argamasa y cuatro paredes, sino una atmósfera segura, donde nos sintamos completamente cómodos el uno con el otro con la seguridad de que concordamos, y de que nuestra felicidad y bienestar son de suprema importancia para el cónyuge. John Powell capturó la esencia de este amor en una breve declaración: "Necesitamos el corazón de otra persona como hogar para nuestro corazón".

¿Ya tiene usted este amor en su vida matrimonial? Pruébelo con las siguientes preguntas:

Esposa, ¿cómo reacciona cuando su esposo llega a la casa fatigado y le dice que él ha sido degradado en el trabajo, o que lo han despedido? ¿O aun que fue reprendido severamente por el jefe?

Esposo, ¿cómo reacciona cuando su esposa le dice con lágrimas en los ojos que chocó el automóvil nuevo y que ella fue la culpable del accidente?

O imagínese la siguiente escena: Están pasando un rato de contentamiento al anochecer en la sala. El esposo está mirando un partido de fútbol en la televisión, mientras la esposa teje y ocasionalmente hace un comentario amistoso (aunque secretamente, ella no tiene un gran interés en el juego). O mientras él está enterrado en los manuales técnicos que llevó de su negocio a la casa, ella se arrellana en el sofá con una de las novelas de misterio de Agatha Christie. O los dos se sientan ante el fuego a serenarse del duro día, mientras oyen suave música estereofónica, sin decirse nada, y sin necesidad de decirse nada. Si el esposo, quien ha tenido en mente otras cosas, se disculpa por no ofrecerle una buena compañía, la esposa responde: "Simplemente, me encanta estar en la misma habitación contigo, bien hablemos o no". ¿Podría suceder esto en su casa?

O imagínese una crisis doméstica: Al pasar el esposo por la casa se detiene brevemente, y descubre a su esposa presa del pánico. Ya están a punto de llegar los huéspedes que vienen a almorzar; la lavadora de platos está dejando salir agua jabonosa que ha inundado la cocina, y Juancito se enfermó en la escuela, así que ella tuvo que ir a buscarlo; y no ha tenido tiempo para hacer la última pasada de la aspiradora. Algunos esposos pudieran decir: "¿Qué esperas tú que yo haga al respecto? Yo también estoy apurado". O: "¿Por qué no te organizas mejor?" O: "¡Mala suerte, muchachita!", y mientras lo dice se dirige hacia la puerta. Un esposo que sea diestro en expresar afecto natural (*storge*) apoyaría a su esposa prestándole ayuda para remediar el desastre: ayudaría a trapear el piso o a pasar la aspiradora, expresando las palabras que ella necesita oír: "No te preocupes, querida, todo saldrá bien". Además, agregaría un cumplido: "¡Tu mesa parece magnífica!" Y haría una oferta: "¿Hay algo en que pueda ayudarte? Le tomaré otra vez la temperatura a Juancito antes de irme". En similares circunstancias, ¿cuál es la escena que se produce en su hogar?

El amor que expresa el don de pertenecer, se compone de muchas cualidades que difícilmente pueden desenredarse del patrón en conjunto. Sin embargo, necesitamos ver las cualidades por separado, si es posible, a fin de desarrollar conscientemente esta faceta de la vida de amor en nuestra relación matrimonial. A continuación, ofrezco algunos de los elementos más importantes, pero usted puede pensar en otros y agregarlos a la lista.

Unidad práctica. El esposo y la esposa desarrollan un punto de vista como pareja. Lo que le duele a uno, le duele al otro. Lo que degrada a uno, perjudica al otro. El crecimiento personal fortalece a los dos. Así que se evita la competencia y se elimina el trivial tijeretazo que algunas veces se produce en público cuando el esposo y su esposa tratan (¿con humor?) de echarse tierra el uno al otro.

Esta unidad que se desarrolla a lo largo de algún tiempo evoluciona hacia una filosofía de la pareja en la cual las necesidades personales y los valores de los dos cónyuges se funden en un modo de vida común.

Lealtad que apoya. Una esposa me dijo: "Mi esposo es una persona tan realista que probablemente ve mis faltas más claramente que yo. Pero yo sé que él siempre *está a mi favor*, nunca está en contra mía, así que me da la seguridad y el espacio que necesito para el crecimiento personal''.

Carole Mayhall, en su obra *From the Heart of a Woman*, comparte una lección que aprendió con respecto a la lealtad a su esposo. Ella escribe:

> Jack se hallaba en el extranjero, y sus cartas no me llegaban con regularidad. Mi vívida imaginación inventó toda clase de cosas horribles, de las cuales la siguiente no fue la menor: "A él simplemente no le importa que yo esté aquí, completamente sola, echándolo de menos. Simplemente él no me ama como yo a él''.
>
> Mientras me complacía en el deporte peor del mundo que se realiza puertas adentro, el de compadecerme de mí misma, el Espíritu Santo me habló por medio de un versículo que tenía fresco en la memoria: "El que ama es fiel a ese amor, cuéstele lo que le cueste; siempre confía en la persona amada, espera de ella lo mejor y la defiende con firmeza" (1 Corintios 13:7, La Biblia al Día).

Observe que la combinación de la unidad práctica con la lealtad hace que se levante un escudo contra cualquier intrusión de afuera. Una joven esposa me preguntó: "¿Qué puedo hacer con respecto a la actitud crítica de mi suegra hacia mí? Tengo mucho miedo de que ella persuada a su hijo para que esté de acuerdo con ella". Si ese esposo amara a su esposa con el afecto natural (*storge*) que hemos venido describiendo, esa esposa no hubiera tenido razón para tener temor de su suegra. Ni tampoco a la sutil interferencia de la vecina de la casa contigua. Ni a las críticas difamadoras de la mujer de la oficina. El amor *de pertenecer* imparte seguridad al matrimonio.

Confianza mutua. Se ha dicho que éste es "un lazo de confianza mutua tan profundo que es inconsciente". Las Escrituras lo dicen mejor: "Mujer virtuosa, ¿quién la hallará? Porque su estima sobrepasa largamente a la de las piedras preciosas. El corazón de su marido está en ella confiado, y no carecerá de ganancias. Le da ella bien y no mal todos los días de su vida" (Proverbios 31:10-12). Lo mismo debiera decirse del esposo virtuoso. El corazón de su esposa debe poder confiar en él como el que siempre estará presente en el momento en que se lo necesite, que ayuda y no perjudica, porque él es el esposo de ella y porque la felicidad de ella y su seguridad significan tanto para él como su propia seguridad y felicidad.

La *expresión* de confianza en su cónyuge es importante. Una esposa describió el período difícil en que el trabajo de su esposo como representante técnico de una corporación le exigía viajar a partes muy remotas del mundo. Era imposible comunicarse con él aun por teléfono cuando se presentaba una crisis en el hogar. Ella dijo:

Hubo algo que me ayudó inmensurablemente. Mi esposo me decía frecuentemente —y en serio—, que él se iba de la casa con la completa confianza de que yo tenía la capacidad para manejar cualquier situación que se presentara. Me decía que él sabía que yo siempre haría lo mejor en cualquier circunstancia, y me respaldaba al no criticar mis decisiones en su ausencia. Su confianza en mí ha significado muchísimo. ¡Y me ha hecho amarlo mucho más!

Una esposa puede ayudar a su esposo oyéndolo, entendiéndolo y simpatizando con sus problemas; y, luego, comunicándole la confianza que ella tiene en su capacidad para resolver los problemas y quitar los obstáculos. El no necesita cariño maternal, ni una dosis de pensamiento positivo, ni siquiera consejo, por más sensible que sea. Más bien, necesita reafirmación de parte de su esposa en el sentido de que ella tiene confianza en él, de que lo considera como un hombre capaz de dominar su ambiente. Después que esto esté establecido, él puede pedirle a ella algún consejo y beneficiarse de él.

Refugio emocional. Si usted siente que tiene que esconder sus heridas de su cónyuge, algo anda mal en su relación matrimonial. El afecto natural (*storge*, el sentido de pertenecer) fue diseñado para suavizar y sanar el amor en el matrimonio. Cada uno de los cónyuges debe ser para el otro un puerto donde puede refugiarse de la dureza del mundo externo. Todos necesitamos que nuestras heridas sean suavizadas; todos necesitamos simpatía y empatía de la persona más cercana a nosotros. El amor debe significar que hay un hombro sobre el cual llorar. Si el esposo y su esposa están disponibles el uno para el otro en tiempos de crisis, y si se manifiestan un espíritu solícito, cumplirán un propósito importante en el matrimonio diseñado por Dios.

Las Escrituras explican:

> Mejores son dos que uno; porque tienen mejor paga de su trabajo. Porque si cayeren, el uno levantará a su compañero; pero ¡ay del solo! que cuando cayere, no habrá segundo que lo levante. También si dos durmieren juntos, se calentarán mutuamente; mas ¿cómo se calentará uno solo? Y si alguno prevaleciere contra uno, dos le resistirán; y cordón de tres dobleces no se rompe pronto.
>
> (Eclesiastés 4:9-12)

Este pasaje describe los beneficios del amor (*storge*), pero note que el cordón de tres dobleces se menciona por su fortaleza superior. El cordón de tres dobleces del matrimonio cristiano cuenta con las siguientes cuerdas poderosas: el amor del esposo, el amor de la esposa, y la presencia del mismo Dios.

Familiaridad agradable. Esto significa que a los dos les encanta estar juntos. Si analiza la razón por la cual se sienten placenteramente tranquilos el uno con el otro, descubrirá que la bondad es un elemento clave en su relación. Ustedes se han acostumbrado a pasar tiempo juntos sin disputas ni recriminaciones, de tal modo que se sienten seguros el uno con el otro. Al mismo tiempo, la familiaridad no debe alimentar nunca la falta de cortesía. La bondad cortés que manifestamos a nuestros cónyuges debe ser aún mayor que la cortesía que le manifestamos a cualquiera otra persona, por cuanto la que nos mostramos como cónyuges se basa en la comprensión y el interés.

Aunque el afecto ardiente de este tipo de amor (*storge*) parece tan simple y sin complicaciones como la comodidad de un zapato viejo, se necesita un tiempo determinado y una conducta constante para edificar este amor en su relación matrimonial: el tiempo necesario para probar el uno al otro que se puede depender de que cada uno será leal, sustentador y amable. En pocas palabras, que *se puede* confiar en usted.

Es posible comenzar a desarrollar este amor ahora, aunque usted haya fracasado antes. Se requerirá el perdón y el olvido de los errores pasados. Se necesitará la adopción de un punto de vista como el que los esposos Lawrence describieron en su matrimonio: una decisión práctica de ser uno contra el mundo. Esto tiene que incluir una constante bondad en la conducta diaria, pues ésta es fundamental para la continuación del amor.

A causa de que esta clase de amor, como todas las demás, puede comenzar con una decisión de hacer lo que debe hacerse para desarrollarlo, usted posee la facultad de dar a su cónyuge el maravilloso don de pertenecer.

En esta etapa, realmente no importa si se casó por amor o por alguna otra razón. Dejemos que los sicólogos debatan sus teorías. La vida es para vivirla un día a la vez. Usted *puede* convertir su matrimonio en un lugar al cual *regresar*, y puede comenzar a moverse hacia esa meta hoy, tomando primero la decisión de amar, y demostrando luego este compromiso en las acciones diarias, sean grandes o pequeñas.

"Las pasiones del amor son fantásticas", dijo Nancy Lawrence, "pero la confianza compartida es la que hace que todos los días sean tan agradables en el matrimonio".

9

Cómo llegar a ser los mejores amigos

"¿Quieres recibir a esta mujer como esposa ... para vivir con ella y *cuidarla*?"

"¿Quieres recibir a este hombre como tu esposo ... para vivir con él y *cuidarlo*?"

Estas antiquísimas preguntas, que se les hacen a las dos personas que están repitiendo los votos matrimoniales, siempre se contestan con las palabras: "Sí, quiero". ¿Pero qué significa *cuidar* al cónyuge y cómo debe hacerse? Cuando entendemos la clase de amor que (en su forma verbal) en el Nuevo Testamento se llama *phileo*, obtendremos las respuestas y comprenderemos mejor cómo cuidar y ser cuidados en la vida matrimonial.

Consideremos brevemente lo que la Biblia enseña acerca del amor *filial*. Hallamos que el amor *filial* es el que se siente por un amigo apreciado de cualquier sexo. Jesús tuvo esta clase de amor para un discípulo: "Y uno de sus discípulos, al cual Jesús amaba, estaba recostado al lado de Jesús" (Juan 13:23).

Pedro expresó su amor *filial* hacia Jesús: "... Señor, tú lo sabes todo; tú sabes que te amo" (Juan 21:17).

Jonatán y David nos ofrecen un ejemplo en el Antiguo Testamento: "... el alma de Jonatán quedó ligada con la de David, y lo amó Jonatán como a sí mismo" (1 Samuel 18:1). Otras traducciones dicen que Jonatán lo amó como "a su propia vida".

Dios también ama con amor *filial*: "Porque el Padre ama al

Hijo, y le muestra todas las cosas que él hace . . ." (Juan 5:20).

El Padre ama a los creyentes en Cristo de la misma manera personal: "Pues el Padre mismo os ama, porque vosotros me habéis amado, y habéis creído que yo salí de Dios" (Juan 16:27).

Según las evidencias bíblicas, podemos hacer las siguientes observaciones adicionales con respecto al amor filial:

(1) Es de naturaleza emocional y no puede ordenarse, pero puede desarrollarse.

(2) Es un amor selectivo basado en las cualidades de otra persona que nos parece admirable, atractiva y conmovedora. (Uno ama *porque* . . . .)

(3) Es un amor de compañerismo que requiere una interacción agradable a través de la camaradería y la comunicación. (Dos almas se ligan . . . .)

(4) Es la manifestación de una relación viviente y creciente entre dos amigos.

Este mismo amor *filial* es el que "cuida" en el matrimonio. Bíblicamente, se les ordena a las mujeres ancianas a que enseñen a las mujeres jóvenes a desarrollar el amor *filial* con sus respectivos esposos: "Las ancianas asimismo sean . . . maestras del bien; que enseñen a las mujeres jóvenes a amar a sus maridos" (Tito 2:3, 4).

La cariñosa amistad *filial* toma una intensidad adicional y un disfrute como parte del vínculo amoroso multifacético que existe entre el esposo y su esposa. Cuando las dos personas que están casadas comparten sus vidas y todo lo que son, desarrollan esta clase de amor de afectuo mutuo, simpatía y camaradería. Cada uno se deleita en la compañía del otro. Se cuidan el uno al otro con ternura. Se sostienen el uno al otro con cariño. ¡Esto es lo que significa cuidar!

Ninguna de las clases de amor que hay en el matrimonio ofrece un placer más constante que el amor *filial*. La amistad puede llegar a su cenit en el matrimonio, pues las otras clases de amor que hay en la relación la fortalecen. El vínculo se hace más estrecho y el ambiente más seguro. La camaradería de los mejores amigos que también son amantes parece doblemente estimulante y doblemente preciosa.

Pero el amor filial no es de ningún modo algo seguro. No se puede contar con él como un beneficio inherente en el matrimonio. No aparece automáticamente cuando se hacen las promesas y se intercambian los anillos.

En efecto, como consejero, he observado que el amor *filial* está extrañamente ausente en muchos matrimonios. Por causa de la negligencia, las parejas han perdido la afinidad que una vez tuvieron. Otros nunca se preocuparon por desarrollarla, tal vez porque no sabían cómo. O descartaron su importancia, y se inclinaron más

fuertemente hacia las **atracciones románticas y sexuales de su rela-**
ción.

La siguiente carta **escrita a** *Dear Abby* (una columnista famosa)
describe el matrimonio funesto (y típico) que se ha arrastrado, incluso durante varias décadas, sin el amor *filial*:

> ¿Se vuelven rancios todos los matrimonios después de los 25
> años? El nuestro se ha vuelto así. Mi esposo y yo parece que ya no
> tenemos mucho de qué hablar. Nosotros solíamos hablar acerca de
> los muchachos, pero ahora, ellos ya crecieron y se fueron. No
> tenemos tema para las conversaciones. Yo no tengo quejas mayores,
> pero la antigua emoción se ha esfumado. Vemos mucha televisión y
> leemos, y tenemos amigos; pero cuando estamos los dos solos, es
> monótono. Incluso ya dormimos en dormitorios separados. ¿Hay
> alguna manera de recapturar aquella antigua magia?

(firma)   LA CANCION HA TERMINADO

Una actriz cómica hace un chiste en cuanto a esta situación:
"Querida, mi matrimonio era tan aburrido, que cuando me di cuenta de que mi esposo me había dejado, ya habían pasado dos meses".

Pero los matrimonios sin sentido no son tan divertidos, y la falta
del amor *filial* crea inmensos espacios de vacuidad, tanto que algunas veces las parejas dan pasos drásticos para llenarlos. Como testimonio de esto, he aquí una carta que se publicó en la sección de correspondencia de una revista para mujeres:

> Después de 13 años de vida matrimonial y de haber tenido dos
> hijos, mi esposo y yo decidimos correr el riesgo de hacer la prueba de
> separarnos . . . Hemos acordado en por lo menos seis meses de se-
> paración, durante los cuales ambos tenemos citas con otros indivi-
> duos y también el uno con el otro, y compartimos las cuentas. Si lo-
> gramos mantenernos fieles el uno al otro, será porque verdadera-
> mente queremos compartir nuestras vidas, y no por causa del hábi-
> to ni de normas establecidas.

Esta pareja, aunque está tratando de remediar la falta de amor,
parece estar haciendo todo lo equivocado en el procedimiento.
¿Cómo puede ser que un reavivamiento en la competencia del ga-
lanteo inspire el amor genuino, posible sólo por el hecho de que dos
adultos están comprometidos el uno con el otro? ¿Cómo puede la
separación fortalecer el deseo de compartir cuando estas dos cosas
se excluyen mutuamente?

Sólo hay una manera de aprender el gozo de compartirse el uno
al otro. ¡Haciéndolo! *Compartir es la llave que abre las emociones
del amor filial.* Este es el principio fundamental que hay que tener
presente cuando trate de desarrollar este tipo de amor en la forma
más plena en su relación matrimonial.

Luego, considere que el amor *filial* consiste de emociones. Así que tiene que establecer las condiciones correctas en su relación para que en la vida aparezcan los sentimientos. Tan pronto como usted los ha evocado, entonces necesita mantenerlos, otra vez, proveyendo las condiciones correctas.

Recuerde que el amor *filial* es el amor de la amistad. Las condiciones que establezca en su matrimonio tienen que conducir a la amistad. Tiene que ser sensible a la dinámica básica para determinar cómo se hacen y se mantienen los amigos. Por supuesto, esta dinámica la conocen casi todos a través de la experiencia personal. Es asunto de aplicar lo que sabe. Eche usted una mirada inquisitiva a su relación matrimonial como modelo de amistad; inquisitiva, por cuanto verá lo acostumbrado de una nueva manera. ¿Cómo podrá aplicar los principios probados y ciertos en el ambiente de su propia vida matrimonial? Imagínese (como posibilidad, por lo menos) que su cónyuge es su mejor amigo. ¿Cómo puede hacer que se produzca esto en los hechos, al aplicar su conocimiento general de la amistad al conocimiento específico que tiene de su cónyuge?

Tal vez se acuerde del dicho: "Para tener un amigo, usted tiene que mostrarse amigo". Ese es un buen lugar para comenzar. Dijimos que la clave está en compartir en todos los niveles. Pero *la solidaridad* es el elemento que completa. Consideremos tres ingredientes de la amistad y del amor *filial*: la camaradería, el compañerismo y la comunicación. Las tres palabras comienzan con las sílabas *cam* y *com*, que vienen del prefijo latino *cum*, que significa *con* y se refiere a la unión. La palabra "camaradería" significa literalmente "estar juntos en la misma cámara o cuarto"; la palabra "compañerismo" significa literalmente "comer pan juntos"; y "comunicación", literalmente, "poseer juntos".

Claramente, entonces, ustedes dos tendrán que planificar la solidaridad: solidaridad de aquella clase que envuelve el entendimiento mutuo y el deleite. Tendrán que hallar maneras de compartir el tiempo significativamente. Y eso es sólo el principio. El hecho de ser amigos demanda un esfuerzo consciente y un compromiso. Pero el hecho de llegar a ser el mejor amigo de su cónyuge puede resultar en uno de los proyectos más recompensadores de su vida.

Sería útil que considere lo que algunos sicólogos creen que son las tres fases de la amistad, adaptadas en este caso específicamente al matrimonio. Descubrirá que estas fases envuelven compartir a niveles sucesivamente cada vez más profundos. Se puede esperar que estas fases evolucionen en la medida en que progresa la relación. Sin embargo, usted nunca se graduará, ni dejará una para seguir con la otra. Los logros de cada fase pertenecen a su relación matrimonial permanentemente. Los nombres de las fases son: esparcimiento, afinidad y revelación.

1) Esparcimiento

Este tiene que ocurrir para que se desarrolle la cercanía. Mientras ustedes practican los principios básicos de la amistad, es tiempo de aprender a sentirse cómodos el uno con el otro. Comiencen con una solidaridad sencilla y sin complicaciones. Busquen cosas que puedan hacer juntos, lado a lado. Tal vez volver a pulir los muebles antiguos, o jugar al tenis, o tomar lecciones de francés, o pertenecer los dos a alguna agrupación social o cualquier otra que les interese. También pueden probar hacer los dos algo nuevo. O uno de los dos tendrá que hacer sacrificios iniciales a fin de hallar intereses comunes. Sea como fuere, usted debe proveer una solidaridad significativa en que puedan actuar mutuamente y disfrutar el uno del otro. Las parejas cristianas deben escoger algún servicio cristiano al cual puedan dedicarse los dos: tal vez un estudio bíblico en un hogar, o un ministerio de la iglesia que puedan desarrollar los dos. En la manera de actividades de nuestra cultura, las parejas necesitan dedicar tiempo a cosas que los mantengan juntos y que no fragmenten su relación. Si actualmente ustedes están usando sus energías en proyectos que los llevan en direcciones opuestas, deben cambiar tales proyectos.

El tiempo, las actividades, los intereses y las experiencias que se comparten conducen a compartir sentimientos y confidencias. "Esta era la crema de la relación matrimonial", dijo Jan Struther, "eso de volver a sacar cada noche los recuerdos del día para compartirlos". Andre Maurois definió el matrimonio feliz como "una conversación larga que siempre parece demasiado corta".

A medida que todo esto ocurre en su relación matrimonial, ustedes descubrirán que a los dos les gustan las mismas cosas, desarrollando un entusiasmo similar y adoptando puntos de vista compatibles. Algunas parejas hacen planes para pasar un fin de semana "solos" cada seis meses, donde puedan formular planes a corto plazo y establecer metas a largo plazo para su vida matrimonial y para su familia. El compañerismo de manera diaria en la lectura bíblica y la oración les dará a los dos una mente en Cristo, y descubrirán que el hecho de compartir valores e ideales fortalece su amistad.

Durante esta fase aprenderán a confiar el uno en el otro: éste es un factor crítico del amor *filial*. En una encuesta realizada por la revista *Psychology Today* se interrogó a más de 40.000 personas, las cuales indicaron que las siguientes son las cualidades más valoradas en un amigo: (1) capacidad para guardar confidencias; (2) lealtad; (3) cordialidad y afecto. Estas son las cualidades que ustedes tienen que comunicarse mutuamente, y esto los llevará a un sentido de franqueza que los acercará a la siguiente fase. A medida que ustedes se mueven hacia un nivel de coparticipación más profundo, llevan consigo el creciente gozo de estar juntos.

He aquí una serie de declaraciones que describen la simple amistad. Uselas para evaluar el nivel a que han llegado usted y su cónyuge. Ustedes deben estar practicando todas estas cosas para que les sirvan como trampolín para saltar a la fase de la afinidad. Esto es sólo el comienzo del amor *filial*.

- Pasamos tiempo juntos.
- Nos divertimos juntos.
- Compartimos actividades e intereses.
- Nos conocemos y nos gustamos.
- Discutimos las cosas.
- Confiamos el uno en el otro.
- Nos solicitamos ayuda.
- Cada uno de nosotros confía en la lealtad del otro.

2) Afinidad

Habrá llegado a la etapa de la afinidad cuando esté dispuesto a compartir con su cónyuge aspectos de usted mismo que le son valiosos y vulnerables. Y al hacerlo, descubrirá que le resulta agradable. Craig Massey definió el amor como "aquel acto deliberado de entregarse uno mismo a otra persona de tal modo que esta persona reciba deleite constantemente. La más rica recompensa del amor se recibe cuando el objeto del amor responde al don". Esto es lo que ustedes comienzan a experimentar cuando hay afinidad; ya no quieren simplemente estar juntos. Les *encanta* estar el uno con el otro. ¡El amor *filial* está bien encaminado!

La fase de la afinidad es un tiempo en que se agudiza la capacidad para la comunicación. La queja que con más frecuencia oigo es la de la esposa que desea compartir sus pensamientos más íntimos, mientras que el esposo no se siente bien al hacer eso, generalmente porque nunca le ha parecido fácil expresarse. Las dificultades pueden ser dominadas por medio de la práctica en la fase de la afinidad, cuando las parejas aprenden el uno a confiar en el otro y comienzan a comprender qué recompensador y satisfactorio puede ser eso.

Me gustaría recordarles a las esposas en particular las cinco normas básicas de la comunicación:

(1) Nunca le diga a nadie las cosas que su esposo le comunica en privado.

(2) Preste a su esposo una atención total y entusiasta, y óigalo con interés mientras él se sienta más cómodo al expresarse. Recuerde que tal vez no le sea fácil.

(3) No lo interrumpa, ni salte a tomar conclusiones con respecto a lo que él le dice.

(4) Reconozca que usted entiende, aunque no esté de acuerdo, y repita los pensamientos y sentimientos de él, para que él esté seguro de que usted lo entiende. No permita que el hecho de que no esté de acuerdo dé la impresión de desaprobación.

(5) Cuando usted esté compartiendo sus pensamientos con él, tenga cuidado de no dar nunca la impresión de que le está echando la culpa a él. Cuando cualquiera de los dos se pone a la defensiva, la comunicación también toma esa posición, entonces hay que restablecer la afinidad.

Los esposos deben reconocer que el silencio representa una reacción negativa. Como consejero, he visto que el silencio del esposo, su aparente indiferencia a los sentimientos de su esposa y el hecho de que se niegue a discutir con ella las cosas, pueden destruir el matrimonio. Se dice: "¡El adulterio mata a sus miles, y el silencio a sus diez miles!"

Por cuanto las mujeres, por lo general, sienten más necesidad de hablar que los hombres, los esposos deben aprender que pueden amar a sus respectivas esposas simplemente escuchándolas. Me refiero a escuchar realmente: la concentración acompañada del contacto visual. El doctor Ross Campbell recomienda concentrar la atención como un medio principal para edificar el amor en la relación matrimonial. Esposo, esto significa que debe prestar a su esposa plena atención, de tal modo que ella sienta, fuera de toda duda, que es completamente amada, que es suficientemente valiosa como para que usted la aprecie y la considere. He aquí algunas maneras de enfocar la atención en su propia relación matrimonial:

(1) Pasen tiempo juntos y a solas, y en ese tiempo escuche a su esposa por cuanto usted quiere entenderla mejor. ¡Por supuesto, eso significa que hay que apagar el televisor!

(2) Mire a su esposa y acérquese a ella mientras están hablando.

(3) Hagan planes para pasar ratos juntos en que no sean interrumpidos y préstele su completa atención.

(4) Haga planes para que esos períodos sean más largos a fin de que los dos puedan intimar más, permitiendo que se derrumben las defensas que puedan haberse erigido temporalmente.

(5) Préstele atención a su esposa cuando están presentes otras

personas. ¡Esto significará más para ella de lo que usted se imagina!

Los esposos necesitan esa misma calidad de atención concentrada de parte de sus respectivas esposas, junto con la reafirmación personal que eso trae. Por medio de la operación del amor *filial*, dos seres separados comienzan a fundirse y a armonizar, así se desarrolla la afinidad: una unidad armoniosa. Al mismo tiempo, este amor *filial* da la seguridad de que los dos son individuos únicos y valiosos. Según las leyes de la conducta humana, esto hará que usted llegue a ser más digno de ser amado y aun más libre para amar.

El sentirse aceptado es una necesidad en la fase de la afinidad, cuando usted aprende a compartir partes de su ser. Algunos han observado: "Hay gran poder cuando se es amado por una persona que no nos abandona cuando estamos en nuestro peor momento, ni siquiera se levanta contra nosotros". Dice un proverbio: "El amor es ciego, ¡pero es la amistad la que le cierra los ojos!"

Cuando usted esté diestro en el amor de afinidad, su gozo lo arrebatará hacia la fase más madura de la amistad, en que la disposición de aprender más acerca de su cónyuge se convierte en un anhelo de conocer completamente al ser amado y estar tan cerca de él como sea posible. El movimiento del amor *filial* a través de estas fases pudiera compararse con una rueda que va rodando y aumentando la velocidad. A medida que crece el impulso, aumentan los placeres de la unión, la cercanía se convierte en un modo de vida, y cuidar al cónyuge es algo que ahora es una realidad, y no sólo una promesa de boda.

(3) Revelación

Esta es la fase del entendimiento maduro y firme. "Pienso que un hombre y una mujer deben escogerse el uno al otro para toda la vida", dijo J. B. Yeats, "por la simple razón de que una larga vida casi no es suficiente para que un hombre y una mujer se entiendan el uno al otro; y entenderse es amarse".

Los cónyuges estarían de acuerdo en que entenderse el uno al otro es un proceso que dura toda la vida. Exige sensibilidad, cualidad que se desarrolla como parte del amor total. Ser sensible es estar consciente de su amante como persona total, reconocer la singularidad del ser que ama, y discernir lo mejor para las necesidades de su cónyuge.

En la fase de la revelación, los cónyuges no tienen esferas escondidas el uno del otro. Los dos han intercambiado con alegría su estado original de independencia por una interdependencia emocional que no tiene temor de apoyarse, de confiar, de buscar la satisfacción de los anhelos y deseos personales. En este nivel, tanto las necesidades como los anhelos de las dos personalidades se entienden y se satisfacen en un proceso que llega a ser casi tan natural como la respiración.

Pero hay una advertencia que tiene que acompañar a esta descripción del amor *filial*, que constantemente madura y se profundiza en el matrimonio cuando las condiciones son correctas. Una rueda puede moverse hacia adelante o hacia atrás. Si puede moverse hacia adelante rápidamente, también puede rodar hacia atrás en determinadas condiciones, y una intensidad en el retroceso puede ocurrir tan inesperadamente que usted sería tomado por sorpresa. Cuando se presenta una aparente traición de la confianza, o cuando comienzan a pasarse por alto las necesidades, naturalmente se produce un retroceso del amor *filial*. Recordemos que el amor *filial* se alimenta de la respuesta, y sin ella no puede sobrevivir largo tiempo.

Imagínese la amistad de su vida matrimonial como un fuego que puede apagarse por medio de la indiferencia. Pero se puede reavivar el fuego y aumentar su intensidad hasta que el deleite de la afinidad entre los dos llegue a ser algo viviente, como chispas que encienden el espacio que comparten.

O imagine su amistad como una casa valiosa. Si se descuida, pronto comenzará a mostrar señales de ello. Si la amistad se descuida, se desvanecerá. Su relación puede necesitar algunas reparaciones, pero, como en una casa valiosa, la restauración puede ocurrir, si se preocupa por invertir en ella tiempo y atención.

Recuerde siempre que la amistad requiere atención. Tiene que tener algo de que alimentarse y a lo cual responder. Pregúntese a sí mismo y pregúntele a su cónyuge: ¿Qué estamos pasando por alto que pudiera mejorar nuestra relación? Si estamos aburridos, ¿qué estamos haciendo para agregar deleite a nuestra amistad?

Cualquier matrimonio puede obtener beneficio del amor *filial*. Puesto que esta amistad es una entidad viva, tiene que crecer constantemente, pues de lo contrario comienza a marchitarse. Así que, piense en cosas tangibles que pueda hacer para ayudarla a crecer.

Me parece interesante cuando las parejas me dicen que están empeñadas activamente en construir el amor *filial* porque lo hacen de diferentes maneras. ¡Para Pablo y Olivia, eso significó frutas —moras—, y un bebé!

Esta pareja había hallado real unidad en su matrimonio, particularmente en el gozo del ministerio cristiano y del crecimiento espiritual. Pero aún estaban conscientes de que había distanciamiento emocional entre ellos. Pablo no era afectuoso por naturaleza. Olivia era reticente en cuanto a expresar sus necesidades. Llegaron a estar conscientes de que vivían en dos mundos separados: Pablo en su salón de clase, y Olivia en su hogar. El trataba con jóvenes todo el día, mientras ella desarrollaba su tarea de ama de casa. Por la noche, parecía haber poca conversación significativa. Después de ocho horas de interacción con los estudiantes, Pablo decía que se sentía demasiado cansado para hablar. Finalmente, le dijo a su esposa: "No podrías entender lo que paso en el día, y cuando llego a la casa, no me siento como para hablar". Cuando se enfrentaron a este problema, hallaron una solución: Olivia fue a visitar a Pablo en la escuela para observar su mundo. Se desarrolló una comprensión más profunda entre ellos.

Luego, decidieron comenzar un proyecto entre los dos: un huerto de moras que tenía la potencialidad de producir dinero. Sin embargo, el dividendo real estuvo constituido por las largas horas que pasaban juntos. Esto les proveyó abundante oportunidad para la conversación mientras aprendían el placer de trabajar juntos. ¡Pablo dice ahora que el tiempo de desyerbar significa que tiene más tiempo para hablar con Olivia!

El proyecto más emocionante para esta pareja, sin embargo, ha sido la llegada de su tercer bebé, una llegada que se planeó con deleite desde el comienzo. Pablo y Olivia decidieron que esta vez los dos participarían en el alumbramiento, a través de la preparación que recibirían relacionada con el nacimiento. "Antes, con los otros niños, ése había sido para mí un tiempo de ansiedad", explicó Olivia. "Pero esta vez se convirtió en una aventura. Pablo estudió incluso cuáles serían los alimentos que mejor me convendrían. El dedicó mucho tiempo y esfuerzo a aprender conmigo: asistió a las clases, y me ayudó a hacer los ejercicios, lo cual significó mucho para mí emocionalmente. Especialmente por el hecho de que el alumbramiento es un acontecimiento emocional, y en esto estábamos juntos".

"Eso nos unió en todo sentido", dijo Pablo. "Mi tarea consistió en darle masajes a ella cuando comenzaron las contracciones, mantenerla relajada, hablarle y ser sensible a lo que sentía. Practicamos esto mucho tiempo antes del parto, lo cual me enseñó la importancia del toque físico de un modo no sexual. Cuando aprendí a acariciarla de manera tierna y solícita, vi una respuesta real, y *comprendí* que mi toque la confortaba".

"Ya teníamos 11 años de casados", dijo Olivia, "pero nunca habíamos estado tan cerca el uno del otro. Yo creo que fue la primera vez que Pablo se dio cuenta de cuánto yo lo necesitaba. Nunca antes me sentí libre para demostrárselo. Ahora, estoy segura de que soy atendida y puedo expresar mis necesidades a causa de la manera como él me demostró su cariñoso cuidado durante esos nueve meses; ¡y desde entonces!"

"Mientras yo la ayudaba, llegué a ser mucho más sensible a sus necesidades", dijo Pablo. "Cuando Olivia comprendió esto, comenzó a confiar más en mí; y desde el nacimiento de nuestro bebé, esto ha continuado. Ahora es parte de nosotros".

"A través de esta experiencia desarrollamos una admiración el uno por el otro", agrega Olivia. "Y una nueva confianza en la capacidad del otro para hacer frente a las situaciones de la vida. Yo quedé muy impresionada con la solicitud y el interés de Pablo, con su sabiduría y sensibilidad. Y él quedó impresionado con mi capacidad para dar a luz a nuestro bebé de una manera natural y maravillosa. Los tres pudimos regresar del hospital a la casa el mismo día. ¡Cuando regresamos a casa no podíamos creer que todo había sido tan fácil! Lo logramos juntos. ¡Qué sentimiento tan bello!"

Pablo resumió: "Ahora somos *una sola persona* en un sentido mucho más amplio".

Uno de los ejemplos más interesantes del desarrollo del amor *filial* se puede hallar en el matrimonio de Charles Lindbergh y su esposa Anne. Vale la pena considerarlo a causa de lo que ilustra con respecto a la amistad en el matrimonio.

El mundo lo llamó un romance novelesco: La hija del embajador con el famoso "Aguila solitaria". Pero la tímida e introspectiva joven que se casaría con el héroe de la aviación Charles Lindbergh lo vio de otro modo: Ella, "la adolescente más tímida que jamás haya vivido", y él, como "una bomba cayó en nuestra familia de cultura universitaria que siempre está leyendo libros".[1]

La joven poetisa y el hombre de acción de torbellino. El siempre estaba ante la mirada del público, con su mente aferrada a lo científico y no a lo poético. ¿Podrían vencerse tales diferencias tan radicales entre los dos en el matrimonio? Se admite que Anne Morrow, "muy enamorada", reconoció las diferencias que había entre ellos en cuanto a tradición, preparación, personalidad, intereses y modo de vida. Y ella trató de echarse atrás.

A una hermana le escribió: "Yo . . . pienso atolondradamente: De cualquier modo, ¿quién es este hombre? No me puede gustar *realmente*. Es un sueño y una equivocación. Somos absolutamente opuestos".

A su otra hermana le escribió: "Estoy completamente trastornada, abrumada y disgustada. El es la persona más grande y absorbente que jamás haya conocido, y realmente no parece encajar en mi vida".[2]

Cuando tomaron la decisión de casarse, ella le escribió a una amiga con dolorosa honestidad:

Aparentemente me voy a casar con Charles Lindbergh. Debe parecerte histéricamente gracioso, como me pareció a mí, cuando considero mis opiniones sobre el matrimonio. "Un matrimonio seguro", "cosas en común", "afinidad de gusto", "una vida tranquila", etc. Todas aquellas cosas contra las cuales aparentemente voy . . . Tiene que ser fatal decidir con qué clase de hombre no *se quiere* casar uno y la clase de vida que no *quiere* llevar. Determinadamente uno le da la espalda a eso y emprende la marcha en la dirección opuesta. Y ahí está él —¡qué terrible!—, el gran hombre fuerte occidental de aquellos que les gusta el campo abierto, y una vida de implacable acción. Pero . . . ¿qué voy a hacer al respecto? Al fin y al cabo, ahí está él, y yo tengo que marchar.

Y ella agregó: "No me desees felicidad. No espero ser feliz. No se trata de eso. Deséame valor, fortaleza y un buen sentido del humor, porque los necesitaré".[3]

Y así, la escritora y el aviador comenzaron a desarrollar la camaradería, la comunicación y el compañerismo que los convertiría en los mejores amigos y leales amantes a través de casi 50 años; años llenos de felicidad, triunfo, tragedia, controversia y realizaciones.

Los diarios y cartas que se han publicado de Anne Morrow de Lindbergh revelan los intensos esfuerzos que se necesitaron para fusionar a dos individualistas de tal naturaleza en una unión profunda y estrecha. Aparentemente, el mayor esfuerzo lo hizo ella, tal como la Biblia lo aconseja a través del Nuevo Testamento: Esposas, adaptaos a vuestros esposos.

La adaptación de Anne envolvió aprender la navegación aérea, radio y fotografía aérea; incluso llegó a ser una hábil piloto; esconder el temor en las primeras misiones peligrosas; viajar sin un hogar establecido durante los primeros años; y arreglárselas con interminables multitudes en el constante relumbrar de la publicidad. Las contribuciones de Charles al proceso de desarrollar su estrecha relación, aunque menos obvias, fueron sustanciales y permanentes.

Lo más importante para nosotros es que esta pareja demostró que el amor filial se puede desarrollar entre dos personas disímiles, aun en condiciones extremas, cuando los dos se preocupan lo suficiente por dedicar sus vidas a ello.

¡Cuidar! Eso nunca ocurre en forma instantánea. Una pareja de edad mediana que tenía seis hijos dijo: "Amor es lo que usted ha pasado, compartido con alguien". Pero si los dos cooperan, pueden producir esta clase de amor, lenta y bellamente, como el despliegue de una flor.

10

El amor desinteresado (ágape)

"Pero, doctor Wheat, ¿qué hace usted con un matrimonio que no es *emocionalmente real*?" La esposa que hizo esta pregunta tenía buena razón para hacerla. Bárbara, que a los 30 años de edad es tan hermosa como cualquier modelo, pasa los días en casa con sus dos hijos, mientras su esposo, un ejecutivo de un nivel socioeconómico alto, cruza el continente en todas las direcciones en viajes de negocios (y de placer), a menudo acompañado de su amante.

Pienso en muchas otras mujeres que están confinadas a relaciones matrimoniales emocionalmente estériles y desprovistas de los maravillosos sentimientos de amor que hemos estado describiendo. No hay mucha amistad, ni afecto natural o físico, ni amor romántico en estos matrimonios. No lo hay al presente.

Me acuerdo de Eric, cuya esposa, atrapada en las trampas sofisticadas de un nuevo trabajo, piensa que ella ya no necesita lo que él pueda ofrecerle, y pide el divorcio . . . .

Me acuerdo de Frances, cuyo esposo dedica todo su afecto y atención a sus caballos de pura sangre, y le dice a ella que "se busque un pasatiempo . . .".

Pienso en Joaquín, cuya esposa mostró de repente un cambio de personalidad, y luego de un episodio que la condujo al arresto, se niega a volver a casa . . . .

Pienso en Iris, quien tiene que estar sola criando a los hijos, manteniendo el hogar y arreglándoselas con la economía, "todo sin una palabra de aprobación, ni de ánimo, ni siquiera una palmadita amorosa", de parte de su esposo que es un brillante científico, pero egocéntrico.

Me acuerdo de Juan, cuya esposa lo rechaza fríamente como amigo y como amante . . . .

Y me acuerdo de Ana, cuyo esposo pasa la mayor parte de su tiempo libre en casa en un estupor alcohólico . . . .

¿Cuál es la respuesta para estas personas y para otras que no tienen razón para *sentir* amor por sus respectivos cónyuges?

Dios ha provisto una notable solución: un amor que no está dirigido ni alimentado por las emociones, sino por la voluntad. De su propia naturaleza poderosa, Dios provee las fuentes de este amor, y están a la disposición de cualquier vida que esté conectada con la de él por la fe en Jesucristo: ". . . el amor de Dios ha sido derramado en nuestros corazones por el Espíritu Santo que nos fue dado" (Romanos 5:5). Este es el amor abnegado (*ágape*) de que nos habla el Nuevo Testamento: ¡Incondicional, inmutable, inagotable, generoso más allá de la medida, y maravillosamente bondadoso!

Ningún libro que trate sobre la vida de amor del esposo y su esposa puede estar completo sin tener en consideración el amor desinteresado (*ágape*). Aun en los mejores matrimonios se manifiestan rasgos que no son dignos de amor en ambos cónyuges. En cada relación matrimonial, tarde o temprano, surge alguna necesidad que sólo puede ser satisfecha mediante el amor incondicional. Este amor es la respuesta para todas las heridas que se producen en el matrimonio. Tiene la capacidad de persistir aun ante el rechazo, y de continuar cuando no hay respuesta en absoluto. Puede saltar por encima de los muros que detendrían a cualquier amor humano frío. Nunca se deja desviar por la conducta carente de amor y da con alegría al que no merece, sin tomar en cuenta el precio a pagar. Sana y bendice de manera no pretensiosa, práctica, pues siempre está envuelto en forma realista en los detalles de la vida ordinaria. A la relación esposo y esposa —que de otra manera quedaría a merced de las emociones fluctuantes y de los cambios humanos—, el amor incondicional (*ágape*) imparte estabilidad y una permanencia que está arraigada en lo eterno. ¡El amor abnegado es la solución divina para los matrimonios compuestos por seres humanos imperfectos!

Entre los centenares de versículos del Nuevo Testamento que se refieren al amor abnegado, bastan dos para ilustrar su naturaleza:

"Porque de tal manera amó Dios al mundo, que ha dado a su Hijo unigénito, para que todo aquel que en él cree, no se pierda, mas tenga vida eterna" (Juan 3:16).

"Mas Dios muestra su amor para con nosotros, en que siendo aún pecadores, Cristo murió por nosotros" (Romanos 5:8).

Podemos hacer las siguientes observaciones con respecto a este amor incondicional (*ágape*):

(1) El amor abnegado (*ágape*) significa acción, y no sólo una actitud benigna.

(2) Significa participación, y no un cómodo desapego de las necesidades de los demás.

(3) Significa amar incondicionalmente al que no es amable, al que no lo merece, al que no responde.

(4) Significa entrega permanente al objeto del amor.

(5) Significa una entrega constructiva y con propósito que no se basa en un sentimentalismo ciego, sino en el conocimiento: el conocimiento de lo mejor para el ser amado.

(6) Significa que su conducta muestre un interés siempre presente por el bien supremo del ser amado.

(7) Es el principal medio y la mejor manera de bendecir a su cónyuge.

Ilustraré esto con un caso de la vida real: el más bello ejemplo de amor abnegado que he observado personalmente.

Un hombre amó a su esposa fiel y tiernamente durante 15 años, sin obtener ninguna respuesta amorosa. La razón por la cual no podía haber respuesta era que a ella se le había desarrollado arteriosclerosis cerebral.

Cuando le comenzó la enfermedad, era una señora bella y vivaz de 60 años que aparentaba diez años menos. Al comienzo, ella experimentó ratos intermitentes de confusión. Por ejemplo, conducía su automóvil y se encontraba en una intersección sin saber dónde estaba, ni por qué, ni cómo volver a casa. Como maestra de escuela que había sido, había tenido la satisfacción de conducir su propio automóvil durante muchos años. Pero finalmente, a su esposo le tocó quitarle las llaves del mismo para proporcionarle seguridad.

A medida que le avanzaba la enfermedad, ella fue perdiendo en forma gradual todas las facultades mentales, y ni siquiera reconocía a su esposo. Durante los primeros cinco años, él mismo la cuidaba en la casa. Durante ese tiempo, con frecuencia la llevaba a hacer visitas. Aún se veía muy bella, pero la señora no tenía ninguna idea en cuanto a dónde se encontraba, y él orgullosamente la exhibía como su esposa, y la presentaba a todo el mundo, aunque las observaciones de ella no fueran apropiadas a la conversación. Nunca pidió disculpas por lo que ella decía, ni indicó que había algo incorrecto en lo que ella acababa de decir. Siempre la trataba con la mayor cortesía. La colmaba de amor y atenciones, sin importar lo que ella dijera o hiciera.

Llegó el momento cuando los médicos dijeron que ella tenía que internarse en un hospital para ancianos a fin de que recibiera cuidado intensivo. Allí vivió diez años (parte de los cuales estuvo confinada a la cama por causa de la artritis), y él la visitó diariamente. Mientras ella se pudo sentar, él la llevaba a dar un paseo en el automóvil todas las tardes, bien a la granja de ellos, a la ciudad, o a visitar a su familia. Nunca se sintió avergonzado por el hecho de que ella estaba tan alejada de la realidad. Nunca hizo un comentario negativo en relación a ella. Nunca escatimó la gran cantidad de dinero que se requirió para mantenerla en el hospital todos esos años, ni siquiera indicó que eso pudiera ser un problema. De hecho, nunca se quejó con respecto al cuidado que tuvo que prodigarle a través de la larga enfermedad. El siempre le proporcionaba lo mejor.

Este hombre fue leal, siempre fiel a su esposa, aunque su amor no tuvo respuesta durante 15 años. ¡Este es el amor abnegado (*ágape*), no en teoría, sino en la práctica!

De este caso puedo hablar con conocimiento íntimo, pues estas dos personas fueron mis maravillosos padres. Nunca podré olvidar lo que mi padre me enseñó acerca del amor desinteresado por medio de su ejemplo.

Ahora, me gustaría que aplicara los principios de este amor incondicional a su propia situación matrimonial. Recuerde que este amor (*ágape*) da lo mejor al ser amado. En su propio matrimonio, su cónyuge necesita algo de usted por encima de todo lo demás: ¡*amor incondicional*! Los terapistas cristianos hablan de "la necesidad casi increíble de amor abnegado (*ágape*)". El siquiatra Ross Campbell señala que no hay sustituto para el incomparable bienestar emocional que se recibe cuando nos sentimos amados y aceptados de manera completa e incondicional.

Los dos cónyuges experimentarán tremendos beneficios cuando el amor incondicional llegue a ser parte de su unión matrimonial. En primer lugar, la imagen que su cónyuge tenga de sí mismo se fortalecerá grandemente. Cuanto mejor piense una persona de sí misma, tanto mejor podrá desenvolverse en la relación matrimonial. El individuo que se siente amado todo el tiempo, y está consciente de que eso no se basa en su actuación, sino en su valor único como persona, podrá relajarse y, en respuesta, amar generosamente. La persona que *se siente* digna de ser amada puede expresar todas las clases de amor en el matrimonio. La que piense que tiene algo que dar, lo dará con alegría. Su cónyuge se sentirá tranquilo consigo mismo y, como consecuencia, llegará a ser un compañero más agradable.

En segundo lugar, demostrar ese amor incondicional puede ayudar a su cónyuge a sentirse seguro en los períodos de severa tensión. Algunas veces, cuando el cónyuge es más vulnerable a las heridas a causa de la tensión, es probable que se porte en forma desagradable. Esa es una señal de que se le debe ofrecer más amor que nunca.

El amor incondicional satisfará sus necesidades durante los períodos de aflicción que les vienen a casi todas las personas en algún momento. El amor incondicional fue diseñado por la sabiduría de Dios como la mejor medicina para la salud mental.

En tercer lugar, en una atmósfera de amor incambiable, los dos pueden hallar la seguridad y la estabilidad que les ayudará a crecer y llegar a ser los individuos que quieren ser. El escritor del Salmo 52 ilustra esto cuando comienza afirmando que "La misericordia de Dios es continua", y concluye describiéndose a sí mismo como un olivo verde en la casa de Dios, que confía en la misericordia de él para siempre: plantado, arraigado, que vive y crece. Eso es lo que hace por nosotros el amor incondicional.

En cuarto lugar, el amor incondicional hace que cada día sea una experiencia más llevadera, aun en los días más difíciles. Por el hecho de que usted se ha propuesto expresar este amor desinteresado, su comportamiento no será desagradable aun cuando se sienta deprimido, preocupado, enfermo o fatigado. Usted sigue tratando a su cónyuge con cortesía y bondad, y evita aquellos arranques descontrolados de ira que pueden devastar la vida de amor en el matrimonio. Por el hecho de que le gusta ser práctico, puede ejercer la paciencia que proviene de la provisión divina. De esta manera, su cónyuge no se convierte en una pelota de fútbol emocional en sus manos, pues constantemente usted se comporta con amor, sin importar lo que siente.

En quinto lugar, el amor incondicional quita el espíritu defensivo de ambas partes. De modo que, ya usted no siente la necesidad de defenderse de algún ataque, ni de derribar al otro mediante la crítica. Es entonces cuando, felizmente, se aleja de su hogar el síndrome de la queja incesante y de la explicación.

El amor incondicional significa que se puede amar al cónyuge aun cuando esté presente una conducta extrema que no inspira amor. Significa, por ejemplo, que el esposo puede salir en busca de su esposa, cuando ésta ha abandonado el hogar para convertirse en una prostituta. El puede hallarla precisamente en el prostíbulo, llevarla a casa y, con amor, devolverle la salud y restaurarla para que vuelva a ocupar un puesto de honor. ¿Será esto demasiado dramático? ¿Demasiado improbable? Un esposo que se llamaba Oseas amó a su esposa con un amor incondicional, y la historia de ellos tuvo un final feliz. Usted puede leerla en el Antiguo Testamento, en el libro de Oseas donde esto aparece en una forma narrativa dramática. Pero esto aún sucede hoy. En mi trabajo de consejero me he encontrado con varios Oseas —tanto hombres como mujeres—, que han mostrado hacia sus respectivos cónyuges este amor incondicional que persiste.

Es importante que se detenga y evalúe su propio enfoque del

amor. ¿En la actualidad su amor es condicional? ¿O es incondicional? Trate de contestar estas preguntas honestamente:

- ¿El trato que doy a otras personas se basa generalmente en la conducta de ellas?
- ¿La actuación de mi cónyuge determina el grado de amor que le brindo?
- ¿Pienso que el amor debe manifestarse como una recompensa de la buena conducta?
- ¿Siento que mi cónyuge tiene que cambiar para que pueda amarle más?
- ¿Pienso que puedo mejorar la conducta de mi cónyuge reteniéndole el amor?
- ¿Reacciono ante otras personas la mayor parte del tiempo?

Como habrá podido darse cuenta, las personas que reaccionan constantemente, nunca son realmente libres. Siempre las controla alguna otra persona determinando cómo han de sentir y comportarse.

Su actitud hacia el amor incondicional muy bien puede determinar la felicidad en su vida matrimonial. Recuerde que este amor puede comenzar con sólo una persona. Puede comenzar con usted, sin importar lo que el otro cónyuge esté haciendo. Aquí reside la clave de este amor.

Al aceptar a su cónyuge por medio del amor incondicional, descubrirá que es inmensamente más fácil solucionar cualquier problema que tengan. La aceptación tiene que otorgarse dentro de la estructura de un compromiso permanente. Tiene poco valor el hecho de sentirnos aceptados hoy, y tal vez rechazados mañana. El compromiso total del amor abnegado llega a ser la roca fundamental de su matrimonio. Cuando exprese este amor continuamente, tendrá serenidad en el corazón, pues ahora no está reaccionando como una pelota de goma ante todo lo que ocurre. Usted se comportará constantemente con un amor determinado que fluye directamente del corazón de Dios hacia su corazón y fluye, para bendición, a la vida de su cónyuge.

He aquí la manera de hacer que el amor desinteresado sea la fuerza central de su vida matrimonial:

1) Decida amar a su cónyuge incondicional y permanentemente, en actitud, palabra y hecho.

Cuando Dios nos creó, nos dio, además, la maravillosa facultad de la mente para pensar y también la de las emociones para sentir.

Nos dio una voluntad libre. Con nuestra voluntad, queremos y decidimos, y ella se convierte en la parte más influyente de la personalidad. Cuando nuestra voluntad ejerce su poder de elección, actúa para nuestra persona total y el resto de nuestro ser se pone en armonía con lo que hayamos decidido.

Así que, decidimos aplicar los principios bíblicos de Dios con respecto al amor, y dar este amor al cónyuge sin límites ni condiciones.

2) Desarrolle el conocimiento necesario a fin de que haga lo mejor para el ser que es objeto de su amor.

El conocimiento es indispensable para el ejercicio del amor abnegado. Si las acciones de este amor no están guiadas por un conocimiento preciso de su cónyuge, no darán en el blanco.

En esto entran dos clases de conocimiento. El primero es el conocimiento bíblico. Cuando Jesús perdonó mis pecados y descubrí que podía y que tenía que amar a mi esposa con este amor incondicional, tuve que estudiar las Escrituras para aprender cómo debe amar el esposo a su esposa y qué es lo que ella necesita de su esposo. Como Creador nuestro, Dios sabe cómo podemos relacionarnos de la mejor manera el uno con el otro, y él no nos ha ocultado estos hechos.

A través del simple estudio bíblico, el hombre descubre que lo mejor que él puede hacer a favor de su esposa es ser la clase de esposo que se describe en Efesios 5. La mujer aprende que lo mejor que ella puede hacer a favor de su esposo es ser la clase de esposa que se describe en 1 Pedro 3. Se ha escrito un buen número de libros sobre el papel que les corresponde desempeñar al esposo y a la esposa en la Escritura; mientras usted realiza su propio estudio, tal vez quiera leer algunos de ellos. En pocas palabras, al estudiar el Nuevo Testamento y el libro del Cantar de los Cantares de Salomón, el esposo descubrirá que Dios lo diseñó para que sea un líder protector, competente y que cuida a su esposa; y para que sea un amante tierno, bondadoso y cortés que toma la iniciativa en el amor. Esto es lo que la esposa necesita de él. La esposa que estudia estos pasajes bíblicos descubrirá que Dios la diseñó para responder al amor de su esposo, para ser una ayuda idónea que pueda adaptarse a la vocación de la vida de él, que posee la belleza de un espíritu dócil y manso que lo respeta y lo afirma, y que continúa deleitándolo a través de toda su vida. Esto es lo que él necesita de ella.

El diseño básico, establecido por Dios en su amorosa sabiduría, refleja la naturaleza íntima del esposo y su esposa, y no puede ser alterado por los que traten de hacerlo. Se halla en lo profundo del plan de Dios, que data desde el principio de la creación, y no importan los cambios culturales que los pueblos intenten producir en nombre de la igualdad sexual, permanece el hecho de que Dios nos creó varón y mujer con privilegios y responsabilidades distintas. Los hombres son *diferentes* de las mujeres, gracias a Dios; y así podemos enriquecernos el uno al otro e introducir en nuestra relación matrimonial la plena medida del gozo.

Para amar a su cónyuge de manera significativa, tiene que agregar el conocimiento de las enseñanzas bíblicas. Este tiene que ser un conocimiento íntimo y perceptivo de la singularidad de la persona con quien se casó. Si no entiende las necesidades y los deseos sumamente especiales de su cónyuge, no podrá satisfacerlos con el amor desinteresado (*ágape*).

Esposo, a usted se le dice en 1 Pedro 3 que viva con su esposa de manera sabia. Debe sentirse totalmente tranquilo y confortable con ella por el hecho de que la entiende muy bien. Como usted la entiende, sabrá qué es lo que ella desea o necesita, cómo satisfacer sus necesidades, qué es lo que la hará *sentirse* amada, y cómo hacer lo mejor para ella de un modo constante.

La esposa debe estudiar a su esposo de la misma manera para descubrir qué es lo que lo hace sentirse amado, para averiguar qué es lo que él desea y necesita, y cómo puede hacer ella lo mejor para satisfacer esas necesidades. Este es el proyecto creador de toda la vida para los dos cónyuges. Recuerde que el amor incondicional es siempre apropiado, no se inclina a adaptarse a sus propios problemas, sino que asegura y fortalece el bienestar de su cónyuge. ¡Una de las emociones del matrimonio consiste en saber que usted está proveyendo lo que su cónyuge desea!

Es bastante extraño que se pueda ser amado y aceptado incondicionalmente, y aun así no *sentirse* genuinamente amado. Lo que se siente como amor varía según el individuo. Por esta razón, usted tiene que conocer muy bien a su cónyuge. Una persona puede medir el amor según la manera como son satisfechas sus necesidades materiales, o por medio de cosas tangibles como regalos costosos. Otra puede sentirse amada porque el esposo le ayuda a lavar los platos. Alguno medirá el amor según la cantidad de tiempo que pasen juntos, o por la calidad de franqueza y el hecho de compartir los pensamientos entre los dos. Otro individuo necesita desesperadamente oír con frecuencia las palabras: *Te amo*. Aun otro mide el amor por el afecto físico, los besos y los abrazos. Una persona hace mucho hincapié en la lealtad mostrada por el cónyuge, especialmente en público. Otra valora la sensibilidad que demuestra en los sentimientos. Algunos miden el amor por el apoyo que reciben para su crecimiento y desarrollo personal. ¡El amor tiene muchísimos lenguajes! Aunque todas las maneras de valorar el amor son importantes, algunas de ellas tendrán un significado especial y hasta crítico, para su cónyuge en el nivel emocional. Aprenda qué es lo que le habla de amor a su cónyuge. Luego, exprésele su amor en una manera de la cual no pueda dudarse.

Si los dos están leyendo este libro juntos, aparten un tiempo para que hablen en cuanto a los sentimientos del uno y del otro. Dígale a su cónyuge qué es exactamente lo que hace que *se sienta* amado o amada. Mantenga siempre la charla en los aspectos positivos, sin ningún tinte de reproche por los errores pasados que su cónyuge haya podido cometer. Recuerde que usted no puede nunca fortalecer ni reavivar las emociones del amor amontonando un sentido de fracaso sobre su cónyuge. Jamás será exagerado el hincapié que yo haga sobre esto. *Nunca*, ni siquiera en la forma más leve, coloque un sentido de culpa sobre su cónyuge.

Si usted está mas interesado que su cónyuge en construir el amor en su relación matrimonial, y no pueden discutir los dos sus sentimientos, comience a concentrarse en una comprensión más profunda de su cónyuge. Esto debe ser hecho de tal modo que, para comenzar, pueda aprender cuál es el lenguaje especial del amor de su cónyuge mediante la observación y el discernimiento.

3) Aplique todo lo que sepa en cuanto a dar el amor incondicional (*ágape*). Dedique su vida a ello.

Nunca olvide que el amor incondicional no es sólo una actitud, sino un hecho. Haga un esfuerzo específico de *hacer* cosas amorosas a favor de su cónyuge diariamente, además del amor que le manifiesta por lo que *es*. El esposo sabio (y la esposa sabia) oye con el corazón para considerar y entender lo que el cónyuge necesita y desea, y, luego, actúa para satisfacer esos anhelos.

El siguiente es un testimonio que indica cómo una esposa satisfizo las más profundas necesidades de su esposo por medio de la comprensible expresión de un amor incondicional:

"Esto comenzó como una desolación para nosotros", explicó Susana. "Por causa del cambio de trabajo de mi esposo, salimos de la vida placentera de un pueblo pequeño, y nos mudamos a una gran ciudad donde nada nos parecía bien. La casa que tomamos en alquiler era como una cárcel para mí. ¡Me sentía como si hubiera perdido contacto con el mundo externo! El vecindario no era seguro, y no tenía amigas, ni siquiera una buena vecina. Nuestra iglesia quedaba muy retirada, al otro lado de la ciudad. Roberto trabajaba en el primer turno de la noche, así que yo me quedaba completamente sola, y tenía bastante tiempo para sentir compasión de mí misma. Durante esas horas largas y solitarias de la noche, yo tomaba mi Biblia.

"Roberto y yo habíamos recibido a Cristo como Salvador hacía años, pero nunca habíamos disfrutado de una unidad en el Señor como la que yo había esperado. Ahora, mientras yo estudiaba la Biblia y oraba, luchaba con mis temores y con mis necesidades no satisfechas. El Señor volvió mi atención hacia Roberto y hacia *su* infelicidad y *sus* necesidades. Yo amo a mi esposo, y no podía soportar que él tuviera esa vida sin gozo y sin fruto.

"Comencé a pedirle al Señor que me enseñara la manera correcta de amar a mi esposo. Escudriñé las Escrituras para saber cómo debía yo satisfacer las necesidades de Roberto. ¿Sabe? ¡El Señor me condujo a 1 Pedro 3, y me mantuvo allí durante varios meses! Yo solía pensar que el versículo 1 se refiere al esposo no convertido: 'Asimismo vosotras, mujeres, estad sujetas a vuestros maridos; para que también los que no creen a la palabra, sean ganados sin palabra por la conducta de sus esposas'. Ahora comprendí que los esposos salvos no siempre son obedientes a la Palabra. Muchos de ellos no saben lo que este versículo dice. Mi esposo estaba en esa categoría, y necesitaba ser ganado 'sin palabra'. Esa expresión, *sin palabra*, era algo nuevo para mí. Siempre había tratado de empujar a mi esposo en la vida cristiana. Ahora decidí amar a Roberto mediante la obediencia a 1 Pedro 3:1-6, en la conducta y en las actitudes diarias. Había que satisfacer esas condiciones, si yo había de obtener el cumplimiento de esta promesa.

"También determiné entregar todos mis pensamientos y mi corazón a Dios y a mi esposo. Todos los días yo reclamaba que se me cumpliera lo que se lee en Filipenses 1:6, pues sabía que hacía tiempo Dios había comenzado una buena obra en Roberto. Tenía la confianza de que el Señor la completaría, ahora cuando yo no era estorbo en el camino del Señor. También leía diariamente el Salmo 112, como una confirmación del propósito de Dios para Roberto, y colocaba allí el nombre de mi esposo. ¡Qué bello retrato del hombre justo! Esto es lo que Roberto está llegando a ser.

"Desde entonces han transcurrido seis meses, y puedo decirle que en él hay una transformación en marcha, y casi no puedo creerlo. ¡La Palabra de Dios se cumple si hacemos por fe lo que ella dice! Estamos desarrollando una relación bellísima el uno con el otro, y Dios es el centro de nuestro matrimonio. Roberto y yo pasamos juntos un tiempo maravilloso. Tan maravilloso como siempre pensé que sería. ¡Tengo 50 años de edad, y estoy profundamente enamorada de mi esposo! ¡Qué vida tan bella! A Roberto le encanta hablar conmigo, leerme la Biblia y compartir en cuanto a lo espiritual. Ahora, el Señor ha contestado milagrosamente la oración de Roberto, que le había pedido que le concediera trabajar de día.

"Recientemente, mi esposo me dijo que durante un largo tiempo había tenido una petición: que le volviera el gozo de su salvación. ¡Y ahora dice que ese deseo se le ha cumplido! El Señor me permitió tener parte en esto al darle lo que más deseaba, cuando decidí amarlo incondicionalmente".

Esta esposa nos ha dado un ejemplo concreto de la manera como el amor incondicional puede transformar la vida de amor en el matrimonio, cuando cualquiera de los cónyuges decide hacer lo mejor a favor del ser amado: lo mejor desde el punto de vista bíblico y desde el punto de vista personal. (Estos dos puntos parecen ir siempre unidos.) El amor abnegado choca, a menudo, con los viejos hábitos del amor condicional; de modo que, cuando usted decida escoger el camino del amor incondicional, como lo hizo Susana, habrá emprendido una aventura.

Quiero advertirle algo importante. No comience a amar con este amor desinteresado a su cónyuge sólo porque quiere reformarlo. Eso no sería amor incondicional, sino otra forma de amor condicional. El cambio sólo se produce a partir de la motivación interna. Así que, acepte a su cónyuge tal como él es, y trate de cambiar su propia conducta en concordancia con las normas bíblicas para satisfacer amorosamente las necesidades de su cónyuge. El resto lo hace el Espíritu Santo por medio de la Palabra de Dios.

Tal vez le interese saber que casi todos los individuos mencionados al comienzo de este capítulo se decidieron por el camino del amor incondicional (*ágape*). Como no tenían respuesta en su relación matrimonial, sólo les quedaban dos opciones: rendirse, o aprender a amar de una manera nueva. Joaquín se desanimó rápidamente y se rindió. Como resultado, su hogar y su familia se desintegraron. Por otra parte, Ana ya ha visto su relación matrimonial completamente transformada. Los demás continúan fielmente amando a sus cónyuges de manera incondicional, y algunos han obtenido dramáticos resultados personales. Bárbara, por ejemplo, en el proceso ha llegado a ser una cristiana radiante, y el cambio que se ha producido es notable en Eric. Este es un nuevo hombre en Cristo.

Como consejero durante muchos años, puedo asegurar lo siguiente: Nadie se ha lamentado jamás de haber puesto en práctica el amor incondicional. Al fin y al cabo, Dios ha mandado que se practique, ¡y él siempre tiene sorpresas de amor para los que le obedecen!

11

El secreto de permanecer enamorados

(Especialmente para los recién casados)

Es un hecho notable que aunque millones de hombres y mujeres no tienen dificultad para enamorarse, por lo menos la mitad de ese número parecen incapaces de *permanecer* enamorados. Este capítulo le ofrece a cualquier pareja que esté interesada en una aventura de amor para toda la vida, el secreto para permanecer enamorados. Este secreto reside en una palabra que tiene fuerza: *intimidad*.

Aunque esta información pueden usarla las parejas de todas las edades que se hallen en cualquier etapa de su vida matrimonial para mejorar su relación, queremos hablar directamente a las parejas que están comenzando su vida matrimonial. Idealmente, es allí donde debe comenzar el proceso de la intimidad.

Como médico de familia y consejero matrimonial, he cumplido cierta labor en la preparación de centenares de parejas para la aventura del matrimonio. Es interesante observar las diversas actitudes de éstas cuando se acercan al evento más significativo de sus vidas.

Algunos entran a mi oficina envueltos en un manto de neblina romántica casi impenetrable. Andan por las nubes, se alimentan de sueños y no sienten necesidad de ninguna clase de consejo. Según su punto de vista, parece que serán felices para siempre. Para ellos es imposible creer que su euforia emocional pudiera sufrir alguna vez erosión a causa de la rutina diaria, de las crecientes irritaciones, de las atracciones que compiten, o de las presiones económicas y familiares. Al fin y al cabo, están enamorados. ¿No es eso lo único que importa?

Algunos llegan más bien ansiosos y con temor de admitir que haya algo inadecuado dentro de ellos mismos o alguna necesidad de información. Piensan que la felicidad que ahora sienten va a mejorar después del matrimonio. Es como si *contaran* con el hecho de que el matrimonio les proveerá algo que en realidad nunca provee. De cierto, el matrimonio agrandará los problemas que están tratando de pasar por alto en su relación actual o en ellos mismos. (Voy a parafrasear las palabras de John F. Kennedy: No debemos preguntar qué puede hacer nuestro matrimonio por nosotros, sino qué podemos hacer nosotros por nuestro matrimonio.)

Otros están con la premura de arreglar el asunto prematrimonial como si fuera una diligencia más de la lista, y confían descuidadamente que su matrimonio tendrá éxito sin ninguna clase de instrucción sobre el amor. ¡Unas pocas indicaciones sobre la sexualidad y el examen médico, para cumplir con lo que exigen las normas legales, serán suficientes! Invariablemente, sus elevadas expectativas se basan en la capacidad del cónyuge para satisfacer todas las necesidades, anhelos y deseos durante los siguientes 50 años. Así que la felicidad va a depender de la manera como actúe el cónyuge. Este no es terreno firme.

Con tristeza, veo a muchas de estas parejas posteriormente bajo circunstancias muy distintas. Ahora, cuando están enterradas bajo una carga de problemas, dan la bienvenida a todo consejo que les pueda ayudar a abrirse paso para salir del conflicto y del dolor del matrimonio.

Luego, también se presentan las parejas que yo considero afortunadas; las que tienen metas realistas; anhelan aprender todo lo que puedan acerca de la manera de desarrollar una relación amorosa, positiva y que dure; y están dispuestas a hacer un esfuerzo consciente e inteligente, y una planificación cuidadosa para el desarrollo de la intimidad, que pueda mantenerlos enamorados toda la vida.

Arturo y Marta, por ejemplo, viajaron en su automóvil casi 1.300 kilómetros en busca de consejo prematrimonial. Llegaron bien preparados, después de haber oído nuestras cintas magnetofónicas de consejos y de haber estudiado el libro *El placer sexual ordenado por Dios*, además de otros materiales cristianos que tratan sobre el matrimonio. Habían escrito con anticipación sus preguntas, previendo los problemas que podrían surgir y haciendo planes para prevenirlos. Era obvio que esperaban una vida maravillosa y no querían perderse nada bueno que fortaleciera su matrimonio. Arturo y Marta creían que su relación era digna de toda la planificación y el esfuerzo que les fuera posible realizar. ¡Estaban totalmente entregados al desafío de permanecer enamorados toda la vida y disfrutar cada minuto de ella!

Así que discutimos juntos los principios para estructurar la intimidad en el matrimonio: principios que toda pareja de recién casados debe estar practicando. La urgencia de hacer esto se puede entender si se nota que la duración promedio del matrimonio antes del divorcio sólo es de siete años y, según los investigadores, sólo dura entre tres y cinco años en las personas que se unieron por atracción puramente sexual. En el hogar o en el corazón de todos los recién casados debe imprimirse este propósito: *¡Es tiempo de lograr la intimidad!*

¿Qué es la intimidad? Es una palabra que está de moda en estos días y que describe la clase de relación que las personas siempre habían anhelado. La intimidad (palabra derivada del término latino *intimus*, que significa lo más profundo) se refiere a la condición de una relación de ser lo más privada y personal posible. Describe una cualidad especial de la cercanía emocional entre dos personas en que ambas están constantemente alerta y responden a las fluctuaciones del sentimiento y el bienestar de la otra persona. Puede significar entender y ser perfectamente entendido por la persona que se preocupa profundamente por nosotros.

Por supuesto, para llegar a tener esta afinidad el uno con el otro se necesita tiempo y un esfuerzo consciente de parte de ambos cónyuges, pero la cercanía que se produce como resultado eleva la relación de lo común a lo único e irreemplazable.

La doctora Helen Kaplan define la intimidad así: "Un ingrediente importante en la calidad del amor y de la vida. Un alto grado de intimidad entre dos amantes o cónyuges contribuye a la felicidad y a la estabilidad emocional de los dos. Todas las actividades se disfrutan mejor, y la vida se hace más rica y colorida cuando se comparte en forma íntima.

"Una relación íntima actúa como un parachoques —provee protección de las presiones y tensiones de la vida diaria", observa la doctora Kaplan, y advierte que, "sin las relaciones íntimas tendemos a sentirnos solos y deprimidos. La disponibilidad de relaciones íntimas determina de manera importante la forma cómo dominamos las crisis de la vida".[1]

No hay intimidad tan preciosa ni recompensadora como la que se experimenta en la relación matrimonial. Cuando está ausente, los efectos van desde lo monótono y deprimente hasta lo devastador. El doctor William S. Appleton ha señalado: "Es esencial recordar que la monotonía matrimonial *no* está confinada a los años medios y posteriores; en realidad, puede aparecer, y aparece, en el primer año de vida matrimonial".

El llama al aburrimiento la señal de advertencia con "el mantenimiento preventivo . . . la respuesta". Y hace hincapié en que "las personas ahora están menos dispuestas a tolerar el aburrimiento . . . Las revistas y la televisión han hecho surgir expectativas. La gente espera tener buena vida en el sentido material e interpersonal. Quieren matrimonios satisfactorios, tiempo libre de alta calidad, relaciones sexuales excitantes, cálida intimidad, conversación estimulante, ¡cónyuges brillantes de buena presencia las 24 horas del día! Desafortunadamente, su conocimiento del mantenimiento matrimonial y la paciencia que se necesita para ello es, a menudo, tan mínimo que las probabilidades de lograr las metas de su alta relación se reducen casi a cero".[2]

Ciertamente, un matrimonio emocionalmente vacío y crónicamente monótono indica la necesidad de dar pasos positivos hacia la edificación de la intimidad, que inyecte nueva vida a la relación. Recientemente, un joven esposo me dijo con cierto dejo de desesperación: "Mi esposa y yo ya hemos perdido el contacto el uno con el otro". Era una descripción gráfica de su falta de intimidad, pues experimentar la intimidad es tener *contacto* emocional, físico, mental y espiritual.

He aquí algunas de las hebras que tejen el lazo de la intimidad entre el esposo y la esposa. No se dan en ningún orden en particular, y usted puede agregar otras por su cuenta:

- Toque físico de naturaleza afectiva no sexual
- Compartir sentimientos
- Cercanía sin inhibiciones
- Ausencia de defensas sicológicas
- Comunicación abierta y honesta
- Acuerdo intelectual sobre prioridades
- Armonía espiritual
- Apreciación sensible de las respuestas físicas y emocionales del cónyuge
- Valores similares
- Secretos compartidos
- Genuina comprensión
- Confianza mutua
- Un sentido de ternura, seguridad y tranquilidad cuando están juntos
- Cercanía sensual
- Compartimiento amoroso de los placeres sexuales
- Señales de amor que se dan y se reciben libremente
- Mutua responsabilidad y solicitud
- Permanente confianza

Las parejas que disfrutan de intimidad tienen sus propios rasgos característicos. Una señora, que habló sobre la tranquilidad de una

relación íntima, la definió como "entender sin palabras . . . chan-
zas familiares que no tienen que explicarse . . . y una espalda calen-
tita en una amplia cama".

En general, la intimidad consiste en fundir las cinco facetas del
amor que hemos descrito en los capítulos anteriores. Eso no sucede
fácilmente en la vida matrimonial porque hay demasiados obstáculos que impiden su crecimiento. Y nunca sucederá automáticamente. En palabras de W. H. Auden, un matrimonio de relación íntima
larga "no es el resultado involuntario de una emoción pasajera, sino
la creación del tiempo y de la voluntad". ¡El tiempo y la voluntad
son los factores primarios en el desarrollo de la intimidad que hará
que ustedes permanezcan enamorados! Auden concluye diciendo
que esto hace que el matrimonio sea "infinitamente más interesante y significativo que cualquier romance". Cuando los recién casados comiencen, determinados a edificar la intimidad porque vale la
pena y porque les ofrece recompensas para toda la vida, descubrirán
que la conclusión de Auden es cierta. El matrimonio de ellos llegará
a ser la relación más interesante y significativa sobre la tierra,
según su propio concepto. Las novelas románticas palidecerán en
comparación con las realidades que disfrutan todos los días.

Pero al *tiempo* y a la *voluntad* tienen que unirse el *conocimiento*
y la *paciencia*, de lo cual el doctor Appleton dijo que eran "el necesario mantenimiento matrimonial". Si los matrimonios se hacen en
el cielo, su mantenimiento ocurre en el ambiente terrenal, el cual no
sólo exige conocimiento, sino también paciencia en el proceso.

Bíblicamente, el Señor les ordenó a los recién casados a que estuvieran totalmente unidos, a fin de establecer los patrones de intimidad que durarían toda la vida. "Cuando alguno fuere recién
casado, no saldrá a la guerra, ni en ninguna cosa se le ocupará; libre
estará en su casa por un año, para alegrar a la mujer que tomó"
(Deuteronomio 24:5).

La palabra hebrea que se tradujo "para alegrar" significa deleitar a su esposa, conocerla y descubrir lo que le sea agradable.

En la actualidad, muy pocos hombres pueden darse el lujo de
tomar un año para la luna de miel, pero todos los recién casados
deben considerar los principios bíblicos importantes que aquí se
presentan:

(1) Nada es tan importante como la salud de su matrimonio y su
crecimiento en unidad.

(2) Concentrarse en conocerse el uno al otro y edificar una relación íntima es algo agradable al Señor.

(3) Es necesario que los dos pasen tiempo *juntos* para establecer
adecuadamente los fundamentos del matrimonio.

(4) Es esencial que el esposo aprenda a satisfacer las necesidades
de su esposa.

(5) El conocimiento del cónyuge es necesario a fin de vivir en conformidad con los patrones bíblicos. Si usted ha de amar a su cónyuge, entenderlo, ayudarlo y animarlo, tiene que conocerlo profundamente.

(6) Los cónyuges deben ser compañeros de equipo que están unidos para servir efectivamente a Dios. Para llegar a ser compañeros de equipo necesitan tiempo y cooperación en una atmósfera tan libre de distracción como les sea posible.

(7) Según la sabiduría del Creador, el primer año es decisivo en cualquier matrimonio, y debe vivirse con cuidado y premeditación.

Se puede observar otro principio: que los matrimonios con bases sólidas son los que mejor sirven los intereses de la nación. Gran parte del bienestar de la sociedad depende de la unidad matrimonial; tanto que en Israel, la formación de un matrimonio fuerte tuvo prioridad sobre los negocios y sobre los deberes militares. Evidentemente, se consideraba de primera importancia la fortaleza interna de la nación.

Estas son maneras específicas para edificar la intimidad en su relación matrimonial y a la vez evitar algunos obstáculos. Por cuanto experimentamos la intimidad mediante el toque en los diversos aspectos de nuestra relación, tales principios se presentan en este capítulo con los siguientes encabezamientos: El toque físico, el toque emocional, el toque mental y el toque espiritual.

1) El toque físico

Me refiero a las caricias físicas no sexuales entre el esposo y su esposa: mimarse, estrecharse, abrazarse, tomarse de las manos, sentarse y dormir cerca el uno del otro, no como un acontecimiento ocasional, sino como parte integral de la vida diaria.

Tocarnos es el acto más natural del mundo, y la necesidad que tenemos de eso es más básica que la necesidad sexual. Lo sexual entra en la categoría del *deseo*, pues las personas no casadas pueden vivir felices y satisfechas sin el toque sexual. Pero el toque solícito de otro ser humano es una *necesidad* que no debe pasarse por alto. Cuando nacimos, el toque fue nuestra primera línea de comunicación. Las caricias y el amor que recibimos fueron necesarios para nuestro desarrollo emocional, y aun para nuestro bienestar físico. Ahora, cuando somos adultos, es muy poco lo que ha cambiado. Aún tenemos una profunda necesidad de la ternura, la reafirmación y la intimidad del toque no sexual, bien estemos conscientes de ello o no. A menudo, acudimos a las relaciones sexuales cuando lo que realmente queremos es el consuelo de la cercanía amorosa. Los sicólogos creen que la preocupación de nuestro tiempo por lo sexual es realmente un anhelo de afecto físico, de apoyo emocional que desea todo ser humano, pero de lo cual hay tan poco en nuestra cultura.

Si usted tiene dudas con respecto a cómo comenzar a desarrollar la intimidad físicamente, considere la siguiente definición del vocablo caricia: "Un acto de cariño, un abrazo tierno o amoroso, un toque. Tocar, dar palmaditas tiernamente, de manera amorosa o suave". Comience haciendo estas cosas, tejiendo el simple toque físico en la tela de su vida diaria. Por ejemplo, tómense las manos en la mesa cuando oran. Aparten tiempo para estar cerca el uno del otro por la mañana y arrímense el uno al otro por la noche. Siéntense en el sofá de tal manera que se toquen en alguna forma, en vez de sentarse en sillas separadas en lados opuestos de la sala. Abrácense y bésense cuando se separen para las actividades del día, y hagan lo mismo cuando vuelvan a encontrarse por la tarde.

Al hacer esto, compartirán la misma placentera sensación de ternura, seguridad y satisfacción sicológica que sentían en la niñez cuando la madre los mantenía apegados a ella. Esta es la base real tangible de su relación íntima.

Betty Ford, en su obra *The Times of My Life*, dice: "Lo que más resalta en mi recuerdo con respecto a Mamie y a su esposo Ike Eisenhower es su afecto mutuo . . . Documento mis observaciones con fotografías. En muchísimas fotografías no aparecen en pose para ser fotografiados, como si hubieran sido sorprendidos". Ella recuerda lo que Mamie, ya viuda y de 80 años de edad, dijo acerca de "las maravillosas manos" de su esposo. "Cada nudillo de sus dedos", dijo ella, "se le había fracturado en algún juego de fútbol o en algo por el estilo, pero durante todos los años que estuvimos casados, siempre sentí que podía aferrarme a ellos cuando me sentía enferma o preocupada, y que así nunca me pasaría nada".

Una joven esposa expresó su necesidad de expresiones tangibles de cariño en un poema que dedicó a su esposo:

Por favor,
    ven, toma mi mano.
¡Caminemos!
Que tus ojos me digan: ¡Hola!
Tus miradas: ¡Me preocupo por ti!
Tómame las manos para decirme que sólo
    estabas bromeando;
    tus abrazos, me dicen gracias por ser lo que eres.
Y tus besos, que cariñosamente me quieres.
Luego, el amor
    que dice: Estaré aquí mañana
    y todos los días hasta el fin.[3]

El contacto físico es absolutamente esencial para edificar la emoción de la intimidad y reavivar la llama del amor romántico entre el esposo y su esposa. He observado que las personas que llegan a mi oficina y dicen: "Amo a mi cónyuge, pero simplemente no estoy *enamorado* de él (o de ella)", son los que tienen muy poco contacto físico afectivo en su vida matrimonial. No se abrazan ni se dan palmaditas de amor; pocas veces se besan; no se arriman el uno al otro por la noche.

Aunque el toque físico es la manera más fácil y eficaz para comenzar a edificar la intimidad en la vida matrimonial, algunas veces se presentan varios inconvenientes que pueden llegar a ser problemas si se permite que continúen.

En primer lugar, muchas parejas jóvenes que llevaron a cabo una intensa relación amorosa mediante las caricias en su noviazgo, a menudo, abandonan el toque afectuoso después del matrimonio. ¿Cuál es la razón? Ahora sólo usan el toque como una señal del deseo sexual para comunicarse que están dispuestos a hacerse el amor. En otras ocasiones tienen el cuidado de permanecer alejados, no sea que un movimiento afectivo sea mal interpretado.

Las parejas tienen que acabar con el hábito de usar el toque exclusivamente como una señal del deseo sexual. Esto las despojaría del ardor y la ternura física que todo matrimonio debe experimentar. Puede ser interesante saber que al desarrollar la verdadera intimidad en el matrimonio disminuirá la necesidad de señales como manifestación del deseo sexual. Habrá una apertura mayor entre los dos, una relación más agradable en todos los aspectos de la relación sexual. Muchas veces la esposa sentirá más libertad para iniciar la relación sexual. El esposo y su esposa se sienten relajados cuando están juntos, y, sin embargo, son sensibles de una manera bella el uno a los sentimientos y deseos del otro. Así que yo lo animo a usted a mantener la cercanía física que le ayudó a enamorarse al principio. Y libérese del mito de que el toque en sí tiene que conducir a la relación sexual. Conversen los dos sobre este asunto amorosamente de tal modo que ambos estén de acuerdo en que el toque casual y frecuente es una señal de creciente intimidad. Tienen que poder tocarse mutuamente sin el temor de recibir un desaire o de que haya un malentendido.

El segundo obstáculo lo causa el individuo que entra en el matrimonio con la convicción de que no es afectuoso. Algunos son rápidos para decirme que son diferentes de otras personas . . . que no les gusta ser tocados . . . que ésa no es su naturaleza. En la mayoría de los casos, esto viene desde los primeros años de la crianza. Pero cualquiera que sea la razón, cualquiera puede *aprender* a expresar su amor a través del acercamiento físico. Cualquiera puede *llegar a ser* afectuoso aun en unos pocos meses, con la motivación y el estímulo correctos. Recuerde que el cristiano no tiene que meterse en un molde: "Así soy yo precisamente, y no puedo cambiar". Hay un hecho de la vida cristiana según el cual no tenemos que permanecer como somos, pues Dios nos cambiará en la medida en que le obedezcamos. Tenemos los recursos espirituales para hacer cualesquiera cambios que se necesiten.

Las parejas que han experimentado este cambio dicen que sus nuevos patrones de toque afectuoso les producen sentimientos de tranquilidad, apoyo y optimismo que son maravillosos. Han descubierto que el hecho de dar y de recibir afecto físico agrega una nueva dimensión de placer a su vida conyugal.

¿Pero qué diremos en el caso de que se les hayan desarrollado a ustedes actitudes negativas el uno hacia el otro? ¿Significa eso que tienen que permanecer separados hasta que se les vaya la ira? ¡No! Los terapeutas han descubierto que los hechos en realidad cambian las actitudes y que la cercanía física debe reanudarse inmediatamente. Aunque las parejas tengan años de estar experimentando la hostilidad y la disputa, si aprenden a tocarse afectuosa e íntimamente, eso les ayudará.

Un esposo me dijo que su esposa no es una persona cariñosa. Cuando comenzó a practicar los principios para el desarrollo de la intimidad, necesitó meses de pacientes avances, de manera constante, cariñosa y amorosa, antes que ella comenzara a responder. Recientemente ella le dijo (mientras estaban abrazados en la cama un sábado por la mañana): "Esto es muy divertido. ¡Me pregunto por qué esperamos tanto tiempo para hacerlo!"

2) El toque emocional

Un profesor universitario que ha enseñado un curso sobre el amor durante 12 años dice que el problema más común que se discute en su clase es la dificultad básica que tienen las personas para formar una relación significativa con otra persona. ¡Obviamente, el toque emocional es mucho más complicado que el toque físico! Cuando consideramos las profundidades de la intimidad emocional podemos entender por qué el Señor apartó el primer año a fin de que los recién casados se concentren sólo el uno en el otro. La creación de la intimidad emocional envuelve el encuentro y la fusión de dos conjuntos diferentes de emociones. Los desafíos se hacen complicados por cuanto las dos personalidades que están aprendiendo a armonizar son una del género masculino y otra del género femenino.

"Un hombre que puede entender a su esposa, puede entender casi cualquier cosa", dijo un filósofo "casero" en tono reflexivo; y en realidad, la Biblia parece indicar que las mujeres son mucho más complicadas emocionalmente que los hombres. La mujer virtuosa también es increíblemente valiosa, según Proverbios 31. Su estima sobrepasa a las piedras preciosas más valiosas. Pero para ser apreciada tiene que ser íntimamente conocida. Pedro, en su primera epístola, aconseja a los esposos que den la primera prioridad a la comprensión de sus esposas: "Vosotros, maridos, igualmente, vivid con ellas sabiamente, dando honor a la mujer como a vaso más frágil . . . sed todos de un mismo sentir . . . ". El esposo debe estudiar a su esposa para que se sienta a gusto con ella, totalmente tranquilo, con pleno conocimiento mutuo. Craig Massey sugiere que el hombre tiene que aprender a entender las respuestas de la esposa a sí misma, a él y a las influencias del mundo en ella.

Pero si la mayor responsabilidad está sobre el hombre, aún así se necesita la cooperación sincera de los dos cónyuges para desarrollar la intimidad emocional que los mantendrá enamorados.

Emocionalmente, la intimidad comienza cuando las dos personas comparten intencionalmente el mismo mundo: tiempo, intereses, sentimientos, pensamientos, metas e ideales. Es posible que los recién casados que están enamorados desarrollen pronto dos mundos diferentes, como continentes separados sin puentes, *a menos que* hagan un esfuerzo constante y concertado de pasar juntos el tiempo libre que tengan y desarrollar en común intereses absorbentes el uno junto al otro. La relación más apreciada, aquella en que uno entiende y es plenamente entendido por una persona que se preocupa profundamente, se produce cuando los dos están dispuestos a comunicarse: para compartir experiencias, sueños, temores y secretos que no le dirían a ninguna otra persona. ¡El hablar en privado acerca de asuntos privados desarrolla la intimidad emocional como ninguna otra cosa! Muchos de los que estudian el tema del amor creen que compartir es la clave; que lo que mata el amor es la creciente separación mental de los cónyuges. Las parejas, pues, tienen que trabar sus vidas individuales en ese importante primer año, para formar un patrón de intimidad que consista de muchas hebras de unión.

La intimidad sólo puede crecer en un lugar de seguridad. Cuando el esposo y la esposa tienen miedo de recibir ofensas, desaires, críticas y mala comprensión, les parecerá difícil tocarse y compartir libremente. Así que si usted quiere tener una real intimidad en su matrimonio, tendrá que establecer la confianza en su relación.

En dos declaraciones concisas, la Palabra de Dios nos muestra cómo hacer esto: " . . . el amor cubrirá multitud de pecados" (1 Pedro 4:8). " . . . el amor edifica" (1 Corintios 8:1). Esto se puede decir en otros términos equivalentes: (1) Pase por alto los errores y nunca critique; y (2) siempre estimule a su cónyuge y déle el don de la simpatía comprensiva.

Como consejero, observo que muchas personas intentan mejorar a su cónyuge criticándolo, señalando sus faltas y errores. Pero esto nunca cambia a nadie hacia lo bueno. Sólo coloca kilómetros de distancia emocional entre el esposo y la esposa, que en secreto pueden estar anhelando la cercanía.

La verdad con respecto a la crítica es casi sorprendente cuando se entiende plenamente: la crítica puede en realidad ser el golpe mortal para el amor, la intimidad y todo lo bueno que usted quiere edificar en su matrimonio. ¡Así que piense antes de hablar! Recuerde el poder de la alabanza y fórmese el hábito de edificar constantemente, en vez de destruir. No recuerdo cuándo fue la última vez que nos criticamos mi esposa y yo. Después de años de edificar, ni siquiera estamos conscientes de las fallas personales en el otro, pues estamos absortos en el placer de vivir diariamente juntos. Gaye y yo podemos recomendar con entusiasmo este patrón de interacción a las parejas que están comenzando su vida matrimonial, pues sabemos que es muy eficaz.

Hay otro elemento que contribuirá a la mutua confianza. En sencillas palabras es lo siguiente: nunca decepcione a su cónyuge en algo que realmente le importa a él o a ella. La aplicación de esta norma estará determinada por su cónyuge, no por usted. Usted pudiera pensar que se está portando correctamente; sin embargo, esto pudiera chocar violentamente con las percepciones emocionales de su cónyuge, con respecto a lo que espera de usted. El matrimonio comienza, a menudo, con fantasías y expectaciones irrazonables de que el cónyuge lo será todo, y que satisfará perfectamente todos los deseos. Pero los recién casados que son sabios, aprenderán a reemplazar estos sueños (que un ser humano imperfecto pudiera no cumplirlos nunca) por expectaciones realistas. Para esto se requiere un diálogo de amorosa honestidad. ¿Qué pueden esperar ustedes en forma realista el uno del otro? ¿Qué es lo que realmente les importa en la esfera de su conformación emocional?

Una pareja de apellido Javier me dio ejemplos de su propia vida matrimonial. Ella dijo: "Mi esposo pensó que yo estaba exigiendo demasiado cuando le pedí que abandonara sus planes para que pudiera ir conmigo a la consulta dental: era un viaje de emergencia. Eso sucedió hasta que él entendió que yo estaba simplemente aterrada de lo que me esperaba, y que necesitaba su ayuda. Si él se hubiera negado, yo hubiera pensado que me había fallado horriblemente. Pero por el hecho de que discutimos el asunto, él entendió mi necesidad y la satisfizo de una manera amorosa". El dijo: "Nunca olvidaré aquella noche cuando vi que mi esposa dejó todo lo demás para escribir a máquina mi trabajo de investigación, y que se quedó hasta altas horas de la noche para hacerlo. Ella realmente me sacó de apuros sin quejarse en absoluto, porque le expliqué lo importante que era ese trabajo para mí".

La clase de diálogo que conduce al genuino entendimiento es mucho más que una conversación. Envuelve *oírse mutuamente desde el comienzo*, con un oído atento a lo que la otra persona realmente dice y siente. La comunicación se ha definido como la capacidad para enviar y recibir mensajes exactamente; no sólo mensajes objetivos, sino también señales de naturaleza emocional. Aprender a oír y a comunicar es parte esencial en el perfeccionamiento del arte de amar.

John Powell dice que el diálogo es "un acto del más puro amor". El explica: "Tanto el oír como el hablar en el diálogo son actos que se dirigen al otro. El diálogo se centra esencialmente en el otro . . .

"En el diálogo no hay perdedores ni ganadores", señala él, "sólo hay ganadores. A ninguno de los participantes se le exige que se entregue ni que desista, sino sólo que dé, que se dé a sí mismo. En un diálogo nunca podemos terminar con menos de lo que teníamos, sino con más. Vivir en diálogo con otra persona es vivir dos veces. El gozo se duplica mediante el intercambio, y las cargas se reducen a la mitad al compartirlas".[4]

Se deben seguir los siguientes tres principios cuando se practica la comunicación en los primeros años de la vida matrimonial:

(1) Hable más libremente acerca de sus sentimientos, pero no de tal modo que su cónyuge se sienta reprendido o criticado.

(2) Esté dispuesto a mostrarle su lado vulnerable al cónyuge. Una regla cardinal para el desarrollo de la intimidad es la siguiente: Atrévase a mostrar su necesidad; no tenga miedo de decir: "Te necesito".

(3) Recuerde que el silencio es casi siempre una respuesta negativa, a menos que esté acompañado de señales no verbales para que el cónyuge comparta sus sentimientos, por ejemplo, un apretón de manos o una sonrisa.

Obviamente, para promover la intimidad y establecer la confianza, hay que resolver rápidamente cualquier conflicto emocional. De hecho, doy el siguiente principio en el consejo prematrimonial: *Nunca se acuesten con conflictos no resueltos.* Los siguientes son principios bíblicos: " . . . no se ponga el sol sobre vuestro enojo" (Efesios 4:26). "De la manera que Cristo os perdonó, así también hacedlo vosotros" (Colosenses 3:13). Los conflictos son inevitables en cualquier matrimonio, pero pueden convertirse en problemas sólo cuando no se resuelven rápida y cariñosamente. El amor verdadero actúa inhibiendo la ira. Cuando usted ama a una persona y ha desarrollado un nivel de intimidad satisfactorio, la ira desaparece rápidamente. Es un alivio perdonar, olvidar y volverse a sentir cerca el uno del otro. Los dos necesitarán reconocer que hay ocasiones en que la conducta de cada uno es menos amorosa de lo que debiera ser, y admitir esto de inmediato ante su cónyuge con la sincera expresión: "Lo siento". El pedir disculpas es el reconocimiento de que su relación es tan importante que quiere mantenerla en buenas condiciones. Si ambos persisten en mantener su intimidad emocional, la relación puede restablecerse fácilmente. No cejar, persistir es mucho más fácil que tratar de reparar el daño luego de años de distancia emocional.

Algunos de los obstáculos que pueden amenazar seriamente su intimidad emocional se manifiestan como luces de advertencia en la siguiente carta de un esposo angustiado llamado Walter:

Sólo faltan unos días para finalizar los procedimientos del divorcio que solicitó mi esposa. Por medio de mi abogado, pospuse la respuesta, pero ya pasó el tiempo.

Sin duda alguna, doctor Wheat, soy culpable de la mayor parte de todo aquello contra lo cual usted me previno. Ni Yvonne ni yo estuvimos plenamente enterados de nuestra obligación para con Dios, ni del uno para con el otro cuando nos hicimos las promesas nupciales. A medida que el tiempo pasó, nos las arreglamos para apartarnos el uno del otro, al no compartir el uno el mundo del otro. Yvonne estableció condiciones manipuladoras en nuestra vida sexual. Yo tenía que hacer ciertas cosas, como por ejemplo, lavar los platos, etc., para ganarme unos pocos minutos de intimidad. Comprendo que fracasé por no seguir la mayor parte de los principios que usted da para tener una buena relación de amor. No fue asunto de que yo no la amara en mi corazón, sino mi ceguera que no me permitió ver las necesidades de ella, como también mi propio egoísmo. Mi trabajo me exige mucho tiempo, lo cual era malo; pero yo tampoco compartí con ella el resto de mi vida como he debido.

Sus padres nunca nos dejaron por nuestra cuenta, sino que constantemente interferían en nuestras vidas. La madre quería que mi esposa fuera a visitarla para salir con ella a ciertos lugares. Así que yo no me sentía necesario en su vida. Comencé a regresar a mi casa para hallar la cena en la cocina con una nota rápidamente garabateada que decía: "Salí con mamá a esto y a lo otro".

En mi fracaso, no me interesé en mejorar nuestra situación. En vez de ello, busqué maneras de divertirme. Al tiempo, nuestras vidas llegaron a estar en dos senderos diferentes, y nuestro hogar llegó a ser sólo un lugar para detenernos a dormir. Esta situación comenzó a producir deseo sexual en mí, y una vez más fallé. Para tratar de hacer frente a esta frustración, tuve una aventura amorosa. Yo sabía que esto era pecado, y mi conciencia me remordía. Ahora comprendo que estaba sustituyendo la paciencia, que he debido tener, por el egoísmo, y sólo estaba pensando en satisfacerme.

Cuando finalmente llegué al punto de sugerir que buscáramos

ayuda para nuestra relación matrimonial, ya era demasiado tarde para Yvonne. Fervientemente, he tratado de buscar el perdón y de reconciliarme, pero la respuesta de ella ha sido el odio . . . Cada vez que yo estoy con ella, nuestro hijo de cuatro años de edad le pide a Dios que ayude a su mamá y a su papá para que se vuelvan a unir . . . .

Como lo ilustra la carta de Walter, los suegros pueden constituir uno de los más serios obstáculos para el establecimiento de la intimidad. El Señor reconoció esto cuando dio sus mandamientos a Adán (antes que el pecado hubiera entrado en la raza humana). El le dio a Adán dos mandamientos, y uno de ellos fue que debían mantener a los demás familiares fuera del matrimonio. Al mirar hacia el futuro, a las causas de la desarmonía conyugal, Dios dijo que los suegros no deben estar metidos en la vida matrimonial de sus hijos, que se debe establecer una unidad social completamente nueva. Esto significa que es necesaria la separación de los padres de ella y de los de él.

Físicamente. No viva usted con sus padres después del matrimonio. Ni siquiera pase mucho tiempo con ellos. Ocasionalmente, oigo de parejas que llevan a sus suegros en el viaje de luna de miel. Sin importar cuán bien intencionado esté esto, siempre se establece un patrón no deseable. La intimidad en el matrimonio es algo privado. Es algo que simplemente no se comparte con otros. Tal vez pueda divertirse con un grupo de personas en un viaje, pero eso no es intimidad. La verdadera intimidad sólo puede florecer cuando están los dos solos. A propósito, nunca hable acerca de los problemas matrimoniales íntimos con sus padres.

Emocionalmente. No se case si no puede estar emocionalmente independiente de su propia familia. Recientes investigaciones indican que la práctica de "ir a la casa a hablar con la mamá" cuando aparecen los conflictos, prevalece en el matrimonio hoy como siempre, a pesar de la nueva sed de independencia. No permita que uno de sus padres llene el papel emocional que sólo debe estar reservado para su cónyuge. Ningún padre o madre que ame genuinamente esperará hacer esto, ni lo buscará.

Económicamente. Si no puede mantener a la familia, no se case. La ayuda para pagar los gastos de la educación debiera aceptarse sólo si puede estar completamente libre del dominio de los que proveen los fondos.

Otro obstáculo para la intimidad, que se expresa muy vívidamente en la carta de Walter, es aquello de vivir en dos mundos separados hasta el punto en que el hogar llega a ser sólo un lugar donde se detienen para dormir.

Este estado solitario de cosas comienza cuando la joven pareja no hace ningún esfuerzo para desarrollar una nueva vida conyugal. En vez de ello, cada uno persigue intereses distintos y algunas veces tienen amigos distintos. En un artículo que Craig Massey publicó en la revista *Moody Monthly*, titulado "Las doctrinas de Satanás sobre el matrimonio", señala que la mentira de Satanás es ésta: *"Ustedes pueden pasar tiempo separados el uno del otro sin perjudicar la relación matrimonial"*. ¡No es extraño que ésta sea la mentira favorita de Satanás! La intimidad —física, emocional, mental y espiritual—, simplemente no se puede realizar con la separación; y según el diseño de Dios, la intimidad es la que llena y satisface, la que hace que dos personas sean una.

El tercer obstáculo para la vida emocional íntima es aquella molestia notable que llamamos el televisor. Algunos programas de televisión son informativos y agradables, por supuesto. Pero, parece que son muy pocas las personas que tienen la disciplina necesaria para escoger sólo los mejores programas y mantener el televisor apagado el resto del tiempo. En el consejo prematrimonial, yo animo a todas las parejas para que se abstengan de comprar un televisor durante el primer año de casados. Les digo que la televisión les quita las horas maravillosas que podrían pasar juntos compartiendo y aprendiendo a relacionarse el uno con el otro. No es posible dar de sí mismos, cuando tienen los ojos y la mente pegados al televisor.

En la obra *Thoroughly Married*, Dennis Guernsey dice:

> Es necio tratar de comunicarse ante el resplandor de la pantalla del televisor en los intermedios del partido de fútbol . . . Para que el tiempo de comunicación sea de calidad es necesario concentrar la atención, lo cual es imposible lograr si persiste la más leve distracción. La mayoría de nosotros nos asombraríamos si totalizamos la cantidad de tiempo que pasamos frente a frente el uno con el otro la semana pasada, el mes pasado o el año pasado. Las semanas pueden pasar sin que haya un tiempo significativo para compartir nuestras vidas.

El llama la atención al valor especial que tiene el hecho de apartar tiempo intencional y regularmente para estar el uno con el otro.

> Muchas parejas manejan con éxito la herida que haya en su relación porque saben con seguridad que habrá un tiempo y una oportunidad para arreglar sus problemas. En contraste, la más pequeña incomodidad en el matrimonio puede llegar a ser insoportable si parece que estará allí para siempre . . . Terminamos tratando de marchar hacia todas las direcciones al mismo tiempo, y luego nos preguntamos por qué hemos perdido el contacto el uno con el otro.

Ningún esposo ni esposa debe tomar livianamente el asunto de la intimidad emocional. La intimidad hará que permanezcan enamorados. Pero la falta de intimidad hará que uno o los dos sean fuertemente tentados a buscarla en otra parte. La doctora Mary Ann Bartusis, en un estudio que realizó sobre los triángulos maritales, descubrió que con demasiada frecuencia la relación amorosa extramatrimonial ocurre con la mejor amiga o el mejor amigo del cónyuge. ¿Por qué? Porque los seres humanos tienen una insaciable búsqueda de una relación significativa de persona a persona que no está siendo satisfecha dentro del matrimonio; y porque existen muchísimas oportunidades para la intimidad con el mejor amigo o la mejor amiga del cónyuge. Las conversaciones íntimas son, a menudo, un factor clave en el desarrollo del sentimiento de estar enamorado. La doctora Bartusis sugiere que la familiaridad, la disponibilidad y la aceptación son las claves, es decir, las condiciones que fácilmente se satisfacen con un amigo cercano de la familia.[5]

Así que, invierta en la intimidad emocional con su propio cónyuge, y halle una felicidad que no lleve consigo lamentos ni efectos posteriores amargos.

3) El toque mental

Este nivel de intimidad envuelve el llegar a un acuerdo en cuanto a todos los asuntos importantes que determinan la dirección de su vida. Se requiere práctica para hacer planes inteligentes para su estilo de vida y el bienestar de su familia. Las parejas que aprenden a desarrollar esta clase de intimidad hallan un placer real en establecer metas juntos y luego lograrlas.

Un ejemplo será suficiente. El aspecto de los hábitos económicos es decisivo para el futuro del matrimonio. Los expertos creen que el 50 por ciento de todos los divorcios son causados en la actualidad por desacuerdos económicos, y con la creciente inestabilidad de la economía, con seguridad ha de aumentar este número. Sólo las frustraciones de mantener un hogar y una familia solventes en estos días son suficientes para crear conflictos, a menos que las dificultades económicas se conviertan en desafíos que acerquen a la pareja. Se puede desarrollar una bella intimidad cuando el esposo y la esposa se enfrentan juntos a las deficiencias presupuestarias y las vencen. Este no es un simple asunto de eliminar causas de conflicto, sino el positivo valor de trabajar juntos para desarrollar una vida de libertad económica que honre a Dios. Eso es lo que hace que éste sea un aspecto sumamente importante en la edificación de la intimidad.

George Fooshee y su esposa Marjean, en su obra *You Can Beat the Money Squeeze*, advierten sobre la trampa de las deudas. Ellos definen a la trampa como atractiva, fácil de caer en ella, y casi imposible escapar de ella. Esa es una descripción exacta del estilo de vida basado en la tarjeta de crédito. El crédito fácil que ha estado disponible durante largo tiempo en nuestra cultura, ha enseñado a la gente a gastar constantemente más de lo necesario, con la esperanza de ganar suficiente dinero posteriormente para pagar lo que usan hoy. Probablemente, la mayoría de las parejas casadas actualmente se hallan más o menos atrapadas económicamente.

Los recién casados que quieran establecer un patrón de libertad económica deben de estar conscientes a las siguientes señales de advertencia:

* Piensan constantemente en el dinero, a expensas de los pensamientos que deben tener en Dios.
* No dan lo que sienten que Dios quiere que den.
* No se sienten tranquilos de vivir con lo que Dios les ha provisto.
* Discuten dentro de la familia por cuestiones económicas.
* No pueden pagar, o no pagan, mensualmente y en su totalidad, las cuentas que tienen de las tarjetas de crédito.
* Necesitan o han pensado en tomar un préstamo para consolidar las deudas.
* Reciben avisos de cuentas vencidas.
* Toman a crédito artículos por cuanto no pueden pagar en efectivo.
* Utilizan el gasto del dinero como una terapia emocional.
* Gastan sin control.
* Acuden a los ahorros para satisfacer gastos corrientes.
* El valor neto de sus posesiones no aumenta anualmente.
* Simplemente no pueden ahorrar.
* No están bien protegidos por una póliza de seguros.
* Desean tener un plan de gastos y ahorros, y se sienten frustrados por cuanto no lo tienen.

Según los escritores antes citados, la meta para la libertad económica exige dos decisiones básicas: (1) Proponerse desde el comienzo que no gastarán el dinero que no tienen. (2) Tener confianza en Dios en vez de en un préstamo.

El presupuesto económico demuestra ser causa de división en el matrimonio, sin importar cuál sea su nivel económico, a menos que los dos desarrollen actitudes correctas juntos. Este es otro paso importante en el crecimiento de la intimidad.

4) El toque espiritual

Otra de las recomendaciones prematrimoniales que doy es la siguiente: *Estudien la Biblia juntos diariamente*. Esta es la manera básica de desarrollar la intimidad espiritual. A medida que la Pala-

bra de Dios pasa por sus mentes, los dos son formados y transforma-
dos en nuevas personas con las mismas actitudes y metas; con una
perspectiva que viene del hecho de tomar el punto de vista de Dios
en cualquier aspecto de la vida. Realmente, es una responsabilidad
del esposo la de iniciar el estudio bíblico diario. Si usted no sabe
cómo hacerlo, una de las maneras de aprender consiste en que los
dos oigan enseñanza bíblica a través de una cinta magnetofónica.
Actualmente, en las librerías se ofrecen cassettes con estudios bíblicos. Es posible que haya algunas bibliotecas que los concedan en calidad de préstamo. Hay incluso muchos mensajes disponibles sobre
el tema del matrimonio y el hogar cristiano. Tal vez usted quiera comenzar con estos cassettes.

También recomiendo que toda pareja recién casada participe activamente en el programa de una iglesia local. Allí pueden aprender, crecer y servir al Señor en compañía de otras personas que los
llegarán a conocer bien y a preocuparse por su bienestar.

No hay nada que pueda acercar más a una pareja que la oración
genuina que hacen juntos con escudriñamiento del corazón. Aprecio
el testimonio de mi esposa, Gaye, que ofreció en nuestro libro *El
placer sexual ordenado por Dios*, en relación con las recompensas de
la intimidad espiritual. Ella escribió:

> Ahora que somos creyentes, sé que el amor que Ed me profesa es
> la misma clase de amor con que Cristo me ama. Estoy segura y ase-
> gurada en ese amor. Sé que siempre puedo hablarle a mi esposo, y
> que puedo confiar en su sabiduría como director espiritual de nues-
> tra familia. Como nos hemos acostumbrado a derramar juntos nues-
> tros corazones en oración delante del Señor, ahora nos sentimos
> libres para comunicarnos cualquier cosa. No tenemos el temor de
> exponernos ni de exponer nuestras faltas, porque sabemos que nos
> aceptamos el uno al otro tal como somos, con todas las fragilidades,
> las faltas y las cosas buenas. ¡Qué maravilloso es saber que no se me
> juzga por mi manera de actuar! No importa cuán mala sea mi
> actuación, aun así voy a ser amada. Y eso tiene que hacer que yo
> actúe mejor.

Al comienzo de este capítulo me referí a Arturo y Marta, una pareja que recorrió casi 1.300 kilómetros en busca de consejo prematrimonial. Me ha sido placentero oír acerca de su progreso en el desarrollo de una vida matrimonial estrecha, íntima, maravillosa y feliz.
Comenzaron sabiamente con una luna de miel rodeados de la belleza de las montañas, y con las comodidades no costosas de un parque
nacional. No tenían la meta de ir a alguna parte para divertirse,
sino para prestarse atención el uno al otro; y me informan que pasaron juntos un tiempo significativo que jamás olvidarán.

Ahora, se han puesto de acuerdo en lo tocante a una meta específica para su vida. Cuando Arturo se gradúe, irán al Africa, donde

él tiene planes de enseñar. Mientras él termina su educación, Marta está trabajando, pero las vidas de ellos están cuidadosamente integradas. El la ayuda con el trabajo de la casa, y ella a su vez a él en la preparación de sus trabajos. De hecho, ella está de oyente en el curso que él enseña, y así están experimentando una verdadera intimidad intelectual.

Marta procede del calor de un hogar unido, en tanto que Arturo tiene padres individualistas que viven separados. Los recién casados ya han convenido en modelar su hogar según el ejemplo de los padres de Marta, y para cumplir este plan, ellos tienen como lo primero en sus prioridades su relación y el tiempo que pasan unidos. Como sus recursos económicos son escasos, tienen un presupuesto cuidadosamente planeado y disfrutan de actividades no costosas: en este proceso exploran todos los recursos del área del país donde se encuentran. Ella cose la mayor parte de su ropa, y él la apoya tremendamente en estos esfuerzos, incluso va con ella a escoger las telas. El le muestra el aprecio que le tiene preparándole la cena después de un día duro de trabajo.

Como tenían la orientación necesaria concerniente al ajuste sexual desde el comienzo de su relación matrimonial, y puesto que tienen una apertura amorosa de comunicación, ya han desarrollado una vida sexual satisfactoria.

Han evadido los choques de la personalidad por medio de la previsión y la comprensión. Marta ha descubierto que la fortaleza y la energía de Arturo son buenas cualidades, pero ella pensaba que podría haber dificultades a causa de su propia naturaleza obstinada e independiente. Sin embargo, Arturo valoriza la capacidad de ella para tomar decisiones y hacer frente a las situaciones desafiantes. Aunque él no ha abdicado en su papel de líder, la anima a ella para que use sus vigorosas características de la manera más positiva posible.

A menudo, Arturo y Marta comparten sus discernimientos espirituales. Mientras están limpiando la cocina juntos, aprenden de memoria y discuten versículos bíblicos. Como cristianos consagrados que son, tienen participación activa en la iglesia local y están creciendo espiritualmente juntos.

Un íntimo amigo de la pareja dice que la relación de ellos se caracteriza por la unión y por la constante preocupación del uno por el otro. "Siempre están buscando la manera de ayudarse mutuamente", dice.

En esta época en lo que los matrimonios se disuelven fácilmente, es mi opinión que las posibilidades de que este matrimonio sea duradero y de que tenga un amor siempre creciente, son casi de 100 por ciento. ¡Su secreto es la intimidad!

12

Un ejemplo para los que se aman

Toda pareja casada que tenga la Biblia en su hogar, debiera llegar a ser experta en un libro de la misma que se dedica exclusivamente al amor y al matrimonio. Me refiero al Cantar de los Cantares de Salomón. Este libro nos ofrece el ejemplo de amor matrimonial tal como Dios quiso que fuera, y se revela con detalles tan sorprendentes que puede servir como modelo práctico para nuestros propios matrimonios, casi tres mil años después que fuera escrito.

Por inspiración del Espíritu Santo, se nos cuenta acerca del matrimonio entre el rey de Israel y una bella joven campesina, no sofisticada, a quien él conoció en los viñedos del norte de su reino. En este punto pudiera sonar como una de aquellas novelas que terminan diciendo: "Y se casaron y fueron felices para siempre". Pero esto no es pura fantasía ideada por algún narrador de cuentos. Es la Palabra de Dios que relata en verdad, como siempre, los eventos experimentados por una pareja, y las palabras y emociones que expresaron, las cuales describen para todos los tiempos la vida de amor en el matrimonio que honra y agrada a Dios.

No es sorprendente que la Biblia habla tan claramente sobre el tema del amor y de la satisfacción sexual en el matrimonio. Al fin y al cabo, la Biblia trata todos los demás aspectos de la conducta humana. Y cuando entramos en la complicada relación del matrimonio, necesitamos más que admoniciones; ¡necesitamos ejemplos que podamos seguir! Lo notable es el alcance y el grado de profundidad de los consejos prácticos que se presentan en el Cantar de los Cantares, los cuales son aplicables a cualquier matrimonio en cualquier civilización. Sólo la mano guiadora del Creador pudo haber hecho de este pequeño libro un exquisito poema de amor acerca de un rey y una reina, allá por el año 945 a. de J. C. Es un poema asombrosamente importante para las parejas de hoy. Otra vez, vemos la prueba de que los principios de Dios con respecto al matrimonio trascienden el tiempo y las diferencias culturales, y siempre que se apliquen, serán eficaces. En sólo ocho breves capítulos, que constituyen la obra literaria romántica más grande del mundo, el Cantar de los Cantares no sólo muestra al esposo y a la esposa de hoy *cómo* amarse el uno al otro, sino que en forma realista presenta los problemas del matrimonio y los principios para resolverlos.

Mientras usted y su cónyuge estudian este maravilloso libro, descubrirán la manera de obedecer a Dios en su relación matrimonial, al enamorarse profundamente y expresar ese amor mientras buscan la manera de resolver las diferencias naturales.

Por supuesto, es imposible hacer un estudio completo del Cantar de los Cantares de Salomón en un solo capítulo. No trataremos de hacer eso. Más bien, queremos ayudarle a usted a fortalecer su vida de amor destacando principios y conclusiones que han sacado de este libro los mejores eruditos bíblicos de tiempos recientes. Confío que esto despertará su interés para estudiarlo más en detalle por su propia cuenta.

—¿De qué manera interpreta usted el Cantar de los Cantares de Salomón? —me preguntó un joven estudiante cristiano recientemente—. He oído que algunas personas dicen que el libro habla acerca del matrimonio, y otros dicen que se refiere a cosas espirituales: a Cristo y a su amor por nosotros. ¿Cuál es la interpretación correcta?

—Los dos puntos de vista son correctos —le expliqué—, en el sentido de que no se puede tener el uno sin el otro. El Nuevo Testamento dice claramente que el matrimonio tuvo el propósito de ser un reflejo en la tierra de la relación entre Cristo y su iglesia. Así que, cada vez que la Biblia habla acerca del matrimonio tal como Dios lo diseñó, hallaremos aplicaciones a la relación espiritual que disfrutamos con nuestro Señor. Por otra parte, cuando aprendemos más acerca de Jesucristo y de su amor hacia nosotros, sabremos más acerca de la manera como debemos comportarnos en el matrimonio. El principio es el siguiente: "Maridos, amad a vuestras mujeres, así como Cristo amó a la iglesia, y se entregó a sí mismo por ella" (Efesios 5:25).

—¿Se refiere usted a todo lo que hay en el Cantar de los Cantares? —me preguntó el joven.

—Sí —le respondí—. Considere cómo el esposo, según el Cantar, ama a su esposa. Usted hallará allí numerosos paralelos con la manera como el Salvador ama a su pueblo, con la manera como lo ama a usted personalmente. Si estudia la manera como la esposa le responde al esposo, podrá aprender mucho en cuanto a la manera como usted debe de responder al Salvador en el nivel espiritual. Simplemente, recuerde que la enseñanza primaria del libro se relaciona con el amor y el matrimonio. Estas verdades nunca deben ser espiritualizadas.

—Está bien —dijo, mientras movía afirmativamente la cabeza—. Usted me está diciendo que la Biblia comunica la verdad en diferentes niveles al mismo tiempo. Así que podemos aprender acerca del matrimonio en el Cantar de los Cantares de Salomón, y también ver la dimensión espiritual del libro sin ninguna contradicción.

Posteriormente, me mostró con una sonrisa su libro de texto de literatura, que analizaba un breve poema ampliamente, y explicaba sus "tres líneas de significado".

—En este poema, el hombre escribió literalmente acerca de la puesta del sol —me dijo—, pero también acerca de la decadencia de las civilizaciones, y acerca de su propia muerte, al mismo tiempo. Si los poetas pueden hacer eso, supongo que la gente no debiera sorprenderse de que la verdad de un libro de la Palabra de Dios tenga diferentes aplicaciones.

Las preguntas de este joven cristiano son comprensibles a la luz de la confusión que ha reinado con respecto al Cantar de los Cantares de Salomón. De hecho, ningún libro de la Biblia ha sido tan atacado o tan mal comprendido a través de los siglos como éste. Puede que suene extraño a los oídos contemporáneos, pero durante siglos, los teólogos no quisieron admitir la clara verdad: ¡El Cantar de los Cantares de Salomón se refiere a un matrimonio piadoso entre un esposo y una esposa que se amaban el uno al otro!

Necesitamos entender que, desde el comienzo, algunos de los más fuertes ataques de Satanás contra el punto de vista bíblico se han dirigido hacia el matrimonio cristiano. Para socavar la verdad bíblica en este aspecto, Satanás usó efectivamente las filosofías del mundo pagano para infiltrarse en la iglesia. La actitud de los paganos gentiles del antiguo mundo hacia el amor, el matrimonio y la sexualidad chocaba de frente con el concepto bíblico que se da en Génesis 1 y 2; en Proverbios 5; en las enseñanzas de Jesús que se hallan en los evangelios, y en el hecho de que él asistió a una fiesta de bodas; en 1 Corintios 7:1-5; en 1 Timoteo 4:1-5; en Hebreos 13:4; Efesios 5:22, 23; y en el Cantar de los Cantares de Salomón.

¿Qué *creían* los paganos acerca del amor sexual en el matrimonio? Mientras la Biblia enseñaba que el matrimonio era bueno, que la sexualidad humana había sido creada y establecida por Dios para el matrimonio, y que la relación de una sola carne en el matrimonio era un cuadro sagrado de Cristo y de la iglesia; los paganos pensaban que las prácticas sexuales en el matrimonio eran inmundas, impuras y de hecho, que *no eran buenas.* Ellos se complacían en las relaciones sexuales, sí, y a menudo en las perversiones del sexo. Los templos consagrados a los dioses paganos eran en efecto, casas sórdidas de prostitución y de sensualidad de toda clase que se realizaba con el nombre de "culto". Pero, para la mente pagana, la santidad y la pureza pertenecían a las personas que habían renunciado a lo sexual para siempre; y no a una pareja de casados que aún participa del acto matrimonial.

La virginidad llegó a ser el símbolo de la espiritualidad, precisamente así como las vírgenes vestales de Roma habían representado la virtud ideal. Por lo menos tres corrientes de filosofía totalmente extrañas a la Palabra de Dios se arrastraron hasta meterse en el pensamiento de los cristianos y deformar la perspectiva que tenía la iglesia de lo sagrado del amor matrimonial para los siglos venideros.

Primero, los estoicos griegos, mientras se burlaban de las emociones humanas, comenzaron la costumbre de alegorizar las pasiones humanas en la literatura hasta que los sentimientos llegaron a ser sólo pálidos símbolos de conceptos "espirituales". La iglesia aplicó este enfoque al Cantar de los Cantares de Salomón. Luego, el filósofo griego Platón había enseñado que uno no podía *tener* a la vez amor terrenal y amor espiritual; por tanto, era mejor renunciar a lo terrenal y físico con la esperanza de adquirir el amor espiritual. Este concepto influyó fuertemente en los maestros cristianos. En tercer lugar, los cultos gnósticos enseñaron que las parejas casadas renunciaran a toda la sexualidad en el matrimonio, en favor del "matrimonio" místico con el Espíritu.

Obviamente, el Cantar de los Cantares de Salomón contradecía estos conceptos y no podía ser tolerado por los hombres de la iglesia que los sostenían, a menos que "fueran espiritualizadas" sus enseñanzas; de tal modo que el matrimonio que se describe en el Cantar llegó a ser sólo un símbolo del matrimonio místico con Dios.

No es sorprendente entonces que la iglesia, a través de la Edad Media, considerara el celibato como la más grande de las virtudes, y sus maestros continuaron el intento de cambiar el Cantar de los Cantares de Salomón, con su regocijada celebración del sagrado amor matrimonial, en algo distinto: una alegoría espiritualizada libre del "tinte carnal" del amor humano en el matrimonio. Sólo unos pocos monjes valientes, y ocasionalmente algún obispo, enseñaron el Cantar de los Cantares con su sentido simple, como una obra que alaba el matrimonio, la dignidad y la pureza del amor humano que brota del amor de Dios.

La belleza del amor matrimonial fue redescubierta por los cristianos en el siglo XVI, cuando los puritanos y otros reformadores consideraron que la Biblia era la autoridad final en cuanto a doctrina y conducta. Los puritanos declararon unánimemente que la inclinación sexual fue creada por Dios y, por tanto, en principio era buena. Algunos de ellos señalaron que el Cantar de los Cantares ofrecía instrucción para el perfecto amor matrimonial.

Hoy, los individuos mal informados tienden a calificar a los puritanos de mojigatos, tal vez porque ellos siempre insistieron en lo sagrado y en lo privado de lo sexual dentro del matrimonio, y se consternaron con las perversiones sexuales, precisamente como la Biblia se consterna de ellas. Pero las actitudes de ellos hacia el amor sexual entre el esposo y su esposa eran expresivas, no represivas; positivas, no negativas; y a la vez regocijadas y reverentes. En la obra *El paraíso perdido*, el gran poeta puritano Juan Milton, saludó al amor matrimonial como . . .

> Una fuente perpetua de dulzuras domésticas, cuyo lecho se ha proclamado sin mancilla y puro.

Desafortunadamente, la vergüenza victoriana con respecto a la sexualidad en el siglo XIX, mantuvo las interpretaciones alegóricas que estaban en boga sobre el Cantar de los Cantares. A los que consideraban que el Cantar enseñaba claramente las etapas del amor verdadero y casto dentro del matrimonio se los hacía callar, algunas veces con argumentos absurdos. Por ejemplo, en un debate sobre el Cantar de los Cantares de Salomón, cuando el doctor J. Pye Smith demostró que el método alegórico "era contrario a todas las leyes de la lengua y de la razón, y que iba en detrimento de la religión real"; el doctor James Bennett respondió que tenía que haber una interpretación alegórica por cuanto "¡ . . . el lenguaje del Cantar, en su sentido literal, es contrario a la naturaleza y modestia de las mujeres!"

Podemos entender mejor la base de esa notable declaración al saber lo que un médico experto en lo que se refiere a la sexualidad victoriana creyó acerca de las mujeres. En un libro titulado *The Functions and Disorders of the Reproductive Organs*, el doctor William Acton afirmó:

> La mayoría de las mujeres (por fortuna para ellas) no se afligen mucho por los sentimientos sexuales de ninguna clase . . . Las mejores madres, esposas y amas de casa conocen muy poco o nada acerca de las complacencias sexuales. El amor al hogar, a los hijos y

a los deberes domésticos son las únicas pasiones que sienten
. . . Una mujer modesta raras veces desea alguna gratificación
sexual para sí misma.

En las últimas décadas, las cosas se han ido aclarando. Los eruditos han vuelto a la interpretación literal del Cantar de los Cantares de Salomón, y lo consideran como la suprema enseñanza bíblica sobre el amor en el matrimonio, por medio del ejemplo. Ahora se reconoce que es una unidad cuidadosamente construida que tiene un mensaje claro; y no (como algunos habían dicho) una rara colección de escritos compilados en forma descuidada, como cuando se colocan las hojas de música pegadas a un atril. La nueva erudición está siendo dirigida a entender las metáforas que conforman la imaginación poética del Cantar de los Cantares de Salomón. En ningún otro libro se pueden disfrutar mejor los frutos de este estudio que en la obra de S. Craig Glickman: *A Song for Lovers*. Este es un libro excelente que usted puede usar en un estudio posterior del Cantar de los Cantares de Salomón.

Hace mucho tiempo, los "misterios" del Cantar de los Cantares se comparaban con una cerradura para la cual se había perdido la llave. Pero, como observa, Marvin H. Pope, profesor de Lenguas Semitas del Noroeste en la Universidad de Yale:

> La puerta para entender el Cantar no estaba trancada con llave, ni siquiera cerrada, sino que había estado ampliamente abierta para cualquiera que se atreviera a mirar y entrar. La barrera había sido una aversión sicológica a lo obvio, algo así como la ropa nueva del emperador. La dificultad estaba en que se atacaba a los intérpretes que se atrevían a reconocer el sentido simple del Cantar, porque se los consideraba como enemigos de la verdad y de la decencia . . . En décadas recientes ha habido una tendencia general y creciente a rechazar la alegoría y a admitir libremente que el canto se aplica al amor físico humano.[1]

Al considerar el Cantar, necesitamos tener en mente el concepto inspirado de los hebreos que escribieron el Antiguo Testamento. Para ellos no había una división real entre el amor de Dios, el amor al prójimo y el amor sensual que se manifiesta entre el esposo y su esposa. En cada uno de estos casos usaron la misma raíz: *ahavah*.

"Y amarás (*ahavah*) a Jehová tu Dios . . . " (Deuteronomio 6:5).

" . . . amarás (*ahavah*) a tu prójimo como a ti mismo . . . " (Levítico 19:18).

"¡Qué hermosa eres, y cuán suave, oh amor (*ahavah*) deleitoso!" (Cantar de los Cantares de Salomón 7:6).

El amor entre el esposo y su esposa se considera como un imperativo divino, como el cumplimiento de la voluntad de Dios. El Cantar de los Cantares de Salomón enseña al investigador de sus verdades que el amor romántico y sensual es el don de Dios y de la creación para el matrimonio; que él honra y bendice el verdadero amor romántico entre el esposo y su esposa. Por tanto, en el matrimonio, el amor se puede desarrollar para la gloria de Dios.

Precisamente, aquello que ofendió y dejó perplejos a los victorianos, como el doctor Bennett, es la característica que hace que el Cantar de los Cantares sea diferente de toda la demás poesía de aquella época. Este elemento es la ausencia total de la supremacía masculina y el papel de igualdad de la esposa en la aventura amorosa. Según la sabiduría del Espíritu Santo, el libro fue escrito desde el punto de vista de la mujer. Esto difiere dramáticamente de otros antiguos escritos orientales, según el profesor Chaim Rabin, de la Universidad Hebrea de Jerusalén. La esposa (la llamaremos la *sulamita*, la consorte de Salomón, es decir, la señora de Salomón) francamente expresa el amor que tiene a su esposo de manera que refleja la realidad de Génesis 3:16: "A la mujer dijo: Multiplicaré en gran manera los dolores en tus preñeces; con dolor darás a luz los hijos; *y tu deseo será para tu marido*, y él se enseñoreará de ti". (Las cursivas son mías.) Pero, como veremos, este deseo es satisfecho con igual intensidad por el esposo. Es como si el matrimonio correspondiera correctamente con el diseño de Dios. Aquella parte de la maldición que cayó sobre la humanidad retrocede mediante el libre intercambio del amor entre el esposo y la esposa.

Si la sulamita es el personaje central de la narración, el esposo (Salomón en los primeros años de su reinado) es, a través de los ojos de ella, el hombre fuerte, vital y atractivo que la encuentra a ella trabajando en las viñas, que la corteja, que gana el amor de ella, que la hace su reina, y hace que con el paso del tiempo, el amor de ella hacia él se profundice e intensifique.

Consideremos cómo amó este hombre a su esposa. ¿Cuáles fueron sus secretos? El esposo que trate de seguir las admoniciones del Nuevo Testamento en el desempeño de su papel, no puede hallar mejores principios ni ejemplos para la aplicación de Efesios 5 que los que ofrece Salomón en el Cantar de los Cantares.

Se nos dice que la sulamita era una casta muchacha criada en el campo. Sus medio hermanos le habían exigido que trabajara en las viñas, por lo cual la piel de ella estaba más bronceada en contraste con las damas elegantes y de piel blanca de la corte. Ella se sintió inferior, e indigna de ser la esposa de Salomón, pero él, inteligente y amorosamente edificó la imagen que ella tenía de sí misma. El logró esto por medio de la alabanza. Sensiblemente la alababa en aquellos aspectos en que ella se sentía más insegura. A viva voz y de manera específica, le expresaba que él apreciaba la apariencia de ella y su carácter amable, no con vagas generalidades. La comparaba con todas las demás mujeres tan favorablemente para ella que podía estar segura de que le agradaba a él como ninguna otra mujer. De hecho, le decía que en ella no había mancha . . . ante los ojos de él . . . *toda hermosa*. El no le decía esto sólo cuando estaban en privado o en la noche de la boda. Continuó alabándola siempre.

Esposo, su esposa necesita oír estas palabras de sus labios. Toda esposa necesita que el esposo la alabe por su belleza. ¡Esto es lo que la hace bella!

Pero hay más que aprender. El no sólo alababa a la sulamita; también se refrenaba por completo de criticarla. Nunca hubo una palabra de crítica, ni siquiera cuando ella tal vez la merecía. Sus palabras para ella fueron siempre positivas, y dieron como fruto una esposa amorosa que respondía.

Su amor y su aprobación no eran un asunto solamente privado. El rey mostraba en público su amor y respeto hacia su esposa. En la casa del banquete real, siempre demostró su amor. Dicho esto en términos semejantes, se hizo obvio para todos que la sulamita era la persona más importante del reino; que debía ser honrada, respetada y protegida en todo sentido. El la trataba como a una reina, y eso fue lo que ella llegó a ser en verdad. Al mismo tiempo, él la amaba tanto en privado que ella finalmente se entregó completamente a él, sin retener nada de su confianza, ni de sus pensamientos, ni de su amor.

Esposo, ¿cómo trata usted a su esposa en público? ¿Es cortés con ella? . . . ¿La ayuda cuando se va a sentar a la mesa? . . . ¿Le ayuda a ponerse el abrigo? Estas pequeñas cortesías dan honor a la esposa como vaso más frágil. Al fin y al cabo, su esposa no puede *ver* las actitudes mentales de usted hacia ella. Tiene que demostrarle, mediante acciones sencillas, su amor hacia ella, su solicitud, su protección y su interés por su bienestar. ¿Su amor es una bandera sobre ella cuando están presentes otras personas? ¿La mira con frecuencia? ¿Le responde sus miradas? ¿La oye? ¿Le hace sentir que ella es la persona más importante de *su reino*? Si quiere que su esposa sea una reina, trátela públicamente como una reina.

Por supuesto, el matrimonio que se nos presenta en el Cantar de los Cantares de Salomón tuvo problemas de ajuste, como todos los matrimonios. No es pecado, ni es raro, tener diferencias naturales con el cónyuge. La prueba de la madurez emocional y espiritual es la manera como usted resuelve estos problemas.

Tomemos un ejemplo del Cantar. La sulamita tenía dificultad para ajustarse al programa exigente de Salomón como jefe de estado. Una noche, cuando tal vez él había prometido regresar a casa temprano, no llegó hasta muy tarde. A esa hora, ella ya estaba disgustada. Por lo menos, estaba más preocupada por su propia comodidad y por su propio programa que en cuanto a amar a su esposo . Así que dijo que no estaba lista para verlo, y que no le abriría la puerta de su dormitorio.

Observemos ahora cómo manejó él la situación. En vez de formar una discusión por eso, tranquilamente se retiró durante unas pocas horas para dejarla pensar sobre el asunto. La dejó sola y así le dio tiempo para hacer frente a sus sentimientos negativos. Note usted, por favor, que él no la reprendió. En vez de eso, le dejó en la puerta una señal de su amor para ella: un regalo de raro perfume.

Como él no había reaccionado como un esposo airado, sino que se había portado amorosamente, la esposa comprendió que ella era la que estaba haciendo mal y que debía rectificar su acción. Tan pronto como él se retiró, ella comenzó a sentir anhelo por él y salió a buscarlo. Cuando volvieron a estar juntos, el esposo reafirmó a su esposa con tiernas palabras de amor. Repitió las que había pronunciado la noche de la boda. En otras palabras: "Siempre te he amado". Y envuelto en este amor quedo, estaba el perdón inmediato por el hecho de que ella lo había rechazado.

Ciertamente fue necesario que la sulamita aprendiera a ajustarse a la ocupación de su esposo. Lo mismo ocurre con todas las esposas. Las Escrituras del Nuevo Testamento dicen que la esposa debe adaptarse a su esposo. Aunque su esposo no sea un rey, la vocación de él debe ser tan importante para usted como si fuera un monarca. Esposa, debe mostrar un interés vital en el trabajo de su esposo, y no sólo en el dinero que gana. Usted debe respetar lo que su esposo haga para ganarse la vida y debe poder admirar la manera como lo hace.

Quiero que usted, esposa, considere cómo amó la sulamita a su esposo. Lo amó y se lo demostró mediante su respuesta. Había sido criada como una joven casta, y ahora se sentía libre para deleitarse en las caricias de su esposo; y de todo corazón respondió de manera exquisita al amor que él le hacía. Obviamente, ella pensaba mucho en su esposo. Ella siempre pensaba en él aun cuando no podían estar juntos por causa de los deberes de él. Ella respetaba su carácter varonil y, a menudo, expresaba ante otras personas la admiración que le tenía. Cuando él le hacía cumplidos, ella le respondía con sus propias expresiones adecuadas de alabanza y no le dejaba ninguna duda con respecto a sus sentimientos. Vibraba sólo con el toque de él, anhelaba sus abrazos; eso se lo hacía saber. Disfrutaba de su compañía y de los ratos que él planeaba para estar los dos juntos. Ella guardaba deleites para él, maneras tanto antiguas como nuevas de complacerlo.

Para ver cómo ella crecía en la seguridad del amor de él, podemos comparar tres declaraciones de ella. Cuando se enamoró por primera vez, dijo: "Mi amado es mío, y yo suya . . ." (Cantar de los Cantares 2:16). El hecho de que ella lo poseía predominaba en su mente. Pero posteriormente en su relación, ella dijo: "Yo soy de mi amado, y mi amado es mío" (6:3). ¡Notemos que aquí ella invirtió el orden! Ahora era más importante para ella el hecho de que él la poseía. Finalmente, en la plenitud de su amor, dice: "Yo soy de mi amado, y conmigo tiene su contentamiento" (7:10). Para este momento, ella estaba tan concentrada en él que se olvidó de la idea de poseerlo. Se había perdido en la grandeza del amor de él, y se gloriaba sólo en el anhelo que él tenía de ella. Es aquí donde vemos la aparente reversión de la situación que se pronunció en Génesis 3:16, pues la palabra de la lengua original hebrea que se tradujo "contentamiento" en la declaración: "Y conmigo tiene su contentamiento", es la misma que se usó en Génesis 3:16 para describir el fuerte deseo que la mujer tiene de su esposo, el cual frecuentemente no le es recompensado. Es una palabra que sólo se usa tres veces en toda la Biblia. Ahora, ¡este deseo ha llegado a ser mutuo!

Esposos, quiero que ustedes consideren especialmente esta petición que Salomón le hizo a la sulamita. El dijo: "Muéstrame tu rostro, hazme oír tu voz; porque dulce es la voz tuya, y hermoso tu aspecto" (2:14).

Esto es lo que dice un hombre a quien le encantaba mirar los ojos de su esposa, y hablarle y oír lo que ella decía. ¡No es extraño que ella llegara a estar tan completamente segura de su amor! Como resultado de esta franqueza y comunicación entre ellos, su relación pudo crecer y madurar hasta que se volvió polifacética, de tal modo que expresó todos los aspectos del amor que hemos estudiado en este libro. El era su hermano, su amante, su maestro, su amigo, su compañero, su esposo; ella igualmente era todo para él. La conversación de ellos, la manera de hacerse el amor, el regocijo de estar juntos llegaron a ser aun más profundos y ricos en calidad.

Es interesante que hacia el fin del Cantar, las últimas palabras del esposo fueron éstas: " . . . tu voz; házmela oír" (8:13). Estas palabras fueron como las que él le había susurrado cuando se estaban cortejando. Luego, él la había comparado con una paloma que se le escondía, cuya voz él quería oír para llegar a conocer a la persona más íntima que estaba en el corazón de ella. Ahora, al fin, aún anhelaba con la misma intensidad crecer en el conocimiento de su fascinante esposa. Y la esposa repitió su anhelo de hacer el amor con él. ¡El romance del matrimonio de ellos sólo ha crecido con el paso de los años! Al mismo tiempo, su vida de amor físico había mejorado cada vez más, y había nutrido su relación total.

Sin duda alguna, la experiencia de ellos capacitó a Salomón para escribir de una manera tan sentimental lo siguiente: "Y alégrate con la mujer de tu juventud, como cierva amada y graciosa gacela. Sus caricias te satisfagan en todo tiempo . . ." (Proverbios 5:18, 19).

Al concluir este capítulo, puede leer directamente todo el Cantar de los Cantares de Salomón, y por sí mismo verá cómo desarrolló esta pareja su amor mutuo. Notará que las caricias físicas fueron un aspecto importante en su relación, pero que todas las facetas del amor destellaban en su relación matrimonial, como los múltiples reflejos de un diamante perfectamente cortado.

Luego, le aconsejo que estudie el Cantar de los Cantares de Salomón en varias versiones modernas de la Biblia. Use como guía la Versión Reina-Valera, revisión de 1960. Note siempre la delicadeza del lenguaje de amor que utilizó esta pareja, y recuerde que ellos escogieron ciertas metáforas para expresar los más profundos sentimientos de la manera más vívida y memorable.

Es importante que comparta el Cantar de los Cantares con su cónyuge, para que los dos estén enterados de la verdad de que la relación amorosa que experimentan es parte de su adoración a Dios.

En el Cantar se presenta un punto culminante en el capítulo 4, donde aparece la noche de las bodas, después de la marcha nupcial que se halla en el capítulo 3. El primer versículo del capítulo 5 contiene las alegres palabras del esposo después de hacerse el amor: "Yo vine a mi huerto, oh hermana, esposa mía; he recogido mi mirra y mis aromas; he comido mi panal y mi miel, mi vino y mi leche he bebido". El joven esposo está describiendo el amor de ellos como un bello jardín y como una maravillosa fiesta que él ha celebrado.

Luego habla otra voz, una voz misteriosa. ¿Quién pudiera ser? ¿Los invitados a las bodas? ¿En la noche de la boda? ¡Difícilmente! El único que hubiera podido estar con la pareja en el momento más íntimo sería el mismo Dios, el Creador, quien había preparado a esta pareja para la noche que él había diseñado. Dios es el que aprueba y afirma el amor que se comparte físicamente la noche de las bodas. Glickman explica: "El se complace en lo que ha ocurrido. Se alegra de que ellos se hayan embriagado profundamente en la fuente del amor. Dos de los suyos han experimentado el amor con toda la belleza, el fervor y la pureza que él destinó para ellos".

Las palabras de Dios son éstas: "Comed, amigos; bebed en abundancia, oh amados" (Cantar de los Cantares 5:1b). En otras palabras: ¡Continuad disfrutando de la fiesta de amor que os he preparado!

Cuando estudiamos el Cantar de los Cantares de Salomón, comenzamos a comprender cuán afortunados somos de tener este ejemplo inspirador para nuestra propia vida de amor. Ahora, permita usted que este canto bendiga su matrimonio de aquí en adelante. Una buena manera de comenzar sería leyendo la siguiente paráfrasis del Cantar de los Cantares en alta voz. Para ello, deben estar *juntos*, preferiblemente sentados y cerca el uno del otro.

El más bello canto de amor que se haya escrito jamás

Los primeros días de la sulamita en el palacio (1:2-11)

Soliloquio de la sulamita, la prometida del rey
  ¡Cómo deseo que él derramara sobre mí una lluvia de besos, porque sus besos exquisitos son más deseables que el vino más fino! La dulce fragancia de su loción me trae el encanto de la primavera. Sin embargo, la rica fragancia de su corazón es lo que despierta mi amor y respeto. Sí, es tu carácter lo que te atrae la admiración de todas las damas de la corte. ¡Cómo desearía que tú vinieras y me llevaras contigo a correr y reír por los campos de este reino! (Como ustedes ven, el rey me ha introducido en el palacio del reino.)
Las damas de la corte al rey
  Siempre estaremos agradecidas y felices a causa de ti, oh rey. Porque nos encanta hablar acerca de la inspiradora belleza de tu amor.
Soliloquio de la sulamita
  Tienen razón de amar a una persona como tú, mi rey.
La sulamita a las damas de la corte
  Comprendo que no exhibo la bella y delicada piel de una que se haya criado en la comodidad de un palacio. El sol me ha bronceado; en realidad soy tan morena como las tiendas de los humildes nómadas del desierto junto a los cuales yo solía trabajar. Pero ahora pudiera decir que soy tan morena como las lujosas cortinas del palacio del rey. Sin embargo, la hermosura que tengo no es como para que la mirada del sol haga que él incline su cabeza avergonzado. Y si la mirada del sol no pudo avergonzarme, sabed, por favor, que tampoco me avergonzará vuestra mirada de desprecio. No pude evitar que mis medio hermanos se airaran contra mí y me hicieran trabajar en la viña que habían

tomado del rey en arrendamiento. Para mí fue imposible cuidar la viña y a la vez mi propia apariencia.

La sulamita al rey

Por favor, dime, tú a quien amo profundamente, a dónde llevas tu rebaño real para que descanse por la tarde. No quiero buscarte de manera errante, vagando como una mujer de la calle.

Las damas de la corte a la sulamita

Si tú no lo sabes, oh, la más hermosa entre las mujeres, ¿por qué simplemente no sigues las huellas de los rebaños, y apacientas tus ovejas detrás de las cabañas de los pastores?

El rey a la sulamita

Tu presencia me cautiva la atención. ¡Y cuán perfectamente adornan tus joyas y el collar tu bella cara!

Las damas de la corte a la sulamita

Haremos collares aún más elegantes de oro y de plata para adornarla.

En una habitación del palacio (1:12-14)

Soliloquio de la sulamita

Mientras el rey estaba sentado a la mesa, comiendo, mi perfume me refrescó con su suave fragancia. Porque mi rey es la fragancia y mis pensamientos acerca de él son como una bolsita de perfume colgada de mi cuello, sobre mi corazón, que me refresca continuamente. ¡Cuán querido eres para mí, tan querido como las delicadas flores de alheña del oasis de En-gadi! ¡Qué gozo el que hallé en aquel oasis!

En el ambiente del campo (1:15-2:7)

El rey a la sulamita

Tú eres bella, amor mío. ¡Qué bella! Tus ojos son suaves como palomas.

La sulamita al rey

Y tú, eres hermoso, amor mío, y tan agradable. Es muy maravilloso andar juntos en contacto con la naturaleza. Aquí la fresca hierba es un suave sofá para descansar, recobrar nuestro aliento, y mirar las vigas y los maderos de nuestra casa: los altos cedros y cipreses que están alrededor. Aquí recostada me siento como una rosa del valle de Sarón, como la flor más bella del valle.

El rey a la sulamita

¿Sólo como la flor más bella del valle? No, amor mío. Para mí eres como una flor entre los espinos, al compararte con cualquier otra mujer del mundo.

La sulamita al rey
Y tú, mi precioso rey, eres como un manzano fructífero entre los árboles que no dan fruto del bosque, al compararte con todos los hombres del mundo.

Soliloquio de la sulamita
Ya no trabajo bajo el calor del sol. Encuentro descanso a la sombra de este manzano. El nutrimento de su fruto se convierte en la salud radiante que sólo trae el amor. Y él me ama muchísimo. Aun cuando me lleva a los grandes banquetes reales, a los cuales asisten las personas más influyentes del reino y del exterior, nunca se manifiesta tan preocupado por ellos como para que su amor y su solicitud hacia mí no sean tan claros como un estandarte real colocado por encima de mi cabeza.

¡Cuán amado me es él! La deleitosa paz que tengo en su amor me hace sentir tan débil a causa del gozo, que tengo que descansar en sus brazos para obtener fortaleza. Sin embargo, tal fortaleza amorosa me hace más gozosa y más débil aún. ¡Cuánto quisiera que él se acostara junto a mí y me abrazara! Pero qué importante es que prometa, con las gacelas y los venados de testigos, que no intentaré despertar el amor, hasta que el mismo amor se complazca en despertarse.

En camino hacia el campo (2:8-17)

Soliloquio de la sulamita
Oigo a mi amado. ¡Miradlo! Ahí viene a visitarme. Y viene saltando como un venadillo sobre los montes, brincando sobre las colinas. Ahí está, parado a la puerta, tratando de mirar a través de la ventana y de atisbar a través de las celosías. Al fin habla.

El rey a la sulamita
Ven, querida mía, hermosa mía, ven conmigo. Porque, mira, el invierno ha terminado. La lluvia se ha ido. Las flores han aparecido en la tierra. Ha llegado el tiempo de cantar, y en la tierra se ha oído la voz de la tórtola. Se han madurado los higos en la higuera, y las flores de las viñas han dado su fragancia. Vamos, amada mía, hermosa mía; ven conmigo, oh mi preciosa y dulce paloma. Eres como una paloma en los riscos de la peña, en los parajes escarpados de los senderos montañosos. Ahora, sal de tu escondite y permíteme verte. Permíteme oír el arrullo de tu voz. Porque tu voz es dulce y tú eres graciosamente bella como una paloma en vuelo cuya silueta se dibuja en un suave cielo azul. Amor mío, lo que los dos tenemos es un valioso tesoro; es como un jardín con las más bellas flores del mundo. Prometámonos mutuamente cazar cualesquiera zorras que pudieran arruinar nuestro jardín ahora cuando al fin nos ha florecido.

Soliloquio de la sulamita
Mi amado es mío y yo soy de él, de este tierno rey que apacienta su rebaño entre los lirios.

La sulamita al rey
¡Cuánto anhelo el tiempo en que mi amado rey sea un cervatillo sobre las colinas de mis pechos durante toda la noche, hasta que apunte el día y huyan del sol las sombras de la mañana!

La sulamita espera a su prometido (3:1-5)

Soliloquio de la sulamita
¡Cuánta falta me hace aquel a quien amo profundamente! No podría esperar para verlo. Pensé: "Tengo que levantarme y buscarlo. Me levantaré ahora y lo buscaré por las calles y las esquinas de la ciudad. Ciertamente podré encontrar al que amo tanto". Pero no lo encontré. Cuando los guardias de la ciudad me vieron, inmediatamente les pregunté si ellos habían visto al que yo amo tan profundamente. Pero no lo habían visto. Sin embargo, tan pronto como pasé de ellos, hallé a mi amado. Lo agarré y no lo dejé hasta que lo introduje en mi hogar. Y aún me mantengo asida, hasta que mis terribles ansiedades me abandonen y yo me vuelva a sentir tranquila. ¡Qué difícil es ser paciente! Damas de la corte, tenemos que prometernos, por las gacelas y por las ciervas del campo no despertar el amor hasta que se complazca en despertar.

El día de la boda (3:6-11)

Poeta
¿Qué puede ser esto que viene de las afueras de la ciudad como columnas de humo, como nubes perfumadas de mirra e incienso, como nubes de polvos aromáticas de mercader? ¡Mirad! Es el desfile real que sigue a Salomón quien es transportado en su espléndida litera por sus hombres más valientes. ¡Y mirad los soldados que la rodean! Esa es la guardia imperial, los 60 hombres más fuertes de todo el reino. Cada uno de ellos es experto con su arma y valiente en la batalla. Sin embargo, ahora, cada uno tiene la espada en su muslo para proteger al rey y a su prometida. Mirad la lujosa litera en que es llevado Salomón. La mandó a hacer especialmente para este día. Hizo su estructura de la mejor madera del Líbano. Sus columnas son de plata, su respaldo de oro y su asiento de púrpura real. ¿Y veis su delicada obra de arte? Eso refleja la capacidad de las doncellas de la corte quienes hicieron su mejor obra por amor al rey y a su prometida. Salgamos todos y veamos al rey Salomón con su elegante corona

de bodas. Salgamos y veámoslo el día de más gozo de su vida.

La noche de las bodas (4:1-5:1)

El rey a la sulamita

Tú eres muy bella, amor mío. ¡Qué bella! Detrás de tu velo nupcial, tus suaves ojos tan tiernos como palomas. Tu cabello es tan cautivador como el rebaño que desciende de la montaña al llegar el ocaso. Tu plena y bella sonrisa es tan alegre y chispeante como pares de corderos que suben del lavadero. Y sólo una hebra de escarlata hubiera podido dibujar tus labios en forma tan perfecta. Tus mejillas se sonrojan con el matiz rojo de la granada. Sin embargo, andas con dignidad y te pones de pie con el vigor de una fortaleza. Tu collar brilla como los escudos de la torre de la fortaleza. Pero tus pechos son tan suaves y dulces como cervatillos que pastan entre los lirios. Y ahora al fin, durante toda la noche, hasta que apunte el día y las sombras de la mañana huyan del sol, seré una gacela sobre las colinas de tus perfumados pechos. Tú eres completa y perfectamente bella, amor mío, y sin mancha en todos los sentidos. Ahora, trae tus pensamientos completamente hacia mí, amor mío. Deja tus temores en los montes lejanos y reposa en la seguridad de mis brazos.

Tú me excitas, querida esposa; tú me excitas con sólo una mirada de tus ojos, con sólo una hebra de tu collar. ¡Qué maravillosas son tus caricias, amada esposa mía! Tu amor intoxica más dulcemente que el vino más fino. Y la fragancia de tu perfume es mejor que las especias más aromáticas. La riqueza de la miel y de la leche está debajo de tu lengua, amor mío. Y la fragancia de tus vestidos es como la fragancia de los bosques del Líbano.

Tú eres un bello huerto plantado sólo para mí, amada esposa mía. Sí, como un jardín conservado sólo para mí, como una fuente fresca sellada sólo para mí. Tu jardín es abundante en bellas y delicadas flores de todos los aromas y colores. Es un paraíso de granadas con deliciosos frutos, con flores de alheña y de nardo, azafrán, caña aromática y canela, con árboles de incienso, mirra y áloes, y todas las más escogidas especias aromáticas. Y tú eres pura como agua fresca; sin embargo, más que una fuente. Eres un manantial para muchos huertos, un pozo de aguas vivas. No, aún más, tú eres como los frescos manantiales que fluyen desde el Líbano y dan vida a todo el campo.

La sulamita al rey

Levántate, oh viento del norte, y ven, viento del sur. Soplad sobre mi huerto y llevad sus fragantes especias a mi amado. Que él siga a las encantadoras especias hasta mi huerto y coma y disfrute de su delicioso fruto.

El rey a la sulamita
Me he regocijado en la riqueza de tu huerto, amada esposa mía. Me he intoxicado con la fragancia de tu mirra y tu perfume. He gustado la dulzura de tu amor que es como la miel. He disfrutado de la dulzura de tu amor que es como un exquisito vino y de la frescura de tu amor que es como la frescura de la leche.

El poeta a la pareja
Regocijaos haciéndoos el amor como os regocijaríais en una gran fiesta, oh amantes. Comed y bebed en esta fiesta en abundancia. Bebed más y más hasta embriagaros mutuamente de amor.

Surge un problema (5:2-6:3)

Soliloquio de la sulamita
Yo estaba medio dormida cuando oí el sonido de mi amado esposo que tocaba suavemente a la puerta de nuestra recámara en el palacio. El susurraba suavemente: "Acabo de regresar del campo, amor mío, amada mía, mi esposa perfecta". Mi única respuesta fue un refunfuño: "Ya me acosté, amado mío". Al fin y al cabo, ya me había preparado para dormir. Me había lavado la cara y me había puesto la bata de dormir.

Pero entonces mi amado abrió suavemente la puerta y fue entonces cuando comprendí que en realidad yo quería verlo. Había vacilado, sin embargo, demasiado. Cuando me levanté a abrir la puerta, él ya se había ido, y sólo me había dejado un regalo de mi perfume favorito como recuerdo de su amor hacia mí. En lo profundo de mi corazón se volvió a despertar mi amor hacia él. Sólo habían sido la fatiga y las distracciones del día las que me habían producido una respuesta vacilante. Decidí hacer el esfuerzo de buscarlo. Me vestí, salí del palacio y comencé a llamarlo.

Pero las cosas marcharon de mal en peor. Los guardias de la ciudad me tomaron como un criminal secreto que se escapaba de noche. Me arrestaron con su acostumbrado estilo duro. Luego, al quitarme a tirones el manto de la cabeza le vieron la cara a su nuevo sospechoso. ¡Qué gran fuerza de policía tenemos!

Oh vosotras, damas de la corte, si veis a mi amado rey, decidle, por favor, que lo amo profundamente y que estoy enferma de amor por él.

Las damas de la corte a la sulamita
¿Qué es lo que hace que tu esposo sea mejor que cualquier otro, oh, la más hermosa de las mujeres? ¿Qué es lo que hace que él sea tan grande que tú nos pides esto tan fervientemente?

La sulamita a las damas de la corte
Mi amado esposo es sorprendentemente hermoso, se distingue

como el primero entre diez mil hombres. Cuando yo lo miro, veo que su cara tiene un color más ricamente dorado que el del mismo oro. Su cabello es negro como las plumas de un cuervo y tan bello como las hojas de la palma sobre la majestuosa palmera. Cuando le miro a los ojos, son tan dulces como palomas que descansan junto a los arroyos de las aguas. Son tan puros y claros como la salud puede dárselos.

Cuando él coloca sus mejillas junto a las mías, son tan fragantes como un jardín de flores aromáticas. Sus suaves labios son tan dulces como el aroma de los lirios que destilan néctar. ¡Y cuán tiernos son sus dedos, como terciopelo de oro, cuando me tocan! El es un símbolo de la fortaleza y de la vitalidad. Su estómago es tan firme como un plato de marfil cubierto de zafiros. Y sus piernas son tan fuertes y elegantes como columnas de alabastro basadas sobre pedestales de oro fino. Su apariencia es como el majestuoso monte Líbano, con sus prominentes cedros altísimos.

Pero aún más, las palabras de su corazón están llenas de encanto y de deleite. El es completamente maravilloso en todos los sentidos. Este es a quien yo amo profundamente, y éste es mi amigo más íntimo, oh doncellas de la corte del palacio.

Las damas de la corte a la sulamita
¿A dónde ha ido tu amado, entonces, oh la más hermosa entre las mujeres? ¿A dónde se ha ido? Te ayudaremos a buscarlo.

La sulamita a las damas de la corte
¡Ah! Lo conozco bastante bien para saber a dónde se ha ido. A él le gusta meditar mientras anda por el huerto y apacienta su pequeño rebaño entre los lirios. Lo conozco, porque pertenezco a él y él me pertenece. Este dulce pastor apacienta su rebaño entre los lirios.

Solución del problema (6:4-13)

El rey a la sulamita
Amada mía, ¿sabías tú que eres tan bella como la ciudad de Tirsa que fulgura sobre el horizonte de la noche? No, más que eso, eres tan bella como la hermosa ciudad de Jerusalén. Tu belleza es tan cautivadora como numerosos guerreros en marcha. (No, no me mires así ahora, amor mío, tengo más que decirte.)

¿Recuerdas lo que te dije el día de nuestra boda? Aún es cierto. Tu cabello es tan cautivador como el rebaño que desciende de la montaña al llegar el ocaso. Tu bella sonrisa es tan alegre y chispeante como pares de corderos que suben del lavadero. Y tus mejillas aún se sonrojan con el matiz rojo de la granada.

Soliloquio del rey

El palacio está lleno de sus damas aristócratas y con las deslumbrantes concubinas de los nobles de la corte. Pero mi bella esposa, mi paloma, mi perfecta, es única entre todas ellas. Estas damas y concubinas también lo comprenden. Ellas también tienen que alabarla. Cuando nos acercamos a ellas en mi carroza, al fin comprendieron que otra vez estábamos juntos.

Damas de la corte unas a otras

¿Quién es ésta que está en el horizonte como el alba, tan hermosa como la luna, tan esclarecida y brillante como el sol, y tan majestuosa como numerosos guerreros en marcha?

Soliloquio de la sulamita en la carroza

Descendí al huerto donde yo sabía que estaría mi rey. Quería ver si las flores y los frutos frescos de la primavera habían brotado. Quería saber si nuestra reunión produciría un nuevo tiempo de amor primaveral para mi esposo y para mí. Antes de caer en cuenta, ya estábamos de nuevo juntos y en la carroza pasamos por la corte del palacio. Aún oigo a las que me llamaban: "Vuelve, vuelve, oh sulamita; vuelve para que veamos a la amada esposa del rey".

El rey a la sulamita

¡Cómo les encanta contemplar la gracia incomparable y la belleza de una reina!

En el dormitorio real (7:1-10)

El rey a la sulamita

¡Cuán delicados son tus pies en las sandalias, mi real hija de príncipe! Las curvas de tus muslos son tan suaves y graciosas como las curvas de joyas elegantes, perfectamente formadas por las manos hábiles de un artista maestro. Tu estómago es tan deleitoso como una fiesta de vino y pan; tu ombligo como la copa del vino, y tu estómago como el suave pan caliente. Tus pechos son tan suaves y dulces como gacelas que pastan entre lirios, como gemelos de gacela, y tu cuello al tocarlo es tan suave como marfil. Tus ojos son tan apacibles como los estanques de agua del valle de Hesbón, cerca de la puerta de la populosa ciudad.

Sin embargo, ¡cuán fuerte es tu andar con sabiduría y discreción! Eres en realidad tan majestuosamente bella como el monte Carmelo. Tu cabello largo y suelto es tan fresco y suave como las hebras de seda que tengo alrededor de mi cuello; sin embargo, es suficientemente fuerte para atarme como tu cautivo para siempre. ¡Cuán bella y deleitosa eres, amada mía, y cuán especialmente deleitoso es tu amor! Eres tan graciosa y esplendorosa como una palmera cuya silueta se dibuja en el cielo. Sí, una palmera, y tus pechos son su delicioso fruto.

Subiré a mi preciosa palmera y tomaré su dulce fruto suavemente en mi mano. Oh preciosa mía, deja que tus pechos sean como el dulce fruto a mi paladar. Y ahora, déjame besarte y aspirar la fragancia de tu aliento. Déjame besarte y gustar una dulzura mejor que el vino.

La sulamita al rey
Y saborea cada gota, amado mío, y que su dulzura permanezca largo tiempo en tus labios, y que cada gota de su vino produzca un apacible sueño.

Soliloquio de la sulamita
Yo pertenezco a mi amado esposo, y él me ama desde lo profundo de su alma.

En el ambiente del campo (7:11-8:14)

La sulamita al rey
Las flores de la primavera han perfumado el color pastel del campo y encantado los corazones de todos los amantes. Ven, mi precioso amante; todo fruto delicioso de la primavera es nuestro y podemos tomarlo. Regresemos a nuestra cabaña primaveral de los altos cedros y cipreses, donde la verde hierba afelpada es una interminable alfombra y los huertos son sus anaqueles donde se guarda el delicioso fruto. He preparado una cesta llena para ti, amor mío, para dártelos en una suntuosa cesta de amor debajo del cielo.

¡Cuánto me gustaría salir a jugar contigo, y en son de juego besarte cada vez que quisiera! Pero, luego, también pudiera tomarte de la mano y llevarte adentro, y tú podrías enseñarme y compartir conmigo tu profundo entendimiento de la vida. Luego, ¡cuánto deseo que tú te acostaras junto a mí y me amaras!

La sulamita a las damas de la corte
Les aconsejo que no traten de despertar al amor hasta que él se complazca en despertar. ¡Qué maravilloso es cuando florece en el tiempo oportuno!

La sulamita al rey
¿Recuerdas dónde comenzó nuestro amor? Bajo el árbol legendario del amor, por supuesto, donde todo amor comienza y crece, y luego da a luz un nuevo hijo; sin embargo, no sin dolores de parto. Tampoco nuestro amor comenzó sin el dolor, sin el fructífero dolor del alumbramiento. Oh, mi querido amante, hazme tu posesión más preciosa; asegurada firmemente en tus brazos, sos-

ténme cerca de tu corazón. El verdadero amor es tan fuerte e irreversible como la progresiva marcha de la muerte. El verdadero amor nunca deja de ser solícito, y no podría abandonar al ser amado, así como la tumba no puede entregar los muertos.

Los fuegos del verdadero amor no pueden extinguirse nunca, pues la fuente de su llama es el mismo Dios. Aun si un río de rápidas aguas pasara sobre él, la llama seguiría resplandeciendo. De todos los dones del mundo, este inapreciable amor es el más precioso, y sólo lo poseen aquellos a quienes se da gratuitamente. Porque ningún hombre podría comprarlo con dinero, ni siquiera el hombre más rico del mundo.

El rey a la sulamita

¿Recuerdas cómo se nos dio?

La sulamita al rey

Amor mío, yo creo verdaderamente que me estaba preparando para esto mucho tiempo antes que soñara con el romance. Recuerdo que oí a mis hermanos hablando una noche. Eso fue poco después de la muerte de mi padre, y ellos estaban preocupados por criarme adecuadamente, por prepararme para el distante día del matrimonio. Ellos parecían como un cuarto lleno de padres que discutían lo que debían hacer con su única hija. Finalmente, resolvieron simplemente castigarme y restringirme si yo iniciaba una vida promiscua, pero recompensarme si me conservaba casta. Cuán agradecida estoy de que les facilité a ellos esa tarea. Yo pude decidir, aun cuando era muy joven, conservarme casta para el hombre más amado de mi vida.

Y luego llegaste tú. En ti hallé todo lo que alguna vez deseé. Allí estaba yo, trabajando diariamente en la viña que mis medio hermanos habían tomado de ti en arrendamiento. Y "por casualidad" tú pasaste cerca de mí y me viste. Así fue como comenzó nuestro amor.

Recuerdo que cuando yo trabajaba en esa viña, mil monedas de plata eran para ti, y doscientas para los que cuidaban el fruto. Ahora, yo soy tu viña, amado mío, y con alegría te entrego todas las mil monedas que valgo; me entrego completamente, sin retener nada de mi confianza, ni de mis pensamientos, ni de mi solicitud, ni de mi amor. Pero, mi amado rey, no olvidemos que doscientas monedas corresponden a los que cuidaron para ti el fruto de mi viña. ¡Cuán agradecidos tenemos que estar a mi familia que me ayudó a prepararme para ti!

El rey a la sulamita

Amada mía, cuyo hogar es el huerto fragante, todos oyen el sonido de tu voz, pero permite que yo solo la oiga ahora.

La sulamita al rey

Apresúrate, entonces, amado mío. Y sé otra vez como una gacela o como un cervatillo sobre las colinas de mis perfumados pechos.*

Tomado de *A Song for Lovers*, por S. Craig Glickman. © 1976 by Inter-Varsity Christian Fellowship of the USA. Usado con permiso de Inter-Varsity Press.

13

Receta para una vida matrimonial espléndida

Si usted ha leído y absorbido los principios de la vida de amor que hemos estudiado hasta este momento, está en condiciones de recibir mi receta para una espléndida vida matrimonial.

La receta involucra un curso práctico de acción para el esposo y la esposa que no es complicado pero es eficaz. Usted podrá recordarla porque consta solamente de cuatro pasos: (1) bendecir, (2) edificar, (3) compartir, (4) el toque físico. Estos no son pasos que hay que dar uno por uno, sino cuatro medidas que hay que poner en práctica simultánea y constantemente. Si fuere necesario, las puede llevar a la práctica un solo cónyuge. En muchos casos, alguno de los dos tendrá que realizar el primer movimiento sin ninguna promesa de cooperación de parte del otro. Así que, si quiere el mejor matrimonio posible con el cónyuge que escogió, dé a su cónyuge lo mejor.

1) Bendecir

Tal vez nunca pensó en que bendecir es un elemento práctico para hacerlo parte del matrimonio. El principio de bendecir es bíblico; al cristiano se le ordena que lo ponga en práctica, muy particularmente en respuesta al disgusto o a la provocación. El aprender esta importante técnica de respuesta es algo que lo ayudará a superar los momentos difíciles que se presentan en cualquier matrimonio y lo sacará con paz de las turbulentas aguas de su relación.

La práctica de bendecir pone fin al lanzamiento de palabras agudas que empañan tantas aventuras amorosas; y eso es sólo el comienzo de sus beneficios.

La palabra *bendición* en el Nuevo Testamento es traducción del término griego *eulogia*, que se compone de dos palabras: *eu*, que significa "bien", y *logos*, que significa "palabra". El primer modo de bendecir a su cónyuge consiste en hablar bien de él o de ella, y responder con buenas palabras aunque el lenguaje del cónyuge sea duro, crítico o insultante. El Señor Jesús nos dio un ejemplo, y se nos aconseja que debemos seguirlo: " . . . cuando le maldecían, no respondía con maldición; cuando padecía, no amenazaba, sino encomendaba la causa al que juzga justamente" (1 Pedro 2:23). "Asimismo" dicen las Escrituras que debe vivir el esposo con su esposa. La esposa que se describe en Proverbios 31 recibe alabanza porque abre su boca con sabiduría y la ley de la clemencia está en su lengua. Santiago nos advierte con respecto a la inconsecuencia de que de nuestra boca salga a la vez bendición y maldición, como si fuera una fuente que derrama una mezcla de agua dulce y amarga. Pedro nos dice que si amamos la vida y queremos ver "días buenos" debemos refrenar la lengua de hablar mal en cualquier forma.

Digamos esto en términos sumamente prácticos: Usted tiene la facultad de bendecir su relación conyugal con las palabras que le habla a su cónyuge. También puede bendecirlo aprendiendo cuándo debe guardar silencio.

Con respecto al bendecir, hay otros tres aspectos que se hallan en la Escritura. Bendecimos otorgando beneficios prácticos; simplemente al hacer buenas cosas para otra persona. ¿Cuándo fue la última vez que hizo algo bondadoso para su cónyuge, sólo por complacerlo, no como un deber, sino como un don de bendición? Esto lo debiera hacer diariamente en su matrimonio.

También bendecimos mostrando agradecimiento y aprecio. Cualquier cosa que usted pueda apreciar en su cónyuge, hágaselo saber verbalmente. Exprese las gracias a su cónyuge y también a Dios.

Finalmente, bendecimos al pedir el favor de Dios en oración. ¿Cuánto ora por su cónyuge? ¿En qué se basa esa oración? ¿Ora para que la vida le sea más fácil a usted? ¿O le pide a Dios que le conceda el bien y la bendición a su cónyuge?

En resumen, usted bendice a su cónyuge y a su matrimonio de cuatro maneras: (1) con las palabras buenas y amorosas que le exprese; (2) por medio de su conducta práctica, que muestre una bondad amorosa en acciones grandes o pequeñas; (3) comunicando su actitud de agradecimiento y aprecio; (4) presentándolo a Dios en oración.

La bendición en su plenitud obrará maravillas cuando se aplique a su relación matrimonial. No importa cómo lo trate su cónyuge, la respuesta debe ser la bendición. La Escritura nos dice que el Señor protege y honra al esposo o a la esposa que aplica los principios bíblicos todo el tiempo. Se nos han prometido días buenos como resultado de la bendición. El Señor ha prometido protegerlo y oír sus oraciones. Y cuando usted bendice se aparta del camino a fin de que el Señor tenga vía libre para obrar en la vida del que pudiera estar portándose mal.

Si todo esto ayuda a un matrimonio atribulado, ¡piense en cómo puede ser fortalecido un matrimonio bueno cuando dos personas comienzan a bendecirse mutuamente!

2) Edificar

Edificar es un término bíblico que se usa, a menudo, en el Nuevo Testamento y se refiere al crecimiento de los individuos. Aunque los cristianos pueden ser edificados espiritualmente por medio de la predicación, no recomiendo este medio de edificación para su cónyuge. Una vez le sugerí a una esposa que comenzara a edificar a su esposo, y ella me dijo asombrada: "¿Quiere decirme que debo *predicarle?*"

Rápidamente le aseguré que la predicación no era lo que yo tenía en mente; que al referirme a edificar, quería decir que ella debía desarrollar todos los aspectos de la personalidad en su esposo, animándolo en todo aspecto de la vida, y aumentando el sentido que él tuviera de su propio valor; que como resultado de eso, la capacidad de él para amar y entregarse también aumentaría.

Elizabeth Barrett Browning expresó este principio de la edificación en unas pocas y sucintas palabras, cuando le escribió al hombre con el cual se casaría: "Haz tu amor más grande para que aumente mi valor". Cuando hablamos de edificar, nos referimos a un amor expandido que se expresa en formas positivas y que aumenta la estima personal que de sí tenga el ser amado. Como usted ve, éste es un gran don que puede darle a su cónyuge.

Podemos apreciar las connotaciones sicológicas de la edificación considerando el significado etimológico de la palabra. Nuestra palabra *edificar* viene del latín *aedes*, que originalmente significó un fogón o chimenea. La chimenea tiene asociaciones emocionales para la mayoría de las personas, pues representa un calor acogedor, una unión amorosa y, tal vez, una tranquilidad especial. En los tiempos antiguos, el fogón era el centro de actividad, el único lugar de calor y luz en el hogar, y el lugar donde diariamente se preparaba el pan. Ciertamente, era un lugar al cual las personas se acercaban para reunirse, y allí eran confortadas y sostenidas en medio de la dureza de las realidades de la vida.

En el matrimonio de hoy, el proceso de edificación tiene un lugar de importancia similar en el sentido emocional. Al estudiar las páginas del Nuevo Testamento que hablan acerca de la edificación, hallamos tres hebras doradas entretejidas: la animación personal, el fortalecimiento interno, y el establecimiento de la paz y la armonía entre los individuos. Por ejemplo:

"Así que, sigamos lo que contribuye a la paz y a la mutua edificación" (Romanos 14:19).

"Cada uno de nosotros agrade a su prójimo en lo que es bueno, para edificación" (Romanos 15:2).

"Por lo cual, animaos unos a otros, y edificaos unos a otros, así como lo hacéis" (1 Tesalonicenses 5:11).

Todo esto se resume en 1 Corintios 8:1: " . . . el amor edifica".

¿Pero cómo ayuda a edificar a su cónyuge? Un cuidadoso estudio de los principios del Nuevo Testamento y el ejemplo del Cantar de los Cantares de Salomón indican que los esposos y sus esposas tienen sus maneras propias de edificarse. En pocas palabras, el esposo edifica a su esposa alabándola. La esposa edifica al esposo respondiéndole amorosamente.

Al esposo se le ordena en Efesios 5 que sustente y cuide a su esposa. Esto se cumple por lo menos parcialmente al expresar la alabanza y el estímulo en forma verbal. El sentido que la mujer tenga de su propia belleza depende grandemente de lo que su esposo piense de ella. Ella necesita ser sustentada emocionalmente con alabanza, y no disminuida con la crítica, especialmente en los aspectos en que ella se siente más insegura y vulnerable. Ella necesita ser halagada en público; y la prueba de esto es la manera como su esposo la trata socialmente. Usted puede estar seguro de que una esposa genuinamente bella ha sido protegida y mimada por el esposo que ha mostrado una respuesta sensible a sus necesidades especiales.

Recuerde que la edificación construye, nunca destruye. Así que el amor le da a su cónyuge la libertad de crecer y desarrollarse como persona, sin temor al fracaso ni a la crítica ofensiva.

Algunos esposos que se las arreglan para refrenarse de la crítica, aún no han aprendido el arte de alabar a sus esposas. Se ha dicho: "La mejor manera de halagar a su esposa es hacerlo con frecuencia". Por otra parte, las relaciones mueren a causa de lo que usted *no* dice. ¡Simplemente se secan!

La edificación comienza en la vida pensante cuando se aplica Filipenses 4:8: " . . . si hay virtud alguna, si algo digno de alabanza, en esto pensad". Ponga en práctica el pensar en las cosas buenas que le parecen atractivas en su cónyuge: toda cualidad positiva que posea. Que las palabras de sus labios estén gobernadas por el siguiente precepto: ¿Estas palabras edifican o destruyen? Luego, pregúntese: ¿Qué puedo decirle ahora mismo a mi cónyuge que lo edifique y desarrolle, lo anime, lo fortalezca y le traiga paz?

Bíblicamente, la esposa edifica mejor a su esposo por la respuesta que le dé. Según el significado pleno del griego del Nuevo Testamento, a la esposa se le dice que respete, admire, reverencie a su esposo, sea condescendiente con él, lo estime, lo alabe y lo ame profundamente. Esto se presenta como una dedicación de ella a tiempo completo; y la lengua original de la Biblia indica que ella se beneficiará personalmente al hacerlo.

Dios diseñó el matrimonio de tal modo que el esposo dependa de las afirmaciones de su esposa, el aprecio que ella le manifieste por todo lo que él le da y el respeto que ella le demuestre por su virilidad. Es hiriente cuando el esposo critica a la esposa. Es igualmente hiriente cuando la esposa critica lo que su esposo le provee.

Tanto el esposo como la esposa tienen la tremenda necesidad de recibir ánimo con palabras, la atención concentrada, el contacto visual y el toque amoroso que los mantenga vivos y en crecimiento, como individuos confiados. Los sicólogos llaman a esto *atención sanadora*. Nosotros lo llamamos *edificación*.

La palabra griega del Nuevo Testamento que traduce "edificar" nos recuerda un hecho importante. El término es *oikodomeo*, que se compone de *oikos*, que significa familia, hogar o casa, y *demo*, que significa construir. Mientras ustedes están edificándose y construyéndose mutuamente, también están edificando conjuntamente un hogar. Su hogar nunca puede ser lo que debiera hasta que usted haya desarrollado la práctica de edificar. ¡Deje que comience por usted!

3) Compartir

Ya estudiamos este tercer elemento para la edificación de una espléndida relación matrimonial. Tal vez quiera repasar los capítulos 9 al 11. Me gustaría volver a hacer hincapié en varios puntos. Cuantas más maneras pueden hallar para estar en relación el uno con el otro, tanto más fuerte llegará a ser su amor. El compartir debe tocar todos los aspectos de la vida: tiempo, actividades, interés y preocupaciones, ideas y pensamientos íntimos, andanza espiritual, objetivos y metas familiares, etc.

El compartir demanda que dé de sí mismo, que oiga a su cónyuge, y que, en la vida conyugal, se les desarrolle una conciencia sensible de los momentos que ofrecen posibilidades para profundizar el amor mutuo.

Imagínense ustedes esto, como si fuera un venturoso viaje en que los dos van a hacer descubrimientos, pues cada uno descubrirá un territorio nuevo e interesante en el otro a través de la experiencia de compartir con éxito a niveles más profundos.

Sí, éste también es un principio bíblico. El esposo y la esposa deben llegar a ser *una sola carne*. El libro de Los Hechos nos dice que todos los creyentes en Cristo eran de *un corazón* y *un alma*, en ese tiempo; incluso tenían las posesiones en común. Si esta satisfacción de compartir pudo ocurrir a un grupo de personas, ¡cuánto más será posible desarrollar la unidad de corazón y de alma entre dos personas que quieren edificar el amor en su relación matrimonial!

4) El toque físico

Si ha leído este libro minuciosamente hasta este punto, ya sabe cuán esencial es el toque físico para todo ser humano. Dios nos creó con centenares de miles de terminaciones nerviosas microscópicas en nuestra piel, diseñadas para sentir y recibir el beneficio del toque amoroso. Un tierno toque nos dice que alguien se preocupa por nosotros. Puede calmar nuestros temores, suavizar el dolor, confortarnos, o darnos la bendita satisfacción de la seguridad emocional. Como adultos, la aplicación del toque continúa siendo el medio principal de comunicación con nuestros seres amados, bien estemos conscientes de ello o no. Nuestra necesidad de que se nos aplique el toque cariñoso es normal y saludable, y nunca estaremos demasiado viejos para ello.

Pero si el toque es tan valioso y placentero, ¿por qué es necesario aconsejar a las parejas que lo pongan en práctica más frecuentemente? La respuesta está en nuestra cultura. Mientras nuestra civilización occidental está altamente motivada por lo sexual, desaprueba o pasa por alto el contacto físico aparte del acto sexual. Esto es particularmente cierto en lo que concierne a los hombres, pues sólo hay tres clases aceptables de contacto en el mundo de hoy: el apretón superficial de manos, el contacto agresivo en los deportes y el encuentro sexual. Los hombres han estado condicionados a acudir al acto sexual cada vez que sienten cualquier necesidad de cercanía amorosa. No es raro que los expertos crean que nuestra exagerada preocupación por lo sexual en esta sociedad realmente es la expresión de una necesidad profunda y no satisfecha de ternura, reafirmación y de la intimidad del toque no sexual.

Los que comienzan a practicar el toque físico en su vida matrimonial, con todas sus agradables formas no sexuales, descubrirán que pueden tener las relaciones sexuales con menos frecuencia, pero las disfrutarán mucho más. El estrecharse y mimarse, dormir el uno junto al otro, compartir el afecto a través del simple toque, son actos que satisfarán muchas de las necesidades emocionales que usted esperaba que fueran satisfechas mediante la relación sexual. Al mismo tiempo, este modelo de cercanía afectiva ofrece un deleitoso preludio para la relación sexual en su totalidad, pues prepara el camino emocionalmente para las ocasiones en que realizarán el acto conyugal.

El contacto físico es absolutamente esencial para fortalecer la emoción del amor. Usted puede tomar esto como una solemne advertencia: en la mayoría de las ocasiones, la infidelidad conyugal no es tanto una búsqueda de placer sexual, sino de intimidad emocional. La Biblia enseña que el hecho de tocar a una mujer enciende la llama que debiera ser natural dentro del matrimonio. Si quiere encender la llama de su propia relación matrimonial, entonces, comience a mostrar su amor aplicando el toque físico.

Bendecir . . . edificar . . . compartir . . . aplicar el toque físico . . . ¡Esta es una descripción de una espléndida vida matrimonial en cuatro puntos! Pero las recetas son útiles sólo cuando se aplican tal como se dan. Como médico familiar, hallo que algunos de mis pacientes no toman los medicamentos recetados, o no siguen las indicaciones que les doy en la receta. En la visita siguiente, al ver que no ha habido mejoría, esta verdad se hace evidente.

En su propio caso, si usted añade estos cuatro elementos a su propia relación matrimonial, conforme a las instrucciones, pronto verá una dramática mejoría. A menudo, oigo las siguientes palabras de algún esposo o de alguna esposa feliz: "¡Eso es eficaz! ¡El procedimiento da resultado!"

Para asegurarme de que aplique estos principios correctamente, quiero ofrecerle algunas ayudas adicionales en cada aspecto. Esta vez comenzaremos con el más sencillo de los cuatro elementos: la aplicación del toque; y concluiremos con la parte más desafiante de la receta: la bendición.

25 sugerencias para el toque físico

1. Cuando se enamoran antes del matrimonio, los jóvenes casi no pueden permanecer separados. ¡La mayoría de las parejas casadas han olvidado cuán agradable es la cercanía física! Así que, aparten ratos por la noche (por lo menos una vez por semana) para practicar y aprender los deleites de la caricia corporal no sexual. Establezcan una cita con anticipación. Prepárense para complacerse y relajarse juntos.
2. Diga cada uno al otro dónde le gusta que lo toque el cónyuge y qué clase de toque le agrada. Generalmente, el toque suave es el

168 / El amor que no se apaga

más vibrante. Use la imaginación para buscar maneras de acariciar.

3. Recuerde el propósito: establecer un buen clima de calor emocional, amor y afecto; *no* para iniciar la relación sexual. Si como resultado se produce el acto sexual porque los dos lo quieren, eso está bien. Pero ustedes necesitan aprender a disfrutar del toque no sexual en estos ratos de ejercicio.

4. Demuéstrense el uno al otro cómo prefieren ser sostenidos por el cónyuge. Bésela como le gustaría que ella lo besara, o bésela como le gustaría que él la besara. No critiquen las actuaciones pasadas; comuníquele algo que su cónyuge no haya experimentado aún.

5. Usen loción o aceite para el bebé cuando se están acariciando el cuerpo. Las caricias físicas deben ser totalmente placenteras.

6. Acaríciense los pies (¡sin hacerse cosquillas!). Para casi todas las personas, ésta es una forma agradable de comunicación por medio del toque placentero. Algunas personas se lavan, se secan y se ungen los pies mutuamente de manera cariñosa.

7. La limpieza es esencial para el disfrute de estas expresiones.

8. Algunas veces tomen la ducha o báñense juntos. Hagan de esto una experiencia despreocupada y sensual.

9. En el día de hoy hacemos habitualmente todo a prisa, incluso el acto sexual. Para aprender el arte de expresar los sentimientos cálidos y sensuales, usted tendrá que ir poco a poco. Si usted se siente bien con lo que está haciendo, tómese su tiempo para disfrutarlo. Esto puede llegar a ser la mejor parte de su día.

10. Acaríciense mutuamente la espalda. Pongan especial atención a la nuca y alrededor de la cintura.

11. Mantenga una actitud positiva (diga sí, en vez de decir no). Si alguna forma de caricia en la zona escogida no le agrada en particular, con dulzura conduzca al cónyuge a hacer algo que a usted le guste. Nunca diga: "¡Deja de hacer eso!" Ni use palabras similares. La atmósfera debiera ser deleitosamente permisiva.

12. Practique el comunicar ternura. Aprenda a estar emocionalmente consciente de sus propios sentimientos y de los de su cónyuge. Concéntrese en expresar su amor aplicando el toque. Acaríciense mutuamente la cara en la oscuridad y exprésense el amor por medio de las sensibles yemas de los dedos.

13. Asegúrense de que los dos tengan igual oportunidad para dar y recibir. Establezcan turnos para darse placer el uno al otro.

14. Cuando se acaricien, utilicen un toque lento, tierno, que indique aprecio y demuestre cuánto disfruta usted del cuerpo de su cónyuge, de cada parte de él.

15. Desarrolle sentimientos positivos hacia el cuerpo que Dios le dio. ¡Esto es bíblico! Medite en el Salmo 139: "Te alabo porque estoy maravillado, porque es maravilloso lo que has hecho. ¡De ello estoy bien convencido!" (Salmo 139:14, Versión Popular).

16. Durante estos ejercicios, comuníquense verbalmente, y díganse lo que disfrutan de manera especial y cómo los hace sentirse.

17. Por las noches, duerman con tan poca ropa como les sea posible. La ropa sólo es un inconveniente durante estas expresiones de toque.

18. Practiquen respirar los dos a un mismo ritmo. Para esto, los dos se acuestan de lado, el uno detrás del otro. El de atrás pone la mano en el abdomen del que está adelante para palpar su ritmo de respiración y ajustarse a ese ritmo. Luego cambien de lugar, de tal modo que el que estaba atrás quede adelante, y repitan el ejercicio.

19. Trate de acostarse cuando su cónyuge se acuesta todas las noches.

20. Tengan un período de unos 15 a 30 minutos todas las noches para estar acostados el uno en los brazos del otro en la oscuridad, antes de quedarse dormidos. Susúrrense y compartan pensamientos agradables y pequeñas experiencias del día. Eviten temas controversiales o negativos. Este es el tiempo de edificar la intimidad y prepararse para dormir. Así se acostumbrarán a compartir cosas que de otro modo no mencionarían. Cuando están el uno en los brazos del otro, se sanan las heridas y las frustraciones del día. Tal vez quieran orar juntos en este momento, o sólo relajarse con el solaz del amor físicamente sentido.

21. Establezcan el hábito íntimo de permanecer en alguna clase de contacto físico mientras se duermen. Tal vez tocando con una pierna o con una mano al cónyuge, por ejemplo.

22. Comiencen todos los días con unos pocos minutos de caricias y mimos antes de levantarse. El esposo le puede decir a la esposa que es agradable tocarla y que está muy contento de estar junto a ella. La esposa puede, mientras está en los brazos de su esposo, decirle que a ella le gustaría que no tuvieran que separarse esa mañana. Simplemente, estén muy cerca el uno del otro y aprovechen el contacto físico y tierno un rato. Eso hará que el sobresalto de la mañana, causado por el reloj despertador, sea mucho más agradable. Concédanse, pues, unos pocos minutos en la mañana para esto, aunque uno de los dos tenga que levantarse pronto y salir para el trabajo.

23. Tómense de las manos con frecuencia. Piensen en todas las maneras diferentes en que pueden disfrutar con sólo tocarse las

manos, y en todos los sentimientos que se pueden comunicar.

24. Estén conscientes de las muchas maneras en que pueden tener contacto físico en el transcurso de la semana. Tóquense cuando están hablando, y mantengan el contacto visual.

25. Cuando estén viendo televisión, siéntense juntos. La esposa sabia se arrimará a su esposo cuando él decida ver el partido de fútbol, aunque ella no esté interesada en el programa. Puesto que tantísimas personas pasan tanto tiempo ante el televisor, no se desperdicia necesariamente, si los dos están cerca físicamente.

Una palabra final: aunque practiquen todo lo demás que hay en este libro, si no se tocan mutuamente con frecuencia y amor, la emoción del amor romántico estará ausente de su vida matrimonial. Le corresponde a usted agregar esta chispa.

Un concepto creador sobre lo que significa compartir

1. Eche usted otra mirada a lo que significa *compartir* a través de los ojos de dos cuyo amor perduró:

Hablamos profundamente . . . acerca de la justicia entre los que se aman y de cómo hacer que el amor perdure. Creímos que de nuestra conversación salimos nada menos que con el "secreto" central del amor perdurable: compartir.

"Pensemos", nos dijimos, "¿qué es lo que lleva a dos individuos hacia la cercanía y el amor? Por supuesto, está el misterio de la atracción física, pero más allá de eso está lo que compartimos. A los dos nos encantan las fresas y los barcos, y aquella clase de perros llamados pastor escocés, y los poemas y toda la belleza, y todas esas cosas nos mantienen unidos. Simplemente, ocurrió que nosotros compartíamos esos gustos; pero lo que tenemos que hacer ahora es compartir *todo*. ¡Todo! Si a uno de nosotros le gusta *cualquier cosa*, tiene que haber algo en ella para que le guste; y al otro le corresponde descubrir eso. De ese modo crearemos mil cuerdas, grandes y pequeñas, que nos mantendrán unidos. Luego, estaremos tan unidos que sería imposible, inconcebible, que cualquiera de nosotros pudiera crear alguna vez una cercanía igual con ninguna otra persona. Y nuestra confianza mutua no sólo se basará en el amor y en la lealtad, sino también en *el hecho* de esas mil cuerdas que compartimos; mil hebras que forman un todo indisoluble".

Nuestro entusiasmo creció mientras hablábamos. El compartir todo sin reserva, pensamos, era el último secreto de un amor que duraría para siempre. Y, por supuesto, *podríamos* aprender a que nos gustara cualquier cosa, si lo queríamos. Debido a que compartíamos, no sólo haríamos un lazo de increíble amistad, sino que mantendríamos la magia de permanecer enamorados. Y con el paso de cada año, habría más y más profundidad. Llegaríamos a estar tan unidos como pudieran estarlo dos seres humanos: tal vez más cerca de lo que jamás hayan estado dos personas. Cualesquiera tormentas que pudieran venir, cualesquiera cambios que los años pudieran traer, contaríamos con la cercanía fundamental que produce el hecho de compartir todo.[1]

2. Ahora, evalúe creadoramente su propia relación matrimonial, y piense en qué parte pudiera desarrollar esto de compartir. Examine su vida conyugal en los siguientes cuatro aspectos:

   • *Factores afines.* Piense en todo aquello que actualmente comparten. ¿Cómo pudieran disfrutarlo mejor?

   • *Factores no afines.* Algunas partes de la vida, particularmente, en lo que se refiere al trabajo y la responsabilidad, pueden estar separadas. También puede tener algunos intereses especiales en los cuales su cónyuge nunca llega a participar directamente. ¿Cómo puede usted rellenar esas grietas a fin de compartir los mundos separados? ¿Por medio de la comunicación? ¿Por medio del mutuo entendimiento y el estímulo?

   • *Factores nuevos para uno de los dos.* ¿Qué cosas puede comenzar a disfrutar por el hecho de que su cónyuge las disfruta? Si a cada uno de ustedes se le desarrolla un nuevo entusiasmo por cosas que lo igualen a su cónyuge, la vida llegaría a ser mucho más interesante que nunca.

   • *Factores nuevos para los dos.* ¿Qué intereses nuevos y absorbentes pueden desarrollar conjuntamente?

Lo anterior debiera estimular su propia manera de pensar al planear creadoramente una participación más significativa en su relación matrimonial. Ricardo y Celia, una pareja que tenía cuatro años de casados, revisaron su enfoque en cuanto a compartir de la siguiente manera:

"Tuvimos que comenzar admitiendo que había algunos segmentos de nuestras personalidades que nunca engranarían muy bien", dijo Ricardo. "A mí me gusta correr unos dos a tres kilómetros por día, mientras más caliente esté el sol, mejor. A Celia le gusta acurrucarse a la sombra con un libro de poesía. Yo leo muchísimo mientras ella hace trabajos manuales de todas clases. Yo soy un investigador científico, y ella es una maestra de educación primaria. Pero podemos compartir aun las diferencias a través de la conversación. Estamos comenzando a comunicarnos mucho más con respecto al trabajo y a los intereses de cada uno. Y cada vez nos sentimos más conscientemente orgullosos el uno del otro. Celia hace algunos objetos de arte bellos, y yo insisto en que los usemos en nuestro hogar. Sé que ella respeta el trabajo que yo realizo en meteorología, y yo le hablo acerca de él, pues ella parece estar siempre interesada. Por otra parte, ella lleva a la casa sus problemas del salón de clase, y discutimos en cuanto a cuál sería la mejor manera de manejarlos. A menudo, oramos juntos por aquellos niños por los cuales ella está preocupada. Es asombroso pensar en lo cerca que pueden llegar a estar dos personas cuando comparten sus mundos separados".

"Me he sentido emocionada con respecto a la fotografía", dijo Celia, "por cuanto es uno de los pasatiempos favoritos de Ricardo. El me ha enseñado muchísimo, y eso satisface mi necesidad de ser creadora. En este proceso, he tenido que hacer muchas caminatas agotadoras con él, pues nos encanta fotografiar la belleza de los caminos montañosos. Ahora estamos aprendiendo juntos algo nuevo: ¡a esquiar a campo traviesa! También estamos explorando juntos el mundo de la música clásica".

"Este invierno", dijo Ricardo, "Celia sugirió que leyéramos cada noche un capítulo de la trilogía *The Lord of the Rings*, por J. R. R. Tolkien. Fue una gran idea compartir el uno con el otro el placer de leer esos libros".

"A Ricardo nunca le interesaron mucho los juegos de mesa", dijo Celia sonriente, "pero ha aprendido a jugarlos porque a mí me gustan".

"Y Celia me ha devuelto el favor", agregó Ricardo, "cooperando conmigo en la organización de nuestros asuntos económicos hasta formar un sistema definido de llevar libros que es muy eficiente. Ahora hacemos juntos el trabajo de la casa y del solar, en vez de hacerlo por separado, y mientras trabajamos, hablamos. El compartir se vuelve un hábito, un agradable hábito. Cuanto más se hace, tanto más se quiere hacer".

El plan de cada pareja para compartir será diferente. Sólo asegúrese usted de tener un plan. La tendencia natural es la de ir por caminos separados. El compartir ayuda es crear un amor *perdurable*.

Nueve maneras de edificar

1. Tome la decisión irrevocable de no volver a criticar nunca a su cónyuge, ni en palabra, ni en pensamiento, ni en obra. Esto pudiera parecer imposible, pero no lo es. Simplemente es una decisión respaldada por la acción, hasta que se convierte en un hábito que usted no cambiaría aunque pudiera.

2. Estudie a su cónyuge. Hágase sensible a aquellos aspectos en que su cónyuge siente una deficiencia, y piense en las maneras de edificarlo en esos aspectos particularmente.

3. Piense todos los días en las cualidades positivas y en los patrones de conducta que usted admira y aprecia en su cónyuge.

4. Exprese verbalmente y con constancia alabanza a su cónyuge y

el aprecio que siente por él o por ella. Sea genuino, específico y generoso. Edifique con la palabra *hablada*.

5. Reconozca los talentos, las capacidades y los logros de su cónyuge. Comuníquele su respeto por la obra que realiza.

6. Manifiéstele a su esposa, públicamente y en privado, cuán preciada es ella para usted. Y no exprese admiración por otra mujer. Eso nunca es edificante para su esposa. ¡Mantenga su atención concentrada en ella!

7. Esposa, manifieste a su esposo que él es la persona más importante en su vida siempre. Solicite las opiniones de él y aprecie los criterios que le dé.

8. Respóndanse mutuamente en forma física y facial. Su cónyuge quiere verlo a usted sonriente y con los ojos chispeantes en respuesta a lo que le dice.

9. Exhiban siempre la mayor cortesía el uno para el otro. ¡Ustedes deben ser personas muy importantes en su propio hogar!

Consejo bíblico sobre la bendición

" . . . no devolviendo mal por mal, ni maldición por maldición, sino por el contrario, bendiciendo, sabiendo que fuisteis llamados para que heredaseis bendición. Porque: El que quiere amar la vida y ver días buenos, refrene su lengua de mal, y sus labios no hablen engaño; apártese del mal, y haga el bien; busque la paz, y sígala. Porque los ojos del Señor están sobre los justos, y sus oídos atentos a sus oraciones; pero el rostro del Señor está contra aquellos que hacen el mal" (1 Pedro 3:9-12).

Este pasaje del Nuevo Testamento, junto con el pasaje que allí cita Pedro del Salmo 34:13-17, son muy claros. Dios ha llamado a todo cristiano a un estilo de vida que sea de constante bendición para otros a través de (1) las *palabras*; y de (2) la *conducta*. Esto significa que hay que bendecir constantemente a los de nuestra propia familia, ante todo a nuestro cónyuge. Se nos exige muy especialmente bendecir en palabra y acción en respuesta a cualquier forma de conducta incorrecta o de lenguaje insultante. Cuando aplique esto a su propia vida matrimonial, entienda que nunca tiene justificación para hablarle a su cónyuge con burla, ira o engaño. Ante los ojos de Dios, la mala conducta de su cónyuge nunca puede ser una excusa para usted. Si no bendice, Dios dice que la boca suya le traerá más dificultades; perderá la bendición que el Señor había planeado y, en vez de eso, el rostro de él estará contra usted (es decir, nada de lo que trate de hacer en su matrimonio prosperará).

Las recompensas por bendecir también se expresan claramente: Dios se preocupará de que nosotros recibamos su bendición (sin importar lo que haga nuestro cónyuge), de que nosotros tengamos la vida de amor y experimentemos días buenos, de cuidarnos con un especial cuidado protector, y de oír y responder a nuestras oraciones.

En la vida, son pocas las alternativas que se nos han dado que sean más claras. A menudo, vacilamos entre este sendero y aquél; nos preguntamos cuál será el resultado. En este caso, lo sabemos. Si escogemos el sendero disciplinado de bendecir en nuestro matrimonio (con toda seguridad, el camino menos recorrido), eso establecerá una gran diferencia en nuestra vida. Lo sabemos porque Dios lo dijo.

La manera es sencilla, pero desafiante, y puede ponerla en práctica cualquiera que use los recursos espirituales que el Señor Jesucristo provee. He aquí las instrucciones:

Negativas:
(1) Refrene su lengua de mal, y sus labios de hablar engaño.
(2) Apártese del mal.

Positivas:
(1) Haga el bien.
(2) Busque la paz, y sígala.

En Romanos 12 se puede hallar un consejo más detallado:

> Bendecid a los que os persiguen; bendecid, y no maldigáis. Gozaos con los que se gozan; llorad con los que lloran. Unánimes entre vosotros; no altivos, sino asociándoos con los humildes. No seáis sabios en vuestra propia opinión.
>
> No paguéis a nadie mal por mal; procurad lo bueno delante de todos los hombres. Si es posible, en cuanto dependa de vosotros, estad en paz con todos los hombres.
>
> No os venguéis vosotros mismos, amados míos, sino dejad lugar a la ira de Dios; porque escrito está: Mía es la venganza, yo pagaré, dice el Señor. Así que, si tu enemigo tuviere hambre, dale de comer; si tuviere sed, dale de deber; pues haciendo esto, ascuas de fuego amontonarás sobre su cabeza.
>
> No seas vencido de lo malo, sino vence con el bien el mal (Romanos 12:14-21).

Esto se puede resumir en breves palabras:

• Bendiga y no maldiga al que le está causando dificultades.
• Muéstrele comprensión a su cónyuge.
• Viva en armonía.
• No piense que usted es mejor que su cónyuge.
• No actúe con orgullo, ni con presunción.

- No pague mal por mal (ni siquiera en el detalle más insignificante).
- Tenga el cuidado de hacer lo que su cónyuge considera que es bueno.
- Haga su parte para vivir en paz en su vida matrimonial.
- Nunca se vengue.
- Haga constantemente lo bueno para con su cónyuge, sin importar el trato que reciba.
- No sea vencido de lo malo. Más bien, ¡venza con el bien el mal!

14

Eliminando las barreras

Un general de los Estados Unidos de América hizo la siguiente observación profunda con respecto a la guerra: "La única manera de *ganar* una guerra consiste en prevenirla".

Como consejero matrimonial, recuerdo estas palabras cuando trabajo con parejas que se hallan en guerra abierta. Ninguno gana. Ninguno *puede* ganar. Pero las hostilidades continúan. ¡El esposo y su esposa se amenazan mutuamente como enemigos!

En otros matrimonios, las hostilidades existen por debajo de la superficie, igualmente reales aunque estén semiescondidas. Con el tiempo resultarán igualmente mortales, a menos que se reconozcan y se les ponga freno a tiempo.

Permítame hacerle una pregunta personal. ¿Hay hostilidades en su vida matrimonial que se interponen entre usted y la felicidad que anhela? Ocasionalmente aconsejo a parejas en que, bien el esposo o lo esposa, no admite tener malos sentimientos. La persona afirma que no siente nada, sino indiferencia. Sólo después de una consideración más profunda, comprende que tal indiferencia es el resultado directo de una ira sepultada que ha conducido a la depresión, que aturde todas sus emociones, tanto felices como infelices. Es importante entender que una actitud negativa representa una energía síquica que no puede pasarse por alto ni esconderse. Esta energía síquica es una fuerza que hay que tener en cuenta. Cuando se trata de mantenerla o de esconderla, se necesita tanta fuerza emocional que el individuo termina agotado y, por tanto, muy deprimido.

Hemos estado describiendo el gozo incomparable que experimentan el esposo y la esposa que aprenden a amarse mutuamente con la plenitud del amor: el amor incondicional (*ágape*), el romance, el don de pertenecer, la estima amistosa y la satisfacción física, que se combinan para hacer una intimidad maravillosa y perdurable.

Ahora, tenemos que advertir que este amor no puede crecer en el mismo corazón que tenga actitudes negativas y malos sentimientos: ira, amargura, resentimiento, orgullo, desilusión, desesperación u hostilidad (velada o de cualquier forma). El hecho de que usted haga frente a estas cosas en su propia vida, no sólo prevendrá una guerra desastrosa, sino que podrá abrir el camino para un sinnúmero de bendiciones. La mayor de éstas será una aventura amorosa que ya pensaba que no sería posible en su relación matrimonial.

Nos concentraremos en sus actitudes, no en las de su cónyuge. En la medida en que cambie hacia lo mejor, eso inevitablemente producirá un efecto en su cónyuge.

Me gustaría que represente sus actitudes negativas como barreras que obstruyen el camino que conduce a una genuina relación amorosa. Las barreras separan y mantienen la separación; obstaculizan e impiden el progreso. Pero *no son necesariamente insuperables*. Así que, si las actitudes negativas se han arraigado en su corazón, quiero ayudarle a que les haga frente y las quite, a fin de que el camino quede despejado para el intercambio del amor. Estas actitudes tienen diferentes nombres por el hecho de que las personas reaccionan en forma diferente. Una señora me confesó que ella estaba tan airada con su esposo que había sentido el deseo de darle muerte por asfixia mientras dormía. Otra, en cambio, se metió en un frío resentimiento que la hizo decir que ahora ¡no respondería a su esposo aunque fuera perfecto!

Cualquiera que sea el nombre que usted le dé a sus actitudes negativas, el común denominador será el mismo —un espíritu no perdonador que puede robarle todo lo que hace que la vida sea buena.

"Pero, doctor Wheat", me dice algunas veces un esposo o una esposa, "mis sentimientos se justifican. ¡Usted no sabe cómo me han tratado!"

Yo respondo que el asunto no es ése. Usted se enfrenta personalmente a una decisión. Permítame explicarle esto detalladamente para que pueda tomar una decisión consciente y racional. De otra manera, tendrá que tomarla casi inconscientemente, basada en la emoción, sin ninguna lógica, y sin el respaldo de la Palabra de Dios.

Si quiere una relación matrimonial llena de amor, no puede darse el lujo del resentimiento, ni de la autoconmiseración, ni de la ira. La falta de perdón hacia su cónyuge en cualquier forma (incluso mediante el escudo protector de la desconfianza) será el golpe mortal para el amor. Si decide aferrarse a sus malos sentimientos, éstos se meterán en su relación matrimonial y al mismo tiempo infligirán una pérdida a su salud física y a su bienestar emocional.

Por supuesto, todas las personas normales quieren salud, felicidad y amor en su vida matrimonial. Pero, a menudo, no saben manejar lo pasado, ni sus actitudes negativas, ni hacer frente a sus resentimientos, ni reconocer su propia ira que está sepultada bajo una capa de depresión. Muchos no saben perdonar, y piensan que eso tiene que ser muy complicado o aun imposible. Pero no lo es. Dios nunca pide a sus hijos que hagan algo para lo cual no les provea tanto las instrucciones como la fortaleza a fin de que lo cumplan.

Permítame compartir dos principios básicos que le ayudarán en este punto. Primero: *Usted no tiene que ser controlado por sus sentimientos.* Segundo: *Usted no es un prisionero desesperado de su pasado.*

Cuando se les dice a las personas que necesitan perdonar, hacen dos objeciones principales. Responden más o menos lo siguiente: "Tal vez sea así, pero no puedo *sentir* perdón para mi esposo después de *lo que hizo*". O tal vez diga el esposo: "Me gustaría perdonar a mi esposa, pero *no puedo cambiar mi manera de sentir. No puedo cambiar el pasado*". Estas personas están confesando que se hallan en un estado de esclavitud. Se describen como esclavas de sus propios sentimientos, como prisioneras de eventos ocurridos. ¡Y, sin embargo, los cristianos ya han sido libertados! Jesús dijo: " . . . y conoceréis la verdad, y la verdad os hará libres . . . si el Hijo os libertare, seréis verdaderamente libres" (Juan 8:32, 36). Si usted es cristiano, si confía sólo en Jesucristo con respecto a su salvación, ¡ahora mismo es mucho más libre de lo que cree!

Aun en el mundo secular, los consejeros están cambiando drásticamente su enfoque a una manera que está mucho más en conformidad con los principios bíblicos. Los consejeros ya no concentran la atención exclusivamente en los *sentimientos* del paciente; muchos se concentran ahora en la importancia de la *conducta* individual. Los consejeros más eficaces ya no intentan un prolongado tratamiento desde el pasado del paciente; más bien destacan el presente, el aquí y el ahora, con notable éxito.

Así que, comience con la comprensión de que es usted quien controla su conducta. Esto es lo que vale, pues está probado que los sentimientos cambian cuando cambia la conducta. Entonces tiene que entender que Dios no le pide que cambie sus sentimientos. El nunca pide eso. A través de la Escritura, él nos dice cómo quiere que nos portemos y pensemos. Como él nos creó, sabe perfectamente bien que cuando pensamos bien y nos portamos bien, aparecen como resultado los buenos sentimientos. Usted necesita comprender que Dios no le pide que se forme un sentimiento de perdón hacia su cónyuge, sino que decida (sin importar lo que sienta) perdonarlo o perdonarla.

¿Nos hace Dios demandas egoístas? ¡Difícilmente! El nos pide que perdonemos porque sabe que recibiremos beneficio de ello. Como un Dios que nos ama con un corazón paternal, él desea lo mejor para nosotros. Eso *mejor* incluye la integridad espiritual y emocional, y la salud física que brota de un espíritu perdonador.

¿Lo que nos pide Dios es irrazonable? No olvidemos nunca que Dios *perdonó* primero de una manera que no podemos descontar ni pasar por alto. Cuando Cristo fue rechazado, acusado falsamente, cuando se burlaron y abusaron de él, cuando fue torturado y luego clavado en la cruz para que experimentara la muerte más agonizante que el odio pudo inventar, él oró: "Padre, perdónalos . . .". Dios no nos pide más; en realidad nos pide mucho menos a usted y a mí. Si alguien tuvo alguna vez el derecho de estar amargado, fue Jesucristo. Pero él nunca lo estuvo. Más bien perdonó, y estableció el modelo de perdón para todos sus seguidores desde ese tiempo en adelante. Recordemos que todo mandamiento de Dios lleva consigo una promesa. Por cuanto él ordena: "De la manera que Cristo os perdonó, así también hacedlo vosotros" (Colosenses 3:13); la capacidad para perdonar acompaña a la decisión de hacerlo.

El perdón envuelve tres pasos: (1) Usar la libre voluntad para tomar la decisión de perdonar; (2) comportarse deliberadamente en la manera correcta que el Señor indica en la Biblia; (3) confiar en que él hará su parte al renovar nuestra mente y darnos nuevas actitudes transformadas.

Primer paso: Decidir perdonar

Para ayudarnos a tomar la decisión de perdonar, el Señor ofrece una urgente advertencia en la epístola a los hebreos: ". . . haced sendas derechas para vuestros pies, para que lo cojo no se salga del camino, sino que sea sanado. Seguid la paz con todos, y la santidad, sin la cual nadie verá al Señor. Mirad bien, no sea que alguno deje de alcanzar la gracia de Dios; *que brotando alguna raíz de amargura, os estorbe, y por ella muchos sean contaminados*" (Hebreos 12:13-15).

Dios advierte al que se aferra a la miseria de un espíritu no perdonador que su vida será lisiada. Y esa persona no sólo será afligida por la raíz de amargura que desaloja las cosas buenas de su vida, sino que muchas otras personas serán también contaminadas.

La palabra "amargura" se tradujo en el Nuevo Testamento del término griego *pikrias*, que da la idea de cortar, agujerear, punzar y penetrar. Comunica vívidamente las sensaciones de la tortura, y eso es lo que usted se hace a sí mismo y les hace a sus seres amados cuando se niega a perdonar a su cónyuge. El predicador Charles Swindoll ha sugerido que no perdonar es como encerrarse a sí mismo en un campo de concentración de manufacturación propia. Corrie ten Boom describe esa actitud como sentarse durante el día en un salón oscuro en el cual hay gruesas cortinas que impiden la entrada de la luz solar y del aire fresco.

En realidad, usted sufrirá por su propia determinación hasta que decida perdonar plena y completamente cualesquiera maldades que se le hayan hecho. Este mal pudiera ser algo muy grande, o unas cuantas heridas pequeñas que a través de los años han ido formando un gran resentimiento. Ciertamente, a usted le costará algo. Para perdonarnos, a Dios le costó mucho más de lo que podemos comprender. Pero tan pronto como usted haya tomado esta decisión, descubrirá que ha dado un gran paso hacia la libertad, hacia la salud emocional y hacia el crecimiento espiritual. Habrá llegado a lo que el salmista llamó un "lugar espacioso". Cuando decide perdonar a su cónyuge totalmente y de todo corazón cualquier cosa incorrecta y desagradable que le haya hecho, descubrirá que ha entrado en el "reino del amor". Nunca he conocido a nadie que posteriormente haya deplorado el haber dado este paso.

Tan pronto como decida perdonar con la mente y la voluntad, y encomendar el asunto a Dios, se libera a sí mismo, y libera a la persona que lo ofendió, del poder del pasado. Luego, lo que haya sucedido será un hecho histórico y ya no será un hecho emocional. De una manera real, ha abierto la herida para que la atienda el gran Cirujano, y descubrirá que el amor de él al derramarse sobre dicha herida, la sanará de tal modo que ya no sentirá dolor.

Recuerde las palabras que Jesús usó para describir su ministerio. El dijo: "El Espíritu del Señor está sobre mí, por cuanto me ha ungido para . . . poner en libertad a los oprimidos" (Lucas 4:18).

Allí, él ofrece la liberación y la sanidad. No hay opresión, ni herida emocional en el matrimonio que el Señor no pueda sanar cuando usted decide perdonar y entregar el asunto y la conducta subsiguiente a él. No hay ningún odio que pueda retenerlo como prisionero cuando decida escoger la libertad. Ninguna actitud negativa puede dominarlo cuando decida abandonarla como un acto de obediencia al Señor Jesucristo. Su amor simplemente derriba los viejos resentimientos. Es como levantar la cortina y abrir la ventana del cuarto oscuro. La luz del sol penetra y disipa la oscuridad en todos los rincones. El aire se vuelve fresco, dulce y regocijante.

Segundo paso: Cambiar la conducta

El segundo paso del perdón lo hallamos expresado en forma de cápsula en Efesios 4:31, 32: "Quítense de vosotros toda amargura, enojo, ira, gritería y maledicencia, y toda malicia. Antes sed benignos unos con otros, misericordiosos, perdonándoos unos a otros, como Dios también os perdonó a vosotros en Cristo". Es tiempo de que busquemos en la Biblia para ver cuál es el modo de conducta que el Señor aconseja y, luego, comencemos a ponerlo en práctica. En este pasaje bíblico, Dios nos indica el proceso de: primero, decidir eliminar las actitudes negativas, luego, asumir actitudes positivas y portarnos de manera positiva, todo lo cual se resume en la instrucción: ". . . sed benignos . . . misericordiosos, perdonándoos unos a otros".

La esencia del tratamiento bondadoso para su cónyuge consiste en tratarlo como a usted le gustaría ser tratado. La bondad, expresada en relación con el mal que le haya hecho su cónyuge, ciertamente incluirá estas pruebas de perdón. Usted nunca usará lo pasado contra él o contra ella. Nunca volverá a hablar acerca de eso al cónyuge ni a ninguna otra persona. Esto no persistirá en sus pensamientos. Si se le viene a la mente de paso, recordará inmediatamente que eso ya fue perdonado, así como Dios le perdonó a usted sus numerosos pecados.

Deseo destacar este punto para que no haya un malentendido. Cuando se produzca el perdón auténtico, la conducta cambiará. Tiene que cambiar. Recuerdo a un esposo cuya esposa le había sido infiel cierto número de años atrás. El dice que la perdonó. Sin embargo, aún hoy, su conducta hacia ella demuestra que no confía en ella. Obviamente, este esposo no ha perdonado en realidad a su esposa, y ella está consciente de ello. Usted puede imaginar lo difícil que es que el amor crezca en ese ambiente.

Olvidar es despedirse para siempre del dolor del pasado y deshacerse de sus efectos en el presente. Esto nos lleva a la tercera fase del perdón.

Tercer paso: Renovar la mente

Es tiempo de olvidar lo pasado y movernos hacia el futuro. Esto es posible cuando usted permite que Dios haga su parte al renovar su mente a través de la Palabra de Dios, y reemplace así las actitudes negativas por las positivas que bendecirán su relación matrimonial.

Como ya lo hemos observado, esta capacidad para dejar lo pasado le corresponde al pueblo de Dios. La vida cristiana es toda presente y futura. Dios la diseñó de tal manera que el cristiano siempre comienza donde se halla en el momento, para vivir de un modo nuevo: el modo de Dios. ¡Qué consolador es saber que es imposible que nosotros nos enredemos en las cosas tan horriblemente que Dios no pueda hacer que redunden para nuestro bien! Es difícil comprender cómo puede Dios comenzar (aparentemente) un nuevo conjunto de planes a partir de este momento, pero puede, y lo hará. El siempre responde completamente con amor a nuestros esfuerzos de seguir su consejo. Según el principio bíblico, la firmeza del amor del Señor nunca cesa. Sus misericordias nunca tienen fin. Son nuevas cada mañana. ¡Su fidelidad es grande! (Vea Lamentaciones 3:22, 23).

Así que es completamente posible que digamos con Pablo: ". . . una cosa hago: *olvidando* ciertamente lo que queda atrás, y *extendiéndome* a lo que está delante . . ." (Filipenses 3:13). Olvidando . . . y extendiéndome. Esta es la manera de proseguir más allá del perdón hacia el reino del amor para vivir allí el resto de la vida.

Ahora, tal vez usted se haya estado preguntando qué debe hacer con respecto a las actitudes negativas de su cónyuge, con las barreras que él o ella ha levantado contra el libre movimiento del amor. Tiene que tomar la iniciativa y buscar el perdón de su cónyuge. Ante todo, deje de hacer aquello que produjo el sentimiento de la indiferencia entre los dos. Muestre, mediante palabras, acciones y actitudes que está consciente de que ha obrado mal y que le gustaría cambiar. Nunca use la conjunción condicional *si*, cuando hable con su cónyuge acerca del asunto. Admita simplemente que ha hecho mal, y pida perdón. Esto significa mucho más que decir: "*Si* te he ofendido en alguna manera, lo siento". Tenga el cuidado de no relacionar a su cónyuge con el problema. El hecho de hacer que él se sienta culpable es una de las peores cosas que puede hacer, si quiere restaurar el amor en su vida matrimonial.

Si después de todo esto, su cónyuge no responde inmediatamente, continúe demostrándole, mediante una constante conducta amorosa, que lo ha perdonado, y que ha hecho la promesa de amarle por el resto de la vida. Recuerde que el perdón puede comenzar como una acción unilateral. ¡Permita, pues, que comience con usted mismo!

Ahora bien, a pesar de todo lo que hemos dicho, pudiera tener aún algunas limitaciones al alcance de su perdón. Tal vez diga: "Puedo perdonar todo lo demás . . . pero no puedo perdonarle a mi cónyuge el hecho de que me haya sido infiel . . .". O: "Nunca podría perdonarle a mi esposo esto, o a mi esposa aquello . . .". En los puntos suspensivos, puede insertar la situación desagradable, inconcebible. Usted le pone el nombre. Yo he visto esto, y he aconsejado a personas que tienen este problema, generalmente cristianas. El pecado es pecado, y toda persona es capaz de pecar. A todo pecado hay que hacerle frente y tiene que ser perdonado, cualquiera que sea su categoría. Si se siente amargamente desilusionado con su cónyuge, esa actitud es también una señal de la necesidad que tiene de decidir perdonar. Recuerde que la gracia de Dios abarca *todas* las categorías. El amor de Dios puede abarcar toda clase de problemas. Durante los numerosos años en que he servido como consejero, he visto que no hay ninguna situación tan difícil ni tan chocante en la cual Dios no pueda restaurar la vida matrimonial y glorificar su nombre en el proceso.

Muchas personas piensan que de todos los pecados, el adulterio es el que automáticamente destruye el matrimonio. No, lo único que destruye el vínculo matrimonial es el casarse con alguna otra persona. En el sentido bíblico, el adulterio no tiene que ser más destructivo para su matrimonio que cualquier otro pecado. He visto un sorprendente número de matrimonios cristianos atacados por la infidelidad. También he visto a muchos de estos matrimonios restaurados de tal manera que la relación ha llegado a ser mucho mejor que antes.

Recientemente, un pastor me dijo con referencia a algunos matrimonios muy afligidos: "¡Sólo Dios puede sanar esas relaciones!" Esto es cierto, pero Dios puede sanar cuando las personas están dispuestas a aplicar su Palabra a la situación. Cuando esté listo a perdonar y a abandonar sus actitudes negativas, Dios estará más que dispuesto a sanarlo y a renovar su amor mutuo. ¡Todo el tiempo él ha estado esperando que se produzca eso!

15

Cómo puede usted mismo salvar su matrimonio

Este capítulo va dirigido a un grupo especial de lectores: los individuos que quieren salvar su matrimonio a toda costa, aunque tengan que hacerlo solos, sin ninguna ayuda por parte del cónyuge. De hecho, el cónyuge pudiera estar buscando activamente el divorcio.

Si se encuentra en este grupo, en realidad lo considero *especial*. En primer lugar, mediante su posición, indica una dedicación a lo sagrado y a la permanencia del matrimonio que honra a Dios; en segundo lugar, tiene el valor de enfrentarse a sus propios problemas, en vez de huir de ellos, o de esconderse en un falso orgullo; y, en tercer lugar, exhibe la madurez que, aunque no haya respuesta, puede decidir amar de manera firme, real e inteligente, y con un fin determinado, completamente dedicado al bienestar de su cónyuge.

El siquiatra cristiano Paul D. Meier dice que hay "sólo tres alternativas para cualquier persona que tenga una relación matrimonial infeliz: (1) divorciarse, que es la decisión más inmadura; (2) tolerar el matrimonio sin hacer el esfuerzo de mejorarlo, otra decisión inmadura, pero no tan irresponsable como el divorcio; y (3) hacer frente con madurez a los problemas personales con la decisión de edificar, teniendo como base lo ya existente, una íntima relación conyugal. Esta última es la única decisión realmente madura que debe tomarse".[1]

En su caso, el momento de la verdad ha llegado, pues su cónyuge ya ha descartado la segunda opción y ha escogido la primera, sin siquiera considerar la tercera. Preguntamos: ¿Qué hará *usted*? ¿Rendirse a las presiones del sistema de pensamiento del mundo y a las emociones del momento? ¿O tomar una decisión basada en la confianza de las verdades eternas de la Biblia?

Lo que está en juego es mayor que lo que se comprende a primera vista. Una alternativa conduce claramente a la amargura y a la derrota del divorcio, y también a la pérdida de oportunidades de bendición. "El divorcio es más doloroso que la muerte", me dijo el otro día una mujer con voz ronca y con emoción reprimida, "pues *con él nunca termina realmente el asunto*". El doctor Meier dice que cuando las parejas huyen de sus problemas mediante el divorcio y se vuelven a casar, "entonces hay cuatro personas desdichadas en vez de dos . . . ¿Para qué esparcir la miseria?", pregunta. "¡Los malos matrimonios son contagiosos! Numerosas investigaciones siquiátricas han demostrado que cuando las parejas que tienen una relación matrimonial neurótica se divorcian, sin importar cuán buenas sean sus intenciones, casi siempre se vuelven a casar para formar el mismo tipo de relación neurótica que tenían antes".[2]

Cuando escoge el camino de la dedicación irrevocable a su cónyuge y a su relación matrimonial, sin importar cuán atribulada pueda hallarse tal relación, descubrirá que tal decisión lo conduce al amor incondicional (*ágape*), a la paz y al crecimiento personal. Estas son sólo algunas de las recompensas, pero hay muy buenas posibilidades de que también pueda disfrutar de las bendiciones que Dios quiso otorgar a su matrimonio desde el principio.

No estoy sugiriendo que la sanidad de la relación matrimonial es un proceso fácil cuando uno de los cónyuges se resiste a ella. Pero, al fin y al cabo, ¿tiene algunas alternativas más fáciles? Las relaciones quebradas envuelven dolor, sin importar lo que haga con respecto a ellas. Pedro señala, en su primera epístola, que es mucho mejor sufrir (si se tiene que sufrir) por hacer *lo bueno*, que por hacer lo malo. El aclara que el favor y la bendición de Dios fulguran sobre aquel que pacientemente sufre, si es necesario, con el propósito de hacer la voluntad de Dios. El hecho de hacer frente a sus problemas matrimoniales según el método bíblico es algo productivo y no inútil, y cualesquiera ofensas que encuentre en esto serán menos perjudiciales que los efectos que produciría a largo plazo un divorcio.

"La misma palabra *divorcio* debiera ser quitada del vocabulario de la pareja cuando se casan", dijo una mujer cuya relación matrimonial había sido restaurada, "pues el método de Dios es muchísimo mejor para cualquiera que quiera probarlo".

Otra mujer, que estaba pensando en los eventos turbulentos del año anterior que la habían conducido a crecer emocional y espiritualmente, mientras con amor atraía a su esposo a una reconciliación en la vida matrimonial, dijo: "Como usted sabe, yo he salido ganando en todo esto. Ahora soy una persona diferente. ¡El proceso fue humillante, pero valió la pena!"

Un hombre dijo: "Durante el tiempo en que estuve tratando de ganarme el amor de mi esposa y de mantener unida a nuestra familia, algunas veces me sentí tan fastidiado por el rechazo que no sentía ninguna otra cosa, sino una determinación de hacer lo que la Biblia decía y de dejar los resultados en las manos de Dios. De lo único que estaba seguro era de que, de algún modo, Dios haría que eso obrara para mi bien. El prometió eso en su Palabra. Nunca me imaginé que tendría la aventura de amor que realmente nos ha dado. ¡Dios hace más de lo que pedimos o pensamos!"

Aunque estos comentarios procedentes del lado extremo del problema son alentadores, entiendo que los sentimientos que puede estar experimentando ahora mismo no son agradables. Muchos otros han estado donde usted está ahora y pueden comprender por lo que está pasando: sobresalto, ofensa, rechazo, confusión emocional, tentación a la amargura, y, por supuesto, presiones de todos lados que algunas veces hacen que quiera rendirse.

El propósito que tengo en mi corazón con este capítulo es el de ayudarle a clarificar sus pensamientos, estabilizar sus emociones, y aprender a comportarse de una manera consistente, para que pueda salvar su relación matrimonial y producir una nueva dimensión de amor en ella.

Así que, si está dispuesto a hacer una dedicación personal a su matrimonio, basada en los principios y promesas eternos de la Palabra de Dios, puede animarse y permitir que crezca la esperanza en proporción a su dedicación. Contrario a lo que el mundo cree, una persona *puede* salvar su matrimonio. En efecto, la mayoría de las personas que yo aconsejo pertenecen a esta categoría. Aunque los dos acuden a hablar conmigo, por lo general el uno llega trayendo al otro, por decirlo así, y en la mayoría de los casos, sólo uno de ellos está interesado en el resultado.

La consejera matrimonial Anne Kristin Carroll dice: "Si piensa que no hay esperanza por cuanto cree que es el único o la única de la relación que quiere salvar su matrimonio, o se preocupa lo suficiente para tratar de salvarlo, ¡está equivocado o equivocada!" Y agrega: "En mi experiencia, la mayor parte de los matrimonios con problemas vuelven a nueva vida, nueva vitalidad, básicamente por el interés de una de las partes".[3] Yo también he tenido la misma experiencia. He visto que numerosas parejas matrimoniales han salvado su matrimonio cuando uno de los cónyuges aplicó los principios bíblicos con una dedicación de todo corazón al cónyuge y al matrimonio.

Para algunas parejas no ha sido así. Esto ocurre, generalmente, porque el individuo está convencido de que nada podrá cambiar a su cónyuge; de que el problema del alcoholismo, o de la irresponsabilidad económica, o lo que sea, que ha durado tanto tiempo, no puede resolverse, y, por tanto, el otro cónyuge se rinde. Ocasionalmente, el cónyuge que desea el divorcio ha desarrollado un fuerte apego emocional hacia otra persona, que no se rompe *a tiempo* para salvar el matrimonio. A menudo, sin embargo, este apego termina mientras se demora el divorcio, y el cónyuge infiel da las gracias al que ha sido fiel por haber permanecido firme y perseverar en el matrimonio. En algunos casos, relativamente pocos, uno de los cónyuges es presionado por la familia y por los amigos "leales"; entonces, se le desarrolla una profunda amargura hacia el otro. En otros casos, esta hostilidad es estimulada por los padres, y algunas veces aun por los miembros de la iglesia, de tal modo que los esfuerzos de reconciliación no sirven para nada.

Pero en la gran mayoría de los casos, el resultado depende completamente de la capacidad que tiene el cónyuge para comportarse constantemente en conformidad con los principios bíblicos diseñados por el Autor del matrimonio. Así que, en un sentido muy claro, *todo* depende de usted. No necesita esperar que su cónyuge haga algo constructivo a favor del matrimonio, si él o ella quieren disolver el vínculo matrimonial.

Clarifique sus pensamientos

Cuando la Biblia dice: " . . . ceñid los lomos de vuestro entendimiento" (1 Pedro 1:13), significa que debemos colocar nuestras facultades mentales en un estado de alerta y de acción apropiada. Usted tiene que hacer esto sin demora. A menudo, el Señor le proveerá la oportunidad para que haga algún estudio bíblico tranquilo y sin interrupción, y una meditación con oración sobre el plan de Dios para su situación. También puede aprender algunas cosas importantes acerca de sí mismo durante este tiempo. En una ocasión, el esposo se fue del hogar, sus padres ayudaron amorosamente a la esposa cuidándole los niños durante varias semanas, mientras ella se preparaba mental y espiritualmente para los desafíos que la esperaban.

Una joven esposa estaba lista para disolver el vínculo matrimonial hasta que una amiga del club de jardinería la condujo a que recibiera a Cristo como su Salvador personal. "Al principio, yo sólo sabía dos pasajes bíblicos", dijo esta señora, "pero eran exactamente los que necesitaba: 'Dios no es hombre, para que mienta . . .' (Números 23:19); y ' . . . nada hay imposible para Dios' (Lucas 1:37).

"Con esas verdades como fundamento, comencé a estudiar la Biblia, tratando desesperadamente de descubrir el propósito de Dios para el matrimonio, y todo lo que él decía al respecto. Descubrí que, si yo iba a obedecerle, entonces, tendría que dedicarme a mi matrimonio y a mi esposo, aunque él tenía relaciones con otra mujer, y estábamos a punto de divorciarnos.

"Al principio, el hecho de llegar a esta decisión no hizo las cosas emocionalmente más fáciles, pero me mostró un camino de acción claro, y la situación realmente llegó a ser menos complicada, ¡pues ya no había confusión en cuanto a lo que *debía* hacer! Me negué a firmar los papeles del divorcio. Yo había reunido las evidencias que identificaban a la otra mujer y que probaban la infidelidad de mi esposo. Las destruí todas. Ya no las necesitaba".

Un profesor de la Universidad de Chicago describió el dilema de esta generación con unas palabras que ya son muy conocidas: "Carecemos del *lenguaje* para enseñar lo bueno y lo malo". Pero el cristiano que cree en la Biblia y está atrapado en una situación emocionalmente cargada no tiene este problema. El lenguaje de Dios con respecto al divorcio es suficientemente claro para cualquier lector. Por ejemplo:

> Porque Jehová Dios de Israel ha dicho que él aborrece el repudio, y al que cubre de iniquidad su vestido [su esposa], dijo Jehová de los ejércitos. Guardaos, pues, en vuestro espíritu [que sea controlado por mi Espíritu], y no seáis desleales [con el cónyuge] (Malaquías 2:16).

> El, respondiendo, les dijo: ¿No habéis leído que el que los hizo al principio, varón y hembra los hizo, y dijo: Por esto el hombre dejará padre y madre, y se unirá a su mujer, y los dos serán una sola carne? Así que no son ya más dos, sino una sola carne; por tanto, lo que Dios juntó, no lo separe el hombre (Mateo 19:4-6).

Mientras trata de obtener claridad de pensamiento con respecto a su situación conyugal, considerada a la luz de la enseñanza de la Escritura, le sugiero que lea los primeros cinco capítulos de este libro, e *investigue* las Escrituras que se relacionan con el matrimonio. Permítame recordarle una vez más el principio eterno que señala el consejo bíblico que ofrezco: *La voluntad de Dios para todo matrimonio es que la pareja se ame el uno al otro con una atracción absorbente espiritual, emocional y física que continúe creciendo a través del tiempo.* Debe quedar bien claro que Dios tiene el propósito de que usted y su cónyuge representen el vínculo de amor entre Cristo y su iglesia, y que tiene que estar consciente de que algunas veces se infiltran sustitutos en el vacío de una relación atribulada. Obviamente, la infidelidad y el divorcio son senderos que apartan del plan y de la bendición de Dios. Pero cuando se dedica a restaurar el amor en su vida matrimonial, puede estar seguro de que la fuerza de la voluntad de Dios trabaja en el proceso.

Es importante que llene su mente con la energía bíblica positiva: consejo, predicación y enseñanza bíblicas; buenos libros y buenas cintas magnetofónicas de estudio bíblico; y que consiga amigos que lo afirmen en la consagración a su matrimonio. Tiene que recibir la verdad de aquellos que están tan dedicados a la permanencia del matrimonio como lo está la Biblia. ¡No preste atención a nadie más! Desarrolle una visión precisa en este sentido, como nos lo manda Proverbios 4:25-27:

> Tus ojos miren lo recto, y diríjanse tus párpados hacia lo que tienes delante. Examina la senda de tus pies, y todos tus caminos sean rectos. No te desvíes a la derecha ni a la izquierda; aparta tu pie del mal.

Necesita mantener esta total dedicación mental a la verdad, pues de lo contrario lo harán zozobrar las ondas de la opinión humana y del mal consejo, que algunas veces le viene de gente aparentemente religiosa.

Un joven se acercó a mí, confundido por cuanto se le había dicho que no hiciera nada a fin de lograr que su esposa volviera a él. Se le había aconsejado que se concentrara en su relación vertical con Dios. Yo le dije: "Esto es verdad, pero sólo puede complacer a Dios cuando hace lo que la Biblia dice que debe hacer. Tiene que estar al día con la Palabra de Dios. No tenemos otra instrucción para esta vida. Cuando estamos completamente de acuerdo con la Palabra de Dios, entonces podemos relajarnos y Dios tiene la libertad de obrar con nosotros. El siempre obra con nosotros basado en la información que tenemos en su Palabra. Así que cuanto más conozca de la Palabra de Dios con respecto al matrimonio, al amor y al desagrado que Dios siente hacia el divorcio, tanto mejor equipado estará para permitir que Dios haga su obra completa y la voluntad de él en la vida suya".

"Tuve que tomar una posición en lo que se refiere a la influencia externa", me dijo una señora. "Todos sentían que tenían derecho a darme consejos acerca de mi vida matrimonial. Me negué a discutir el asunto con personas que tuvieran un punto de vista antibíblico, con personas que trataran de ponerme en contra de mi esposo, o con personas que me hicieran sentir lástima de mí misma y que estimularan la debilidad en mí. Ya no puedo darme el lujo de estar alrededor de mis amigos del mundo. Ellos me destruyen; ellos destruyen a mi esposo. Pueden tener buenas intenciones, pero están sumamente desorientados. Quiero estar con personas que estén conmigo y me apoyen cuando yo vacile".

Cuando su mente esté establecida, sus pensamientos claros y su compromiso hecho, descubrirá que ya no está a merced de los eventos externos, y que ya no reacciona ante cada nueva circunstancia con dolor y perplejidad. En vez de ello, su punto de vista será el siguiente: "Esto es lo que voy a hacer, *no importa lo que sea*, pues ésta es la manera como Dios lo hace. Puedo contar con su sabiduría, y puedo confiarle los resultados de un curso de acción basado en su Palabra".

"Ya no prosigo en la vida matrimonial basada en lo que será el resultado", me dijo una mujer. "La gente me insta a deshacerme de mi esposo, a abandonarlo, por cuanto él me ha hecho desdichada; me dicen que merezco alguien que sea mejor, que no tendría ninguna dificultad en hallar a alguien que me ame. Yo respondo que el matrimonio es sagrado, que el matrimonio es permanente; que estoy comprometida mediante los votos matrimoniales, que soy una sola carne con mi esposo, ¡y luego les doy una verdadera sorpresa! Les digo que, aunque nuestro matrimonio no tuviera un fin feliz, no me arrepentiría de haber tomado esta posición. Sabría que tomé la decisión correcta y que seguí el único camino posible para mí. Habría hecho todo lo que pude.

"Pero mi confianza no está en lo que estoy haciendo", añadió. "Mi confianza está en Dios y en su Palabra. El tiene un plan perfecto y amoroso para mi vida, y él es suficientemente sabio y poderoso para llevarlo a cabo, si coopero con él siguiendo su consejo. Así que me mantendré obedeciéndole en mi matrimonio, y dejaré a Dios los resultados. Estoy en paz con eso".

Estabilizar las emociones

Como médico, a menudo, sé cuando un matrimonio se encuentra en dificultades, pues los pacientes acuden a mí en busca de algo que alivie su estado altamente nervioso. Una señora cuyo esposo mantenía amores con otra mujer, acudió a mí convencida de que ella estaba a punto de "perder el juicio". Temía que no sería capaz de sobrevivir y ya les había pedido a parientes políticos que en caso de que algo le ocurriera, mantuvieran a sus hijos lejos del contacto con la otra mujer. Su angustia mental era, en realidad, aguda.

Meses después, me impresionó la transformación que le había ocurrido: estaba alerta, equilibrada, atractiva, bien balanceada en cuanto a pensamiento y lenguaje; ahora parecía poseer un núcleo central de paz. Aunque sus problemas conyugales no estaban completamente resueltos, su esposo había regresado a casa, y los dos estaban trabajando para edificar una relación de amor verdadera.

"Antes que él pudiera decirme que me amaba, aún antes que regresara a casa, le impresionó la manera como yo había cambiado", explicó ella. "El se hallaba en una horrible perturbación, y la paz y la estabilidad que yo había hallado realmente lo atrajeron hacia mí", mientras decía esto, abrió su Biblia. "¿Sabía usted que Proverbios 5:6 dice que los caminos de la adúltera son *inestables*? ¡Mi esposo descubrió eso! El contraste con la madurez espiritual que yo había logrado por el camino duro le inspiró respeto, e hizo que él quisiera estar conmigo".

Le pregunté cómo se explicaba este cambio en ella, aunque yo estaba convencido de que ya sabía la respuesta.

"El Señor me cambió por medio de la Palabra de Dios", me respondió. "Eso fue como si me hubiera estado ahogando, y la Palabra de Dios hubiera sido el salvavidas. Pasaba horas todos los días leyendo la Biblia. Para comenzar, el Señor me mostró cuán equivocada había estado como esposa. Ya no podía sentirme traicionada ni maltratada; ni siquiera podía echarle la culpa a mi esposo por buscar a otra que lo hiciera feliz, cuando yo había fracasado tan horriblemente. Entendía que tenía que cambiar, y la Palabra de Dios me indicó cómo.

"Luego, el Señor me indicó que no podía sentir amargura hacia la otra mujer. La amargura se marchó. El amor penetró. Al mismo tiempo, las promesas de la Palabra de Dios me estaban estabilizando, y dándome una firmeza para enfrentarme a cada nuevo día. Cuando ocurría algo que parecía una derrota, calmadamente, podía acudir a la Palabra de Dios y estudiarla, y comenzar a entender la nueva lección que él me estaba enseñando.

"Como *usted* sabe", me dijo ella, "cuando todo esto comenzó, simplemente tenía que tener a alguien a quien pudiera llamar día y noche, para hablar, por cuanto estaba muy asustada, ofendida y desesperada. Pero, llegó el momento cuando aprendí a acudir directamente al Señor. Necesité cierto tiempo para llegar a eso, pero en toda esta experiencia, ésa es la bendición más grande que he recibido. ¡He aprendido que lo único que realmente necesito es al Señor!"

El testimonio de esta esposa señala el camino hacia la estabilidad emocional para cualquier individuo que la necesite; y la mayoría de las personas que se enfrentan a la desintegración de su matrimonio la necesitan desesperadamente.

En un artículo publicado en una revista con el título "Vuelo instrumental", Gloria Okes Perkins compara los tiempos de prueba e inestabilidad emocional en la vida del creyente con las nubes, la neblina y la turbulencia que experimenta el piloto de un avión. En estos casos, la solución está en volar completamente guiado por los instrumentos.

"Cuando no hay contacto visual con la tierra . . . cuando no hay horizonte a la vista, sólo se puede lograr la estabilidad dependiendo de lo que digan esos vitales giroscopios", escribe ella. "Lo que es cierto para los pilotos en el aire es igualmente cierto en otro sentido para los creyentes en las dificultades de la vida, cuando las condiciones normales de estabilidad parecen desvanecerse en nubes de aflicción y confusión. Tarde o temprano, todo creyente en Cristo tendrá que 'volar por instrumentos', espiritual y emocionalmente, cuando hay mal tiempo . . .

"Cuando un piloto está volando un avión a través de una neblina espesa no puede estar seguro de su dirección, a menos que les preste completa atención a los instrumentos. Cuando vuela a través de una tempestad de truenos, la turbulencia lo agitará, y la oscuridad que hay dentro de las nubes amenazará con desorientarlo. Algunas veces sentirá como si estuviera subiendo, bajando o dando vueltas. Pero no puede depender de los sentimientos. Sólo puede confiar en los giroscopios. Así que el piloto tiene que depender de los controles en medio de la turbulencia y disciplinar su mente para concentrarse en los instrumentos mientras vuela a través de la tormenta.

"Es clara la verdad paralela para el cristiano que pasa por tiempos difíciles. Los sentimientos indisciplinados . . . pueden causar una catástrofe, a menos que nos mantengamos estabilizados mediante los hechos de la Palabra de Dios . . . Toda promesa de la Palabra de Dios es como un giroscopio que da información para estabilizarnos en alguna situación específica . . . Con la práctica diaria, aprendemos a no dejarnos dominar por el pánico, sino a creer en alguna verdad específica de la Biblia adecuada para nuestras propias circunstancias. Por experiencia, aprendemos a no pelear contra los sentimientos, sino a mirar lejos de ellos a los *instrumentos* de la Palabra de Dios que son absolutamente confiables.

"Descubrimos que, si en la peor turbulencia, sin importar cuán perturbadora sea, dependemos de las verdades de la Palabra de Dios, mantenemos la mente y el corazón firmes en ellas, y los ojos intencionalmente fijos en el mismo Dios, al fin saldremos de las nubes tormentosas para remontarnos una vez más por la atmósfera clara y tranquila".[4]

Esta es la manera en que puede lograr la estabilidad emocional en este tiempo, sin importar cuál sea su situación.

Aprender a amar

Llegamos ahora a la conducta práctica que puede salvar su matrimonio. El desafío consiste en que aprenda a amar a su cónyuge cada día, de tal manera que haya un amor que responde. Recuerde que llega a ser capaz de ser amado cuando ama, y no mediante el esfuerzo para atraer el amor. Así que tenga mucho cuidado en la manera como usted ama. Amar al cónyuge según la manera de Dios no significa agarrarse de él, quejarse o exigirle cosas. El mal humor, la ira y las manifestaciones temperamentales sólo obstaculizarán los esfuerzos. Amar a su cónyuge según el método de Dios, no significa inventar juegos para tratar de inspirar envidia o inseguridad, ni jugar duro para ganar, ni vengarse mezquinamente, ni utilizar cualquiera de los otros métodos que usted usó en los primeros años de la adolescencia, los cuales son completamente inadecuados para el matrimonio.

Recomiendo que lea 1 Corintios 13 en todas las traducciones modernas que pueda hallar. Lea ese capítulo vez tras vez para que aprenda los patrones de conducta que caracterizan el amor genuino que Dios usa para sanar el matrimonio. Llene su mente y su espíritu con estas respuestas básicas de conducta para que ellas remodelen su conducta y cambien sus acciones.

—¿Qué puedo hacer para demostrarte que te amo? —preguntó una esposa a su esposo.

—Puedes ser amable conmigo todo el tiempo —respondió él—, no sólo cuando tienes buena disposición. Pudieras tratarme como si yo fuera realmente algo especial. Pudieras demostrarme que me amas respetándome y no tratando de tomar el mando.

Una esposa expresó su deseo de la siguiente manera: "Yo sólo quiero que mi esposo se mantenga diciéndome que me ama y que me apruebe. No sólo con palabras, sino con hechos, reflexión, comprensión y protección. Lo que realmente quiero decir es que quiero que él me ame en la manera que la Biblia lo dice: ¡Cómo Jesucristo ama a la iglesia!"

Todos anhelamos ser amados. Y queremos pruebas tangibles de que *somos amados*. Pero en el matrimonio, alguien tiene que tomar la iniciativa y comenzar el proceso de amar. Cuando las incomprensiones se amontonan unas sobre otras, y se erigen muros entre el esposo y su esposa, esto puede ser difícil. Robert Louis Stevenson expresó la verdad cuando dijo: "Aquí estamos, la mayoría de nosotros, sentados en la ventana de nuestro corazón, clamando que llegue alguien que nos ame. Pero luego cubrimos la ventana con el vidrio manchado del orgullo, o con el de la ira, o con el de la autoconmiseración, de tal modo que nadie puede tener una vislumbre del solitario ser que hay por dentro".

¿Es posible que en su propio matrimonio haya dos personas solitarias que estén clamando internamente que necesitan ser amadas; sin embargo, están confundidas con respecto a lo que el otro realmente quiere y siente? Sólo hay una respuesta acertada. Usted tiene que proponerse amar a su cónyuge, desde el principio, de manera unilateral, y demostrarlo al satisfacer, no sólo las necesidades del cónyuge, sino también sus deseos.

En resumen, necesitará aplicar todos los principios que hemos discutido en los capítulos anteriores relacionados con las cinco maneras de amar. La manera más fácil para establecer un hábito efectivo de conducta amorosa consiste en poner en práctica el método de cuatro pasos que se describió al comienzo del capítulo 13 de este libro.

En uno de nuestros seminarios cristianos sobre el matrimonio, una pareja de edad mediana se acercó a Gaye y a mí, con una sonrisa amplia y obviamente feliz. Las primeras palabras que dijo la señora fueron las siguientes: "Simplemente queríamos conocer personalmente a los autores del álbum de cassettes *El amor que no se apaga*, ya que fue lo que salvó nuestro matrimonio". Con los rostros radiantes, los dos fueron tomando turnos para explicar cómo ellos se habían dado por vencidos con respecto a su matrimonio, por cuanto su relación tenía problemas aparentemente insuperables. Pero luego, un consejero cristiano les dio nuestro álbum de cassettes, con el cual hallaron esperanza por primera vez. Ellos habían seguido minuciosamente nuestras sugerencias paso a paso, y habían descubierto que eran eficaces. La señora metió la mano en la cartera, sacó la billetera, y de allí extrajo una tarjeta para mostrárnosla. En esa tarjeta había escrito la receta en cuatro pasos (Capítulo 13), y unas pocas líneas debajo de cada punto. Ella nos dijo: "Yo solía mirar esto muchas veces en el transcurso del día, y aún lo uso diariamente para recordar cómo amar. Nuestra relación matrimonial es muy buena ahora. ¡Yo no quiero resbalar hacia los antiguos patrones de conducta que casi destruyeron nuestro matrimonio!"

El hecho de amar a su cónyuge mediante las acciones de bendecir, edificar, compartir y practicar el toque físico, es algo que llega a ser un hábito de toda la vida. Eso no sólo inspira un amor que responde, sino que hará que vuelvan a la vida sus propios sentimientos de amor y los mantendrá vivos. Esto ocurre por cuanto los sentimientos están determinados por las acciones, y no de la manera contraria. Si se comporta como si amara a alguna persona, en poco tiempo los sentimientos lo seguirán. Y al comportarse de una manera positiva a través de este plan, puede evitar el entumecimiento emocional que de otro modo se desarrollaría como resultado del continuo rechazo por parte de su cónyuge.

Aunque aplique todo el resto de los consejos de este libro, si está tratando solo de salvar su matrimonio, se halla en una situación especial que exige que se tomen medidas especiales y consejo adicional. Porque, ¿cómo puede demostrar amor cuando su cónyuge está ocupado con otra persona? ¿O cuando el cónyuge ha abandonado el hogar? ¿O cuando se enfrenta a su amor con hostilidad? ¿O cuando lo pasa totalmente por alto?

El consejo especial que tengo irá contra todo lo que la mente del mundo enseña, y contra su propia naturaleza. Pero si quiere salvar su matrimonio, no puede darse el lujo de gratificar su orgullo ni de exaltarse a sí mismo. Usted ni siquiera podrá llevar a cabo este consejo por su propia cuenta, pues sólo el individuo que cuente con recursos espirituales a través del conocimiento de la Palabra de Dios escrita y la presencia del Señor Jesucristo que mora en el creyente, puede hacer lo que debe hacerse de manera constante y efectiva.

El principio espiritual que tiene que comprender y al cual debe aferrarse es el siguiente: "Y me ha dicho [el Señor]: Bástate mi gracia; porque mi poder se perfecciona en la debilidad. Por tanto, de buena gana me gloriaré más bien en mis debilidades, para que repose sobre mí el poder de Cristo. Por lo cual, por amor a Cristo me gozo en las debilidades . . . porque cuando soy débil, entonces soy fuerte" (2 Corintios 12:9, 10). A la luz de este principio, que opera en la vida del cristiano cada vez que se lo aplica, ofrezco a continuación la preparación que necesita para que haga el esfuerzo de salvar su relación matrimonial.

1) Prepárese para lo peor, sabiendo que dispone de suficiente gracia.

Por lo general, cuando existe una relación matrimonial conflictiva, el cónyuge que quiere dejar al otro, bien ya tiene relaciones con otra persona, o prevé entrar en tales relaciones con alguien. Así que, cuando una persona acude a mí con un problema matrimonial, una de las primeras preguntas que le hago es la siguiente:

—¿Su cónyuge tiene relaciones amorosas con alguna otra persona?

A menudo, oigo una respuesta renuente:

—Sí, pienso . . .

—Está bien —respondo—, ¿qué haría si su cónyuge estuviera viviendo en adulterio con esa persona?

—Bueno —la persona pudiera responder—, ¡aún no ha llegado a ese extremo!

Luego, le explico que tiene que prepararse para hacer frente a esa posibilidad. Una señora estaba aferrada a la creencia de que su esposo (un cristiano activo) no hubiera tenido la posibilidad de llegar hasta el acto del adulterio con la otra mujer (una "amiga" cristiana). Cuando descubrió la verdad, fue doblemente devastadora para ella, pues carecía completamente de preparación para manejar el asunto, puesto que había negado esa posibilidad.

Otra esposa comenzó a prepararse emocional y espiritualmente para la posibilidad de que su esposo le fuera infiel, como resultado de un consejo que mi esposa Gaye le dio en un seminario. Esta señora nos llamó posteriormente para decirnos que su esposo, poco después del seminario, había llegado ante ella para confesar que él había tenido una larga aventura amorosa con su secretaria. "Me alegro de haber estado preparada", nos dijo ella. "El quería permanecer conmigo, pero pensaba que no habría esperanza tan pronto como yo supiera la verdad con respecto a su pasado. Yo había estado escuchando los cassettes titulados *El amor que no se apaga*, vez tras vez, y pude bregar con la situación con calma, amor y perdón. Yo ya tenía la mente concentrada en lo importante: salvar nuestro matrimonio. Vamos a lograrlo".

El adulterio, probablemente, es el peor pecado que la mayoría de los casados pueden pensar que cometan sus cónyuges. Es prudente estar preparado práctica, emocional y espiritualmente para lo peor. Luego, será más fácil manejar los demás problemas, si son los únicos con los cuales tiene que contender. Prepárese para la posibilidad de que su cónyuge le sea infiel. Tiene que comprender que el adulterio es pecado, igual como cualquier otro pecado, porque Dios puede perdonar a ese individuo, ¡y usted también! Tiene que perdonar, si quiere estar libre para amar, vivir y crecer como persona.

Karen Mains, en su obra *The Key to a Loving Heart*, describe vívidamente la relación entre el perdón y el amor:

> La llave que abre la puerta de los cuartos cerrados de nuestros corazones es el perdón. Sólo cuando hemos experimentado el perdón (. . . quiero decir, cuando somos sobrecogidos por la realidad del perdón, y podemos tocar, gustar y oler sus resultados), hallamos que las cerraduras están sin llave, las puertas completamente abiertas, las ventanas de par en par, las habitaciones habitadas, los fuegos encendidos en el hogar. Es entonces cuando finalmente descubrimos que nuestros corazones están libres para amar. Estos han llegado a ser lo que el Creador quiso que fueran, lugares que tuvieran una inmensa capacidad para abarcar.

Después que haya perdonado, tiene que prepararse para hacer frente a la continuación de la aventura y decidir exactamente cómo ha de manejarla, incluso repasando en su mente la manera cómo ha de responder a ciertas situaciones que pudieran surgir. Tiene que estar preparado para responder de manera amorosa, aun a una continua infidelidad. Esto no quiere decir que usted la aprueba, ni la ignorará. Pero, muy al principio, en el proceso de resolver sus problemas matrimoniales, tiene que llegar a la poderosa comprensión de que *usted* no puede reformar a su cónyuge, por más que se esfuerce. La única opción que tiene es la de llegar a ser el esposo o la esposa que Dios ordenó en la Escritura que usted fuera, y aplicar todos los principios de conducta de la Palabra de Dios en los desafíos diarios de su situación. Bien pudiera salvar su matrimonio. Indiscutiblemente, disfrutará de la bendición y del favor de Dios.

¿Qué será lo que cambiará a su cónyuge? Algunas veces el cambio viene a través del conocimiento personal de las Escrituras. Un esposo cristiano abandonó su aventura fuera del matrimonio, y volvió a casa, pues a través de la lectura bíblica personal comprendió cuán profundamente había caído en pecado, y cuán terrible pudieran ser los resultados de eso. Su esposa me dijo: "Pensé que había regresado a casa porque me amaba. Pero él admitió que había regresado para obedecer la Palabra de Dios. ¡Eso afectó mi orgullo al principio! Mi esposo me dijo: 'Dios me promete que me enseñará a amarte como debieras ser amada'. Luego, comprendí cuán torpe había sido con mi orgullo herido. Yo debo estar dando gracias al Señor por cuanto éste es el mejor modo para que comencemos a edificar una relación de amor verdadera. Si él hubiera regresado porque yo le parecí más atractiva en ese momento, eso no hubiera durado. Ahora, *para ambos*, nuestra fortaleza y nuestra esperanza de reconstruir nuestro matrimonio reposan en el Señor".

Pero, ¿qué diremos del cónyuge que no acude a la Palabra de Dios en busca de consejo? En ese caso, ese cónyuge tiene que ver en usted un ejemplo viviente y andante de la verdad de Dios que se aplica fielmente en cada situación. Nunca deje la impresión de que se está comportando de esa manera sólo para cambiar a su cónyuge. Usted lo hace porque Dios dijo que tenía que hacerlo, bien parezca ser eficaz o no.

En los matrimonios severamente afligidos, generalmente es el esposo el que se va del hogar y vuelve; tal vez pasa parte de su tiempo con otra mujer. Aunque esto obviamente causa disgusto, algunas veces aconsejo a las esposas que acepten esta situación de manera temporal, ya que eso es preferible a la separación total que conduce a la disolución del matrimonio.

Por esta razón, a su esposo se le da la libertad de estar en ambos mundos durante algún tiempo, mientras trata de vivir su fantasía. Si usted hace su parte en el hogar, a él se le hará evidente un contraste muy claro. "Porque los labios de la mujer extraña destilan miel, y su paladar es más blando que el aceite; mas su fin es amargo como el ajenjo, agudo como espada de dos filos. Sus pies descienden a la muerte . . . sus caminos son inestables; no los conocerás . . ." (Proverbios 5:3-6). Tarde o temprano, esto se le hará evidente a su esposo. Usted tiene la oportunidad, si él aún llega a casa por lo menos parte del tiempo, de mostrarle una dulzura genuina que no tenga un posterior gusto amargo, y la generosa y estable serenidad que sólo Cristo puede dar. Su conducta puede recordarle el continuo gozo y la dignidad de permanecer como la cabeza de su familia en contraste con la degradación social y espiritual que bíblicamente se promete al hombre que comparte su suerte con una adúltera. Esto no lo logrará tratando, sino *siendo*; siendo la esposa bondadosa y amante que Dios quiere que sea, tal como se define en la Biblia.

Esta es la razón por la cual insto a todos los hombres y mujeres a quienes aconsejo a que eviten la separación, sin importar cuán serios sean los problemas. (La única excepción es el caso del maltrato físico que pudiera exigir una separación legal.) Mientras los dos vivan en la misma casa, tienen la oportunidad diaria de poner en acción poderosos principios bíblicos. No subestime esta ventaja. Usted se halla en una posición de amar tan inmutablemente que el impacto que producirá en su cónyuge se intensificará con el paso del tiempo. Cuando aplica constantemente los conceptos eternos a su relación diaria, el tiempo y el hecho de estar juntos llegan a ser factores que le ayudarán a restaurar el amor en su matrimonio. Si están separados, entonces tiene que aprovechar todo lazo común que tenga, como los hijos o los negocios, para demostrar el amor a través de su conducta y actitudes.

La regla es que debe mostrarle la diferencia cuando él está en casa; ¡haga que él se sienta feliz allí! Una esposa describió la manera como ella se comportó hacia su esposo que estaba siendo asediado por problemas económicos, y vacilando entre el hogar y el apartamento de la otra mujer. "Yo estaba dispuesta a dejar que mi esposo tuviera lo que habíamos acumulado (mayormente deudas)", dijo ella sonriente. "Pero la otra mujer estaba presionándolo para que abandonara el hogar y diciéndole lo que ella le permitiría dar a sus hijos. Pensé que él había conseguido una mujer que lo estaba presionando. Que no necesitaba dos. Así que lo dejé tranquilo, me las arreglé sin pedirle dinero, y me negué a que se cargara a las cuentas de él las cosas que yo necesitaba. Originalmente, según su propia manera de pensar, él me había colocado en medio de sus problemas económicos, mientras la otra mujer representaba la libertad para él: la fantasía de volver a comenzar sin inconvenientes. Pero eso cambió pronto. El comprendió que yo estaba a su lado: preocupada por él, y confiando en que el Señor proveería para las necesidades económicas de los niños y las mías. En contraste, ella estaba demandando muebles costosos y comprando ropa en las mejores tiendas. Sí, me molestaba salir sin un abrigo nuevo, y verla a ella con uno carísimo. Pero yo tenía que pasarlo por alto. Sabía que eso no duraría mucho. Y no duró. El ahora está en casa, permanentemente. Nuestro matrimonio tiene ahora una nueva base sólida".

Al prepararse usted para hacer frente a lo peor que pudiera asaltar su matrimonio, tiene que recordar que las personas que han sido atrapadas por estas trampas disfrazadas de amor, y están envueltas en aventuras amorosas fuera del matrimonio sufren de alguna clase de locura temporal. No están pensando claramente, pueden portarse de manera totalmente irresponsable, parecen estar fuera del juicio normal. Usted tendrá que comprender que esto ocurre en realidad. Aun esto debe aceptarse y a ello hay que hacer frente cuando se prepara emocionalmente. Una señora dijo: "Mientras mi esposo estaba 'fuera de sí', no traté de razonar con él. No lo condené, ni lo juzgué, ni me burlé de él, ni lo reprendí. Simplemente lo acepté. Durante ese período, usé el tiempo de espera para crecer yo misma en el Señor. Felizmente, mi esposo volvió a la normalidad y ahora es mucho más sabio que antes".

Cuando en el matrimonio, es la esposa la que llega a involucrarse con alguna otra persona, generalmente se va del hogar permanentemente, o le exige a su esposo que se vaya de la casa. Yo aconsejo al esposo que no se vaya. No hay manera de que él se vea forzado a salir de su hogar, si su conducta es moderada y razonable.

El esposo tiene que estar preparado para buscar activamente a su esposa y lograr que vuelva. Pero, no se debe permitir que la esposa piense que él hace esto como un deber. Sólo el amor tendrá la fuerza que prevalece sobre las emociones encontradas que han llevado a una esposa infiel hasta ese punto.

Por ejemplo, la indiscreción que cometió una vez una esposa que asiste a la iglesia, llegó a ser de dominio público. Profundamente avergonzada y emocionalmente confusa, abandonó a su esposo y se mudó a un apartamento donde, combinando la culpa con el desafío y con la soledad, continuó entrevistándose con el otro hombre. Su esposo contaba con toda la simpatía de la familia y de los amigos de la iglesia. ¿Pero no tenía él algo de culpa en este asunto? ¿O no la había amado él como debía antes que ocurriera el acto de infidelidad? En la mayoría de los casos, la parte ofendida tiene algo de responsabilidad por el derrumbamiento del matrimonio. En esta situación, la conducta impropia de la esposa se había desarrollado después de la trágica pérdida de su hijo. El esposo reconoció que tal vez él no le había manifestado a ella la debida comprensión en ese tiempo. Claramente, él no había satisfecho sus necesidades ni sus deseos.

Ahora tenía que tomar una decisión. Podía dejar que se fuera, o ganarla para que volviera (como hizo Oseas en el Antiguo Testamento), y restaurarla en su antiguo puesto de honor. Le recordé a él dos principios bíblicos que se hallan en Efesios 5. Primero, que él y su esposa estaban íntimamente unidos, aunque estuvieran viviendo separados. Así como la iglesia es el cuerpo de Cristo, así la esposa, en un sentido, es el cuerpo del esposo. La opinión pública, las indiscreciones temporales de ella, o la conducta necia no podrían cambiar ese hecho eterno. Segundo: "El que ama a su mujer, a sí mismo se ama. Porque nadie aborreció jamás a su propia carne, sino que la sustenta y la cuida, como también Cristo a la iglesia" (Efesios 5:28, 29).

Le aconsejé a este esposo que amara a su esposa hasta atraerla de nuevo a la vida matrimonial, nutriéndola emocionalmente y apreciándola en todo sentido posible durante esta etapa de crisis en su vida. "Si usted se acerca a ella como si fuera noble y le estuviera haciendo un favor, no llegará a ninguna parte", le advertí. "Tiene que convencerla de que la ama, de que ella es valiosa y preciada para usted, más que cualquier otra mujer, de que la necesita y no quiere vivir sin ella".

Otro esposo había sido aconsejado por los amigos cristianos que orara y le pidiera a Dios que le devolviera su esposa, y que no hiciera nada luego, sino que confiara en que Dios obraría de algún modo sobrenatural.

"Pero su relación matrimonial debe representar la relación que existe entre Cristo y la iglesia", le señalé. "Jesucristo no se quedó con el Padre. El vino a la tierra por amor hacia nosotros y dio todo lo que tenía para establecer la relación con nosotros. Mire, la Biblia dice que debe amar a su esposa así como Cristo ama a la iglesia. Eso significa un amor activo de su parte, que la busca a ella".

A cualquier esposo que esté tratando de restaurar su matrimonio, le digo que necesita entender que lo único que alcanzará a su distante esposa es una demostración convincente y constante de que él realmente la quiere. El no está tratando de lograr que ella vuelva por cuanto es lo correcto que se debe hacer, ni porque es lo mejor para los hijos, ni porque Dios lo está dirigiendo para que haga eso. El necesita convencerla de que él la quiere para sí mismo. El ha comprendido que las cualidades de ella son las que más necesita; él siente ahora que es capaz de llegar a ser el esposo que debe ser; y anhela aprovechar toda oportunidad para demostrarle a ella que él *puede* y *quiere* amarla.

Notemos que el esposo tiene que ganar a su esposa para que vuelva, iniciando el amor y demostrando constancia, cuando sea necesario. La esposa tiene que ganar a su esposo para que vuelva, respondiendo con amor en toda oportunidad. Esto está en concordancia con los papeles bíblicos asignados al hombre y a la mujer, y con sus naturalezas distintas desde la creación.

El esposo que tiene razón para creer que su esposa le ha sido infiel tiene que guardarse de pedirle información a ella con respecto a la aventura amorosa. Basta aceptar el hecho de que ella ha sido indiscreta. Cuanto más sepa usted, tanto más difícil le será manejar emocionalmente el problema.

El doctor Carlfred Broderick notó lo siguiente: "En respuesta a la afirmación del derecho del cónyuge que ha perdonado, de saberlo *todo*, los cónyuges arrepentidos muy a menudo proveen detalles tan vívidos y concretos que difícilmente pueden olvidarse".[5]

Actualmente, estoy aconsejando a dos esposos, cada uno de los cuales tiene como propósito construir una nueva relación de amor con su esposa después de un episodio de infidelidad de parte de ella. Pero ambos cometieron el error de discutir la relación ilícita, inquiriendo saber los detalles, y desde entonces han sido atormentados por la información que obtuvieron.

Por regla general, debe haber honestidad entre los esposos, y en respuesta a una pregunta directa, el culpable debe admitir que tuvo una aventura amorosa, pero los detalles no deben revelarse. Dígale a su cónyuge que el tema es demasiado doloroso para discutirlo, y que usted está mucho más interesado en la aventura amorosa que ustedes dos pueden renovar en su matrimonio. A menos que se le pregunte directamente, nunca confiese alguna aventura amorosa del pasado que llegaría como un choque para su cónyuge. La confesión en este caso no es honestidad virtuosa; es un acto cruel que pone la carga y el dolor sobre su cónyuge. Guarde el conocimiento para sí mismo, confiese el pecado a Dios y descanse en su perdón.

En este amplio estudio sobre cómo hacer frente al adulterio en el matrimonio, de ningún modo estoy subestimando el pecado del adulterio, ni descontando el intenso sufrimiento que causa. Pero los cristianos deben ser las personas más realistas en el mundo, y deben estar más capacitados con los recursos de Cristo para enfrentarse a los problemas más profundos de las relaciones humanas, y sanarlas. Algunos investigadores dicen que más del 50 por ciento de los individuos casados han cometido adulterio en algún tiempo durante su matrimonio. Desde mi punto de vista como médico familiar durante 25 años, ¡este estimado me parece muy conservador! Pero quiero hacer hincapié en que una experiencia de adulterio que se produzca una sola vez, o aun una aventura amorosa de cierta duración, no necesita destruir su relación matrimonial. Puedo secundar la observación del doctor Meier en el sentido de que, aunque las heridas producidas por el adulterio son muy profundas, los seres humanos maduros tienen una tremenda capacidad para perdonarse unos a otros. El doctor Meier dice: "Algunos pacientes me han dicho que nunca pensaron que ellos podrían perdonar a su cónyuge si cometía adulterio, hasta que en realidad lo cometió. Luego, se asombraron de su propia capacidad para perdonar. Comprendieron cuánto que-

202 / *El amor que no se apaga*

rían restaurar la comunión íntima con el cónyuge".[6]

Así que, cuando tenga que enfrentarse a la posibilidad de que su cónyuge le sea infiel, recuerde que el Señor tiene suficiente gracia, no sólo para que soporte o acepte la situación, sino también para que la redima.

2) Prepárese para ser "perfecto", sabiendo que dispone de suficiente gracia.

Esta pudiera ser información ofensiva para usted, pero si quiere salvar su matrimonio, no puede ser simplemente un "buen" esposo o una "buena" esposa. Tiene que ser perfecto en su conducta hacia su cónyuge. Tiene que *hacer* y *ser* todo lo que la Biblia prescribe para su papel en el matrimonio, y tiene que ser muy sensible para evitar cualquier cosa que aleje a su cónyuge. El menor desliz en palabra o en acción dará a su cónyuge la excusa que está buscando para abandonar la vida matrimonial. Puesto que el resentimiento y la explicación racional son dos de los asuntos principales que se tienen en mente al pensar en el cónyuge infiel, aun una observación expresada fuera de tiempo puede avivar las llamas de los antiguos resentimientos y dar peso a las explicaciones racionales que el cónyuge ha estado inventando como excusa de su conducta.

Una esposa dijo: "Tuve que demostrar que yo había cambiado, a través de un tiempo, antes que mi esposo pudiera creerlo. El seguía esperando enfrentarse a mi ira o a un terrible silencio cuando llegaba a la puerta. Durante años, yo tenía tan mal humor que él nunca sabía cómo me encontraría. Pero ahora, él está comenzando a comprender que se ha formado un nuevo patrón y que las cosas no son como solían ser".

Al hablar acerca de una conducta "perfecta", siempre tenemos que reconocer que el Señor es el que la hace posible, el que provee el patrón, el propósito y el poder para el cambio fundamental en nuestra conducta y en nuestras actitudes. La esposa de un alcohólico dijo: "Yo había tratado durante años de manipular la situación y cambiar a mi esposo mediante mis propios esfuerzos. Por naturaleza soy de voluntad fuerte y estoy dispuesta a pelear por aquello que quiero. Pero un día, simplemente me rendí. Me acuerdo que comencé a llorar y a orar en la bañera: 'Señor, tú sabes que no puedo manejar mi propia vida. Simplemente, tómame, porque he aprendido que no puedo controlar *nada*'.

"Y ése fue", continuó ella, "el punto donde cambió nuestro matrimonio. ¡Así fue para nosotros dos! El cambio vino lentamente. Tuve la oportunidad de derramar mi corazón ante mi esposo y decirle cuánto necesitaba ser amada y que él me colocara primero en su vida. El realmente aceptó que yo hablaba en serio. Tenía una nueva motivación para dejar de beber. Un amigo lo llevó a las reuniones de los Alcohólicos Anónimos, y no ha tomado ni un trago durante los últimos siete años. El ha vuelto a ser el hombre maravilloso con quien me casé. Doy gracias a Dios todos los días por la sobriedad y la dignidad de mi esposo, y por el amor y el respeto que nos profesamos. Pero, el Señor tuvo que *cambiarme* antes que esto ocurriera".

Hay que seguir tres normas cuando aprenda a amar a su cónyuge con un amor que pueda salvar su matrimonio:

Primera: *Haga constantemente todo lo que pueda para complacer a su cónyuge y satisfacer sus necesidades o deseos.* Ame a su cónyuge de tal modo que sea interpretado como amor. Estudie lo que él necesita. Una esposa dijo: "Yo solía trabajar en el negocio de mi esposo, y pensaba que realmente lo estaba ayudando, que lo estaba impresionando con mi sabiduría y eficiencia. Después que nuestro matrimonio entró en profundas dificultades, descubrí que no era en absoluto lo que él necesitaba. Ahora me quedo en casa y he llegado a ser lo que él necesita: no una empleada que se mueve como un remolino, sino una mujer que tranquilamente lo ama y cree en su capacidad para manejar bien las cosas".

La complacencia de su cónyuge envuelve acción, algunas veces una acción drástica. Un sorprendente ejemplo de esto es la esposa que había tenido interminables peleas con su esposo mientras volaban en su avión particular. El era un entusiasta piloto privado; a ella la aterraba volar. Pero cuando se trató de salvar el matrimonio, ella fue sola al aeropuerto y tomó un curso de vuelo, con la confianza de que el Señor quitaría sus temores. Hoy, ella es también piloto, y su matrimonio es mejor que nunca. Ella dice: "He descubierto que el crecimiento espiritual me da el valor que necesito para cambiar".

Segunda: *Manifieste constantemente a su cónyuge el respeto y el honor que se establecen en la Escritura, si su cónyuge lo merece o no personalmente.* Nunca puedo destacar esto de manera exagerada. Todas las admoniciones bíblicas con respecto al matrimonio se arraigan en este principio. Estudie los pasajes del Nuevo Testamento que tratan sobre este tema, particularmente Efesios 5, Colosenses 3 y 1 Pedro 3, tal como aparecen en las versiones modernas. El esposo, cualquiera que sea su conducta, tiene la posición de cabeza de la esposa y debe ser tratado con respeto todo el tiempo. La esposa, cualquiera que sea su conducta, es una heredera igual de la gracia de la vida, y su esposo debe concederle el lugar de más alto honor y de privilegio especial. ¡Alguien ha dicho que a ella hay que tratarla como a un vaso delicadísimo, y no como a una lata de basura vieja!

Tercera: *Evite por completo criticar a su cónyuge.* Acepte lo que su cónyuge haga o deje de hacer, sin comentarios ni dramatismos. Ni siquiera sugiera una desaprobación secreta. Repito que el Nuevo Testamento ofrece abundante instrucción. En Colosenses 3, por ejemplo, leemos:

> Vestíos, pues, como escogidos de Dios, santos y amados, de entrañable misericordia, de benignidad, de humildad, de mansedumbre, de paciencia; soportándoos unos a otros, y perdonándoos unos a otros si alguno tuviere queja contra otro. De la manera que Cristo os perdonó, así también hacedlo vosotros. Y sobre todas estas cosas vestíos de amor, que es el vínculo perfecto. Y la paz de Dios gobierne en vuestros corazones, a la que asimismo fuisteis llamados en un solo cuerpo; y sed agradecidos (Colosenses 3:12-15).

3) Prepárese para ser rechazado, sabiendo que dispone de suficiente gracia.

¿Qué ocurriría si es rechazado mientras trata de poner en práctica estos principios de amor? ¡Sólo puedo decirle que Jesucristo fue perfecto y fue rechazado! No debemos sorprendernos cuando nos suceda eso. Pero no abandone sus esfuerzos por el hecho de que es rechazado. Un esposo me contó que él había enviado un ramo de flores el "Día de los enamorados" a su esposa de la cual estaba separado, con una tarjeta a nombre de él y de la niñita de ellos. Cuando él regresó del trabajo a su casa, al anochecer, las flores lo esperaban en la grada externa de la casa. Le habían sido devueltas como indicación de menosprecio. Posteriormente, cuando ella lo llamó a su negocio, él le dijo: —Sólo quiero que sepas que te amo. El odio que me estás lanzando ahora mismo no cambiará eso. Desde que nos separamos, he descubierto que mi amor hacia ti tiene límites mucho más elevados de lo que jamás pensé.

Ella se quedó completamente desconcertada por el modo amoroso como él había respondido al hecho de que ella había rechazado su regalo. Ella respondió: —Pero no te gustaría vivir con una mujer que no te ama, ¿verdad?

El le dijo: —Amor mío, el amor es algo que no crece de la noche a la mañana, especialmente cuando ha sido tratado como nosotros hemos tratado nuestra relación. No puedes comprar el amor. No naces con él. Es algo que tenemos que edificar juntos. Ni siquiera hemos tratado de hacer eso.

Una esposa feliz me escribió una nota de agradecimiento por el consejo que le impartí, el cual le dio el ánimo para aferrarse a su matrimonio. Ella dijo: "Una cosa que usted me dijo significó muchísimo para mí y fue lo siguiente: '¿Y qué sucede si su esposo no le dice que la ama ahora mismo?' Yo sabía que usted tenía la razón.

Realmente no era muy importante". Esta esposa descubrió que el hecho de recibir algo de rechazo valía la pena con el correr del tiempo para obtener un matrimonio revitalizado.

He hablado con muchas mujeres que me dicen que cuando ellas no sienten el amor de sus esposos, el Señor las ama de una manera casi tangible. "Como estar a la luz del sol, sintiendo sólo el calor de su amor", dijeron varias esposas. Una joven esposa muy amable llevó esto un paso más adelante en su propia angustiosa situación. Ella dijo que, a menudo, le era difícil vestirse para salir con su esposo por la noche porque ella sabía con anticipación que él no la trataría como ella quería ser tratada. Así que ella desarrolló el hábito de pensar que el Señor Jesús era su amigo y acompañante para la noche. "Eso me ayudó tremendamente", dijo ella. "Yo me arreglaba de la mejor manera para él, me portaba de lo mejor para él, ¡y constantemente estaba consciente de su permanente presencia conmigo!"

En resumen, usted necesita dar amor a su cónyuge, bíblica, emocional y físicamente, bien reciba respuesta o no. Esto es completamente posible por medio del amor incondicional (*ágape*). Una esposa cuyo esposo tenía relaciones amorosas fuera del matrimonio, dijo: "Traté de demostrarle que mi amor hacia él no dependía de la manera como él me tratara. Aún le demostraba afecto físico. Algunas veces le decía: 'Te amo, sin importar lo que estés haciendo ahora mismo, y creo que el Señor quiere que estemos juntos'. Le enviaba tarjetitas con mensajes apropiados que expresaban mi preocupación por él mientras estábamos separados. ¿Y sabe usted? Cuando nos reconciliamos, ¡descubrí que él había guardado cada una de esas tarjetitas!"

Les pedí a algunas esposas que habían pasado por esta experiencia que me dieran una lista de lo que debe hacer y lo que no debe hacer cualquier mujer que esté tratando de salvar su matrimonio. He aquí algunas excelentes sugerencias que ellas compilaron:

- No puede haber crecimiento en su relación mientras haya duda con respecto a su dedicación al matrimonio. ¡Dedíquese usted a él!
- Cuando su esposo no le demuestra amor, confíe en que el Señor satisfará sus necesidades emocionales. ¡El no la dejará desamparada!
- Dé usted a su esposo el honor, el amor y el respeto que bíblicamente le corresponden, aunque sus acciones no lo merezcan. Sin importar lo que él haga, acéptelo con calor. Cuanto más desesperada sea su situación, tanto más podrá ser aceptada su conducta como genuina.
- No trate de reformar a su esposo. Simplemente, ámelo.

- Viva un día a la vez.
- No trate de hacerlo por su cuenta. ¡El Señor está con usted!
- No se amargue contra nadie en la situación. Nunca haga que los hijos se levanten contra su padre. ¡Perdone!
- No pida a familiares o amigos que tomen posición en contra de su esposo.
- No discuta sus problemas matrimoniales íntimos. No le eche combustible a la chismografía. Confíe en el Señor, en su consejero, y tal vez en algún amigo cristiano íntimo en el cual pueda confiar que guardará silencio.
- Escoja sabiamente su consejero bíblico. Nunca discuta sus problemas con amistades del sexo opuesto.
- Utilice tanto tiempo como le sea posible en el estudio de la Palabra de Dios.
- Concéntrese en usted mismo, rectifique los errores que ha hecho, y pídale a Dios que le muestre cómo cambiar, en vez de concentrarse en las fallas de su cónyuge.
- No se separe. Anime a su esposo a permanecer en casa, sin importar lo que esté pasando.
- No le conceda el divorcio a su esposo. Haga todo lo que pueda para demorarlo o prevenirlo. Si tiene que consultar con un abogado, dígale claramente que sólo lo hace para protegerse y proteger a sus hijos en el sentido económico. Busque un abogado cristiano que le ayude a preservar su matrimonio.
- Pase tiempo con personas que la estimulen a crecer espiritualmente.
- No trate de compensar la situación con sus hijos. Ellos necesitan su amor y su estabilidad mientras el padre está ausente, pero aun así necesitan disciplina. Sería difícil edificar una nueva relación amorosa con su esposo cuando él regrese a casa, si los niños están fuera de control.
- No trate de defenderse de la chismografía ni de la crítica. Mantenga la boca cerrada. El Señor peleará por usted, y usted mantendrá su paz.
- Recuerde que lo más inocente que diga se deformará. Evite hablar con descuido, y no ponga cuidado a los que llevan cuentos.
- Cuando haga algo, grande o pequeño, para disolver el matrimonio, usted va en contra de la voluntad de Dios. Que ése sea el principio que guíe todas sus decisiones.
- No espere que su esposo cambie de la noche a la mañana cuando regrese al hogar.
- Lo más difícil puede ser cuando estén reconciliados y usted tenga la tendencia de volver a los antiguos patrones de conducta. ¡No haga eso!

• **Espere todo, crea todo, soporte todo.**

El libro de Oseas, que se halla en el Antiguo Testamento, nos ofrece un patrón final para un amor sin límites que con el tiempo reúne al esposo y a su esposa, a pesar de grandes obstáculos. Esto tiene significado particular para el esposo cuya esposa lo ha abandonado para irse con otro hombre. Lea el siguiente relato de la historia de amor de Oseas, y pídale a Dios que fortalezca su propia resolución a través de este nuevo relato de su Palabra.

La historia de amor de Oseas

(Un sermón dramático con narrativa en primera persona, presentado por el doctor John W. Reed, profesor asociado de Teología Práctica en el Seminario Teológico de Dallas, Tejas, Estados Unidos de Norte América. Se usa con permiso.)

A mí se me ha llamado el profeta del corazón quebrantado, pero más bien seré recordado como el profeta del amor y la esperanza. Soy Oseas, el profeta que Dios envió a Israel, mi patria.

Los invito a mi casa en las afueras de Samaria. Allí, debajo del roble, está Gomer, mi esposa; la amo como a mi propia vida. Ustedes también aprenderán a amarla. Junto a ella está sentado nuestro hijo Jezreel. Tiene 18 años de edad, es simpático y fuerte. Es un joven que vive para Dios. A los pies de Gomer, y mirándola a ella está Ruhama, nuestra hija. ¿Ven ustedes cómo le brilla su cabello negro? Ella es la imagen de la madre. Hace sólo seis meses que cumplió sus 16 años de edad. Luego está Ammi, su hermano. Tiene 15 años y es tan cálido y burbujeante como el arroyo que ustedes oyen en la distancia.

Estamos felices y en paz. No siempre ha sido así.

Comencé mi ministerio como profeta hace casi 30 años, durante el reinado de Jeroboam II. Aquéllos fueron días de prosperidad. Las caravanas que viajaban entre Asiria y Egipto pagaban impuestos para el tesoro de Jeroboam y vendían sus bienes entre nosotros. Pero, también nos dejaron sus hijos, hijas y dioses. Estos dioses, los dioses de los antiguos cananeos, y los de Jezabel, han tratado de conquistar los corazones de mi pueblo. Los altares que han sido construidos para las ofrendas por el pecado se han convertido en lugares para pecar.

Si ustedes anduvieran actualmente por mi tierra, verían imágenes y altares en todas las arboledas. Mi pueblo tiene

muchas ovejas y ganado. Algunos piensan que Baal, el llamado dios de la fertilidad, es el que da los corderos, los bece-
rros y los frutos del campo. Toda ciudad tiene su lugar alto
donde Baal es adorado. Hay un lugar alto no lejos de aquí.
¡En estos días, nunca se hallan lejos de algún lugar alto
mientras estén en Israel! Algunas veces oímos por la noche el
ritmo de la música del sacerdote y las carcajadas de las pros-
titutas. La semana pasada, un hombre y una mujer que
viven en la tercera casa después de la nuestra sacrificaron su
bebé a Baal.

Tal vez se pregunten cómo pudo el pueblo de Jehová hun-
dirse en esos caminos tan impíos. Se debe a que los sacerdotes de Dios se han apartado de él. Se deleitan en los pecados
del pueblo; saborean el pecado y se lamen los labios para sa-
carle más gusto. Y así "será el pueblo como el sacerdote".
Por el hecho de que los sacerdotes son perversos, el pueblo
también lo es. Ciertamente, Dios hará juicio. Mi bella patria
se encuentra a sólo unos breves años del día en que será des-
truida bajo la rueda de hierro del poderoso ejército asirio.

Sí, hace 30 años, Dios me escogió como profeta para
Israel. Mi padre, Beeri, y mi honorable madre me enseñaron
desde temprana edad a temer a Jehová, el verdadero Dios de
Israel. Me enseñaron a odiar la deidad del becerro que hizo el
primer Jeroboam. Nosotros orábamos todos los días. Diariamente, añorábamos el regreso al templo de Jerusalén, cantá-
bamos los cánticos de David y sentíamos un gran deseo de
que viniera el Mesías.

Mi ministerio ha sido siempre difícil. Los primeros diez
años fueron los días ardientes de mi tercera década de vida.
Mis sermones eran de fuego. Sentía dolor en mi corazón por
mi pueblo. Se me ponía muy poca atención y generalmente
se burlaban de mí. Cuando ya tenía 32 años de edad, Dios me
dio una sacudida y pasé muchos días en oración y meditación. Me sentí solo, necesitaba compañía.

Las primeras heladas del otoño habían teñido las hojas
cuando fui con mi padres a visitar a Diblaim. Las actividades de mi ministerio me mantenían tan ocupado que no
había visto a mi familia durante varios años. Estábamos con-
versando vivamente cuando pasó por la puerta una señorita,
Gomer, hija de Diblaim. Yo la recordaba a ella como una
niña linda y algo malcriada. Pero ahora ella era una mujer de
perturbadora belleza. Su cara de marfil estaba encuadrada
en una rica y negra cabellera. Su sorprendente belleza me
fascinó y tuve gran dificultad para apartar mis ojos de ella.

Cuando regresamos a nuestra casa aquel día, mi padre y yo hablamos acerca de muchas cosas. Sin embargo, en mi mente estaba fija la imagen de la israelita de cabellera negra. Mi padre y Diblaim tenían una amistad floreciente, y a menudo, yo viajaba con él para visitarlo. Gomer me atrajo de una manera extraña. Diblaim y mi padre hablaban incesantemente. Luego, un día mi padre me asombró con una proposición: "Oseas, deseo que te cases con Gomer". No había duda de que yo amaba a Gomer. Pero había algo en ella que me afligía. Como a la mayoría de las mujeres de su tiempo, a ella le encantaban los vestidos costosos, las joyas y los cosméticos. Yo acepté eso como parte de su feminidad. Pero para su edad, ella parecía estar demasiado experimentada en las cosas del mundo.

Sin embargo, yo la amaba. Mi padre quería que me casara con ella. Yo sabía que mi amor ardiente hacia Jehová la rescataría a ella de cualesquiera caminos errantes. Dios me confirmó que Gomer era en realidad la mujer que él también había escogido para mí.

Yo la cortejé con la pasión de un profeta. Dios me había dado el don de la poesía, y yo inundé a Gomer con palabras de amor.

Ella respondió a mi amor. Juntos nos colocamos debajo del pabellón salpicado de flores del altar matrimonial hebreo, y prometimos amor eterno a Dios y el uno al otro. Juntos oímos la lectura de las leyes del matrimonio. Oímos cuando se nos recordó que el matrimonio era un símbolo del matrimonio entre Jehová e Israel, nación que es su esposa.

Llevé a Gomer a mi hogar. Leímos juntos el Cantar de los Cantares de Salomón. Comimos el dulce fruto de su jardín de amor. Ella fue tan refrescante para mí como el primer higo de la cosecha. Gomer parecía estar contenta con el amor de Dios y de Oseas. Yo miraba hacia el futuro con esperanza.

Poco después del primer aniversario de nuestra boda, Gomer me dio un hijo. Yo busqué el rostro del Señor, y supe que el nombre de él había de ser Jezreel, un nombre que constantemente le recordaría a Israel que ciertamente vendría el juicio de Dios. Eso me hizo recordar la clase de tiempos en que vivíamos.

Con el nacimiento de Jezreel, me pareció que Gomer había cambiado. Yo la sentía distante y le observaba una luminosidad sensual en los ojos. Pensé que eso era una reacción ante la responsabilidad de cuidar a nuestro hijo. Aquellos fueron días ocupados. El mensaje de Dios casi me quemaba, y yo lo proclamaba por toda la tierra.

Pronto Gomer estaba esperando otro hijo. Esta vez nos nació una hija. Dios me dijo que debía llamarse Lo-ruhama. Ese era un nombre extraño y a mí me afligió profundamente, pues significa: "No compadecida". Porque Dios dijo: ". . . no me compadeceré más de la casa de Israel, sino que los quitaré del todo".

Después de eso, Gomer comenzó a retirarse de mí. A menudo, después de acostar a los niños, se iba y no volvía hasta el amanecer. Cada vez estaba más agotada, macilenta y rebelde. Busqué todas las maneras posibles para restaurarla y que volviera a mí, pero de nada me servían. Unos 18 meses después, nació otro varoncito. Dios me dijo que lo llamara Lo-ammi, que significa "No pueblo mío". Dios le dijo a Israel: ". . . vosotros no sois mi pueblo, ni yo seré vuestro Dios". Una espina me penetró en el corazón. Supe que él no era hijo mío, y que su hermana no era fruto de mi amor. Esos fueron días de profunda desesperación. Ya no podía cantar los cánticos de David. Tuve quebrantamiento de corazón.

Después que Lo-ammi fue destetado, Gomer se alejó completamente de mí, y no volvió. Yo me convertí en padre y madre de los tres niños.

Yo sentí una plaga en mi alma. Mi ministerio parecía paralizado por la desobediencia de mi esposa. Me parecía que mis oraciones se hundían. Pero luego, el Señor me sacudió. Llegué a entender que Dios iba a usar mi experiencia como una ilustración de su amor por Israel.

Volví a sentir amor por Gomer, y comprendí que no podía abandonarla. La busqué por toda Samaria. La encontré en la destartalada casa de un israelita carnal y disoluto que no tenía medios para sostenerla. Le imploré a ella que regresara. Ella despreció mis súplicas. Con el corazón quebrantado, regresé a casa con los hijos, y gemí y oré. Se me ocurrió un plan. Fui al mercado, y compré alimento y ropa para Gomer. Compré las joyas y los cosméticos que a ella le encantaban. Luego busqué en privado a su amante. El sospechaba que yo había llegado para hacerle mal. Cuando le dije mi plan, una sonrisa socarrona se le dibujó en la cara. Si yo no podía llevar a Gomer a casa, mi amor no me permitía verla en necesidad. Yo le proveería todo lo que ella necesitara, y ella podría pensar que tales provisiones le venían del amante. Nos estrechamos las manos por el buen negocio. El tuvo dificultad para cargar las provisiones. Yo lo seguí en las sombras.

Ella salió a recibirlo con regocijo y lo cubrió de amor. Le

dijo que esperara fuera de la casa, mientras ella se cambiaba la ropa sucia y desgastada por la nueva. Después de un tiempo que pareció ser de horas, ella volvió a aparecer bien vestida con radiante esplendor, como la Gomer que vi el primer día en el hogar de su padre. Su amante se acercó para abrazarla, pero ella lo rechazó, y la oí decir: "No, ciertamente, la ropa, la comida y los cosméticos no vienen de tu mano, sino de la mano de Baal, que da todas estas cosas. Estoy resuelta a expresar mi gratitud a Baal sirviéndole como sacerdotisa en el lugar alto".

Eso fue como si de repente me hubieran encerrado entre piedras. No me podía mover. La vi cuando se retiró. Ella parecía como la novilla rebelde que yo había visto en mi juventud en el rebaño de mi padre. No podía evitar el andar extraviada. Cuanto más trataba yo de restaurarla, tanto más se alejaba de mí. Con la debilidad que me producía el dolor interno, me marché tambaleándome a mi casa, para pasar noches de insomnio y días de confusión y dolor.

Gomer se entregó con atolondrado abandono a los requerimientos de su papel como sacerdotisa de Baal. Con todo anhelo, prostituyó su cuerpo entregándolo a la perversa voluntad de los adoradores de la sórdida deidad.

Mi ministerio se convirtió en un peregrinaje de dolor. Me convertí en un objeto de escarnio. Me parecía que el castigo por el pecado de Gomer, y de todo mi pueblo, había caído sobre mí.

Volví a acudir a Jehová. Mi padre y mi madre me ayudaron con el cuidado y la educación de los tres niños. Ellos respondían con amor y obediencia, y llegaron a ser el bálsamo de Galaad para mi herido corazón. Pasaban los años y yo proclamaba el mensaje de Dios a través de la tierra. Diariamente, oraba por Gomer, y mientras oraba, el amor cantaba en mi alma.

Ella era mi sueño nocturno y era tan real que al caminar, a menudo, sentía como si ella me acabara de abandonar de nuevo.

Los años pasaban, pero los sacerdotes de Baal la tenían en sus mortales garras.

Sólo hace poco más de un año que ocurrió lo extraordinario. El color de la primavera estaba comenzando a tocar nuestra tierra. En la mitad de la meditación de la mañana, me pareció que Dios me movía para que fuera a estar entre el pueblo de Samaria. Me conmoví con un sentido de profunda esperanza. Vagué por las calles.

Pronto me encontré de pie en el mercado de esclavos. Era un lugar que yo detestaba. Luego vi que un sacerdote de Baal llevaba a una mujer hacia la subasta de esclavos. El corazón se me paralizó. Era Gomer. Ciertamente, tenía una apariencia horrible, pero era Gomer. Completamente desnuda, se paró en la plataforma de subasta. Pero ningún hombre se quedó mirándola con lujuria. Ella estaba quebrantada, macilenta y muy delgada. Las costillas se le pronunciaban debajo de la piel. Tenía el cabello sin brillo y tocado con vetas grises. En los ojos, tenía el relumbrón de la locura. Yo lloré.

Luego, la voz del amor de Dios susurró suavemente a mi corazón. Confundido, hice una pausa. La subasta llegó a 13 siclos de plata antes que yo comprendiera plenamente los propósitos de Dios. Ofrecí 15 siclos de plata. Hubo una pausa. Una voz de alrededor de la multitud dijo: "Quince siclos de plata y un homer de cebada".

"Quince siclos de plata y un homer y medio de cebada", grité. Había terminado la subasta.

Cuando me subí a la plataforma donde subastaban a los esclavos, un murmullo de incredulidad surgió a través de la multitud. Me conocían y conocían a Gomer. Se inclinaron hacia adelante para esperar y ver lo que acontecería. Ciertamente, yo la mataría ahí mismo por su desobediencia. Pero de mi corazón fluyó el amor.

Me paré frente a Gomer y clamé al pueblo: "Nación de Israel, he aquí lo que Dios dice: 'aparte, pues, las fornicaciones de su rostro, y sus adulterios de entre sus pechos; no sea que yo la despoje y desnude, la ponga como el día en que nació, la haga como un desierto, la deje como tierra seca, y la mate de sed' ".

Grité a un comerciante que estaba en un quiosco cercano: "Tráeme ese manto blanco que tienes al fin del perchero".

Le pagué el precio que él indicó. Luego, extendí con ternura el manto alrededor del extenuado cuerpo de Gomer, y le dije: "Gomer, tú eres mía por el derecho natural que le corresponde al esposo. Ahora, también eres mía porque te compré por precio. Ya no andarás errante de mí ni harás el papel de prostituta. Tienes que estar confinada durante algún tiempo y luego te restauraré al goce pleno de tu feminidad".

Ella suspiró y cayó desmayada en mis brazos. Mientras yo la sostenía, hablé a mi pueblo: " . . . muchos días estarán los hijos de Israel sin rey, sin príncipe, sin sacrificio, sin estatua, sin efod y sin terafines. Después volverán los hijos de Israel, y buscarán a Jehová su Dios, y a David su rey; y temerán a Jehová y a su bondad en el fin de los días. Y donde se dijo de Israel: 'Lo-ruhama, tú no eres amada', se dirá 'Ruhama, eres amada'. Porque el amor de Dios no te abandonará, sino que te perseguirá a través de tus días. Y donde Israel fue llamado 'Lo-ammi, tú no eres ni pueblo', se dirá 'Ammi, tú eres el pueblo del Dios viviente', porque te perdonaré y te restauraré".

Regresé a casa con mi frágil carga. Le serví de enfermero a Gomer hasta que volvió a tener salud. Diariamente, le leía los escritos de Dios. Le enseñé a cantar el canto de arrepentimiento de David, y luego, juntos cantamos los cantos de alabanza y regocijo de David a Dios. En medio del canto, la restauré para Dios, para nuestro hogar y para nuestros hijos.

¿No ven ustedes cuán hermosa es ella? Yo la he amado siempre, aun cuando se hallaba en la profundidad de su desobediencia, porque mi Dios la amó. Gomer respondió al amor de Dios y al mío. Ella no me llama "mi señor", sino "mi esposo". Y el nombre de Baal nunca ha vuelto a estar en sus labios.

Ahora, pueblo mío, oye mi mensaje, y da una respuesta nueva, porque soy un profeta que ha sido conmovido por una gran verdad. He llegado a comprender en lo profundo de mi ser cuán desesperadamente ama Dios a los pecadores. ¡Cuán deliberadamente los busca! ¡Cuán devotamente los atrae a sí!

16
Recursos para el cambio

Los que se aman nunca parecen cansarse de compartir tiernas reminiscencias acerca de su aventura amorosa: la intriga del primer encuentro . . . el dulce momento cuando se confesaron que se amaban . . . la emoción de rendirse el uno al otro.

Algunas conversaciones íntimas de esta naturaleza se registran en la Biblia, en el Cantar de los Cantares de Salomón. Por ejemplo, cuando la sulamita y su amado esposo están de vacaciones en el campo. La sulamita dice: "¿Recuerdas dónde comenzó nuestro amor? Bajo el árbol legendario del amor, por supuesto, donde todo amor comienza y crece . . . Tampoco nuestro amor comenzó sin el dolor, sin el fructífero dolor del alumbramiento . . .".

Por supuesto, tales reminiscencias conducen a un rápido deseo de expresar físicamente el amor: "Oh mi querido amante, hazme tu posesión más preciosa; asegurada firmemente en tus brazos, sosténme cerca de tu corazón", le susurra la sulamita.

Pero los amantes son atraídos irresistiblemente a hablar acerca de la calidad del amor que comparten: su fortaleza y su fuente final. "El verdadero amor es tan fuerte e irreversible como la progresiva marcha de la muerte", dice la sulamita. "El verdadero amor jamás es despreocupado, y no soltaría al ser amado, así como la tumba no soltaría al muerto. *Los fuegos del verdadero amor no pueden extinguirse nunca, pues la fuente de su llama es el mismo Dios*".

¡Ruego a Dios que éstos sean los fuegos que incendien su propia relación matrimonial!

El mensaje personal que yo le doy en estas páginas es que usted y su cónyuge no tienen que vivir juntos de una manera aburrida, ni separados en la desdicha. ¿Cuál es la alternativa? Llegar a ser *amantes* a través de los recursos de lo que llamaré el amor *final*. Me gustaría que se concentre en esto en este último capítulo de *El amor que no se apaga*.

En el matrimonio, los deleites de todas las clases de amor humano se mezclan y se hacen fragantes como un jardín cuando el amor final penetra en la relación. Hay algo aún más importante: las clases de amor humano se estabilizan mediante la presencia permanente del amor final. Los sentimientos son momentáneos; el amor final es duradero. Las emociones del amor son como las de las energías naturales, que siempre están en flujo y reflujo; así como la proporción metabólica del cuerpo cambia incesantemente, o como el viento aumenta y disminuye. Ninguna pasión perdura en un nivel constante. Pero la experiencia de su amor puede ser tan reforzada por la flexible fortaleza del amor final que usted se mantendrá amando y continuará creciendo en amor, sin importarle a qué tenga que enfrentarse su matrimonio en el transcurso de la vida.

La Biblia enseña (y honestamente tenemos que estar de acuerdo) que no podemos salvarnos a nosotros mismos por ningún método: El Hijo de Dios tuvo que hacerse el hombre Jesús, desarrollar una vida perfecta, morir por nuestros pecados, y volver a vivir para salvarnos. De igual modo, no podemos amar con nuestros propios esfuerzos. Repito que Dios, que es Amor, interviene al darnos el inapreciable don del amor final para que sea derramado hacia otros.

Su propio cónyuge debe ser el primero, el último y el del medio que debe recibir este amor final. Esto es lo que salvará, restaurará, transformará y bendecirá su matrimonio aun más allá de sus más elevadas esperanzas.

¿Cómo se expresa este amor en las relaciones humanas, este amor después del cual no hay otro? En capítulos anteriores hemos descrito sus cualidades, pero echémosle otra mirada desde un punto de vista diferente. Podemos averiguar la conducta característica del amor leyendo las epístolas que los apóstoles escribieron a los creyentes de la iglesia primitiva. Por ejemplo, si leemos 2 Corintios 12, hallaremos que las siguientes cualidades del amor brillan en sus páginas, y éstas son las mismas actitudes y acciones que deben saturar nuestro propio matrimonio:

- El amor final no abandona al ser amado. Es un amor de acción que persevera contra los obstáculos y nunca se rinde. "... estoy preparado para ir a vosotros", escribe Pablo.
- El amor final no es egoísta, no es exigente, sino compasivo. "... no os seré gravoso", dice Pablo.
- El amor final valoriza al ser amado. "... no busco lo vuestro, sino a vosotros", asegura Pablo.

- El amor final asume libremente la responsabilidad por el bienestar del ser amado. "Soy responsable por ustedes", sostiene Pablo.
- El amor final da hasta el límite sin totalizar el costo. "Y yo con el mayor placer gastaré lo mío, y aun yo mismo me gastaré del todo por amor de vuestras almas", afirma Pablo.
- El amor final crece en expresión y no disminuye, a pesar de la naturaleza de la respuesta. ". . . por amor de vuestras almas . . . amándoos más", declara Pablo.
- El amor final es puro en motivo y en acción, no adulterado por las consideraciones egocéntricas. "No me aprovecharé de ustedes", promete Pablo. "No les explotaré. Todo lo que haga será para fortalecerles y edificarles".

¡Ciertamente, este amor es adecuado para las duras realidades de la vida! Cuando dos personas se aman de este modo, su vida matrimonial es tocada por el cielo, pese a los problemas terrenales de los cuales nadie está exento.

¿Quiere amar y ser amado de ese modo? Dios es la única fuente del amor final. El tiene la provisión de poder que alimenta los fuegos del verdadero amor entre el esposo y su esposa. No será suficiente aprender *acerca* de Dios y de este amor. Usted tiene que aprender directamente *de él* y estar vinculado con él en una eterna relación a través de la nueva vida en Cristo Jesús.

Permítame explicarle cómo ocurre esto. En Romanos 10:9, 10 leemos: "Que si confesares con tu boca que Jesús es el Señor, y creyeres en tu corazón que Dios le levantó de los muertos, serás salvo. Porque con el corazón se cree para justicia, pero con la boca se confiesa para salvación".

La Biblia enseña que el Señor Jesucristo es el Hijo de Dios que vino a la tierra a través del milagro del nacimiento virginal. Vivió de manera perfecta como hombre, y en un momento específico de la historia, él murió en la cruz para llevar sobre sí los pecados de todo el mundo: los pecados de todo individuo que viva alguna vez. ¡El murió por usted personalmente! Mediante ese poderoso acto, Jesús pagó la sentencia de muerte que nos correspondía por el pecado, y abrió el camino por el cual los pecados suyos y los míos pueden ser perdonados de tal modo que no se recuerden más.

Luego de tres días de haber estado en el sepulcro, Jesús demostró a todo el pueblo de todos los tiempos que él es Dios, al levantarse de entre los muertos. Este es un hecho histórico legalmente establecido. Habiendo pasado más de un mes con su cuerpo resucitado en esta tierra, ascendió al cielo y asumió su posición con todo poder y autoridad. En Juan 1:12 está escrito: "Mas a todos los que le recibieron, a los que creen en su nombre, les dio potestad de ser hechos hijos de Dios".

En Colosenses 1:13, 14 se nos explica que el Padre " . . . nos ha librado de la potestad de las tinieblas, y trasladado al reino de su amado Hijo, en quien tenemos redención por su sangre, el perdón de pecados".

En 2 Corintios 5:17, 18 se nos promete: "De modo que si alguno está en Cristo, nueva criatura es; las cosas viejas pasaron; he aquí todas son hechas nuevas. Y todo esto proviene de Dios, quien nos reconcilió consigo mismo por Cristo, y nos dio el ministerio de la reconciliación".

La salvación y la nueva vida vienen por medio de la fe en Jesucristo, el Hijo de Dios. Usted debe recibirlo como su Salvador y recibirlo por la fe. Tiene que creer estas cosas en su corazón, y luego confesarlas con su boca, tanto a Dios como a los hombres.

Tal vez usted desee hacer una oración como la que sigue para expresar su fe en Jesucristo como su Salvador:

> Padre celestial, comprendo que soy pecador y que no puedo hacer nada para salvarme. Ahora mismo creo que Jesucristo murió en la cruz, y derramó su sangre por mis pecados, como pleno pago de la sentencia que me correspondía por ellos; por mis pecados pasados, presentes y futuros. Creo que al resucitar de entre los muertos, demostró que él es Dios. Ahora confieso que creo en Jesucristo, pongo toda mi confianza en él como mi Salvador personal, como la única esperanza de salvación y vida eterna. Ahora mismo recibo a Cristo en mi vida, y te doy las gracias por salvarme tal como lo habías prometido. Te pido que me des fe y sabiduría crecientes, y gozo al estudiar y creer tu Palabra. Te pido esto en el nombre de Jesús. Amén.

Cuando ponemos nuestra confianza en Jesucristo y vinculamos nuestras vidas con la de él, llegamos a ser nuevas personas. Nuestros problemas pueden parecer los mismos, pero nuestra capacidad para hacerles frente es completamente nueva. Sospechábamos que necesitábamos cambiar. Ahora podemos enfrentarnos a los problemas y obtener nuevos recursos que produzcan ese cambio.

Como cristianos, tenemos un amor que va más allá de nosotros mismos. Tenemos la gracia suficiente para cada situación. Tenemos una nueva clase de fuerza —el poder de nuestro Señor Jesucristo—, que se manifiesta por medio de nuestras debilidades. Ahora tenemos la habilidad para comportarnos de la manera que traerá orden y bendición a nuestra vida. Se nos hace posible ahora aplicar cada principio bíblico con respecto al matrimonio y resolver los problemas de relaciones con aquellos más allegados a nosotros.

El siquiatra cristiano Frank B. Minirth observó: "El consejo cristiano es único, pues no sólo depende de la fuerza de voluntad del hombre para ser responsable, sino también del poder capacitador del Espíritu Santo que mora en el hombre para vencer los problemas de éste. No deseo decir con esto que el hombre no es responsable de sus actos; lo es en realidad, y sé que hay muchos cristianos que deciden actuar irresponsablemente. Sin embargo, nuestra disposición y nuestros intentos de ser responsables tienen que ir unidos al poder de Dios. Con el poder de Dios, el hombre ya no necesita ser esclavo de una voluntad débil, ni de su ambiente pasado, ni de situaciones sociales. Los problemas no desaparecen cuando uno acepta a Cristo, pero hay un nuevo poder para hacerles frente".[1]

Hay buenas posibilidades de que usted lea este libro hasta el fin por cuanto desea que se produzca un cambio en su relación matrimonial. Sin duda, ha visto muchos aspectos de su vida que claman por un mejoramiento. Y, ahora, ha comprendido que el cambio tiene que producirse dentro de usted mismo, para que pueda tener la esperanza de que su cónyuge cambie. También, sabe con certeza que el huir de los problemas no hará que se produzca un cambio interno. Usted puede irse a 2.000 kilómetros de distancia, comenzar una nueva vida, divorciarse, volverse a casar, y aún se hallará atrapado en la misma rutina emocional, se enfrentará a problemas complejos y a una necesidad aún mayor de cambio.

Pero si ha confiado en Jesucristo como su Salvador, las soluciones están al alcance de su mano. Ya no tiene que huir de sí mismo, ni de sus problemas. Usted no se enfrenta ahora a esta pregunta: ¿Puedo cambiar? Sino a esta otra: ¿*Quiero* cambiar?

Ningún escritor ha hecho más claro este punto que el maestro bíblico Charles Swindoll, en una columna intitulada: "¿No puedo o no quiero?" El escribe:

No quiero ofender, pero a algunos de ustedes no les incumbe leer esto hoy. Normalmente, no restrinjo mi columna a ningún grupo especial de personas. Pero ahora tengo que hacerlo. Esta vez es *sólo para cristianos*. Todo lo que escriba desde ahora hasta el fin de este artículo es estrictamente para el creyente en Cristo. Si usted no lo es aún, puede tirarlo a un lado, pues carece del mayor ingrediente: el poder de Dios. Los inconversos simplemente son incapaces de escoger los senderos justos de manera constante. Aquella respuesta divina de la cual el cristiano puede (y tiene que) depender no está a disposición del no creyente. Eso, mientras no se exprese la fe personal en Jesucristo.

Pero si usted ha recibido a Cristo como Señor, recibe una capacidad sin límite . . . una fortaleza increíble. Simplemente lea usted unos versículos conocidos del Libro, por esta vez, despacio:

"Todo lo puedo en Cristo que me fortalece" (Filipenses 4:13).

"Bástate mi gracia; porque mi poder se perfecciona en la debilidad. Por tanto, de buena gana me gloriaré más bien en mis debilidades, para que repose sobre mí el poder de Cristo" (2 Corintios 12:9).

"Por esta causa doblo mis rodillas ante el Padre . . . para que os dé, conforme a las riquezas de su gloria, el ser fortalecidos con poder en el hombre interior por su Espíritu" (Efesios 3:14, 16).

" . . . por medio de las cuales nos ha dado preciosas y grandísimas promesas, para que por ellas llegaseis a ser participantes de la naturaleza divina . . . " (2 Pedro 1:4).

Y una más:

"No os ha sobrevenido ninguna tentación que no sea humana; pero fiel es Dios, que no os dejará ser tentados más de lo que podéis resistir, sino que dará también juntamente con la tentación la salida, para que podáis soportar" (1 Corintios 10:13).

Un momento, por favor. ¿Leyó cada una de estas palabras, o saltó una o dos líneas? Si ocurrió esto último, por favor, vuelva y aliméntese lentamente con esas cinco declaraciones escritas para usted que es cristiano. Eso es muy importante.

Bien, ¿qué pensamiento se destaca más? Bueno, si alguien me lo preguntara a mí, yo diría: "una fortaleza especial o una extraordinaria capacidad de Dios". En estos versículos, a eso se le da diversos nombres: fortaleza, poder, naturaleza divina, capacidad. Dios tiene algo colocado en la parte interna del cristiano, algo especial, una reserva extraordinaria de poder que es más que suficiente para cualquier cosa que la vida nos lance. Cuando entra en operación, se realizan fenomenales hazañas, incluso algunas veces *milagrosas*.

Seamos específicos.

Todo se reduce a la elección entre dos declaraciones comunes de nuestro vocabulario. ¡Son pequeñas, pero qué diferentes! "No puedo" y "No quiero".

Preferimos usar la expresión "No puedo".

"No *puedo* llevarme bien con mi esposa".

"Mi esposo y yo no *podemos* comunicarnos".

"No *puedo* disciplinar a los niños como debiera hacerlo".

"Simplemente no *puedo* abandonar la relación amorosa que tengo".

"No *puedo* dejar de comer en exceso".

"No *puedo* hallar tiempo para orar".

"No *puedo* dejar de decir chismes".

No, pero cualquier cristiano que realmente tome en serio los cinco pasajes bíblicos que acabamos de leer (y hay más, por docenas), confesará que la expresión que realmente se debe usar es "No quiero". ¿Por qué? Porque se nos ha dado el poder y la capacidad para vencer. ¡Así, literalmente! Y en eso está la esperanza de levantar las anclas que de otra manera nos mantendrían atados al pantano de la culpa y de la autoconmiseración.

Uno de los mejores libros que puede leer este año, sobre la manera de vencer la depresión, es una obra espléndida escrita por dos médicos, Minirth y Meier, titulada *Happiness Is a Choice*. Estos hombres están de acuerdo en lo siguiente:

> Como siquiatras, levantamos las cejas cada vez que los pacientes (cristianos) usan la expresión *No puedo* . . . Cualquier buen siquiatra sabe que las declaraciones "No puedo" y "Lo he probado" son simples excusas insatisfactorias. Insistimos en que nuestros pacientes sean honestos consigo mismos y usen un lenguaje que exprese la realidad de la situación. Así que hacemos que nuestros pacientes cambien el "No puedo" por el "No quiero" . . . Si un individuo cambia cada vez que va a decir "No puedo", y en vez de eso dice "No quiero", deja de evadir la verdad, deja de engañarse, y comienza a vivir en la realidad . . . .

¡Qué diferencia la que establece una expresión!

"No *quiero* llevarme bien con mi esposa".

"Mi esposo y yo no *queremos* comunicarnos".

"No *quiero* disciplinar a los niños como debiera hacerlo".

"Simplemente no *quiero* abandonar la relación amorosa que tengo".

"No *quiero* dejar de comer en exceso".

"No *quiero* hallar tiempo para orar".

"No *quiero* dejar de decir chismes".

¡Los inconversos tienen todo el derecho y la razón para usar la expresión "No puedo", pues realmente no pueden! Son víctimas que están atrapadas y obligadas como esclavos a una lucha fiera y sin fin. Sin Cristo y su poder, carecen de lo necesario para cambiar de manera permanente. ¡Ellos no cambian porque no pueden!